U0649031

新能源汽车电力电子技术

全国交通运输职业教育教学指导委员会　　**组织编写**

郭志勇　赵昌涛　**主　　编**

王茂仁　刘　影　**副主编**

人民交通出版社股份有限公司
China Communications Press Co.,Ltd.

内 容 提 要

《新能源汽车电力电子技术》是全国交通运输职业教育技工新能源汽车检测与维修专业规划教材之一。主要内容包括电工基础知识、电力电子元件、典型电路、交流电。

本书可作为技工院校新能源汽车检测与维修专业教材，也可供新能源汽车维修人员及相关技术人员参考使用。

图书在版编目（CIP）数据

新能源汽车电力电子技术／郭志勇，赵昌涛主编
. —北京：人民交通出版社股份有限公司，2018.8（2025.7重印）
ISBN 978-7-114-14776-0

Ⅰ．①新…　Ⅱ．①郭…②赵…　Ⅲ．①新能源—汽车
—电力电子技术—技工学校—教材　Ⅳ．①U469.7

中国版本图书馆 CIP 数据核字（2018）第 121778 号

书　　名：	新能源汽车电力电子技术
著　作　者：	郭志勇　赵昌涛
责任编辑：	郭　跃
责任校对：	张　贺
责任印制：	张　凯
出版发行：	人民交通出版社股份有限公司
地　　址：	(100011)北京市朝阳区安定门外外馆斜街 3 号
网　　址：	http://www.ccpcl.com.cn
销售电话：	(010) 85285911
总 经 销：	人民交通出版社股份有限公司发行部
经　　销：	各地新华书店
印　　刷：	北京市密东印刷有限公司
开　　本：	787×1092　1/16
印　　张：	14
字　　数：	323 千
版　　次：	2018 年 8 月　第 1 版
印　　次：	2025 年 7 月　第 7 次印刷
书　　号：	ISBN 978-7-114-14776-0
定　　价：	35.00 元

（有印刷、装订质量问题的图书由本公司负责调换）

编审委员会

前言
PREFACE

近年来,新能源汽车行业迅猛发展,产销量大幅增长。各职业院校根据市场需求,相继开设了新能源汽车检测与维修专业。选择适用的核心课程教材,对于院校专业建设至关重要。全国交通运输职业教育技工新能源汽车检测与维修专业规划教材是在各院校的通力合作下,在行业、企业技术专家的大力协助下编写而成。

本系列教材在编写过程中采用职业院校大力推广的"基于工作过程的任务教学法"体例。项目规划科学,任务分解合理,利于教学过程中的讲解与实训。本系列教材依据市场主流车型进行编写,实现课堂教学与实训实习无缝对接。

《新能源汽车电力电子技术》是新能源汽车维修专业领域的基础课程之一,共包括四个项目,分别是:电工基础知识、电力电子元件、典型电路和交流电。在内容的呈现上,本书采用全新的项目任务式体例,理论结合实操,由浅入深地介绍了新能源汽车中会涉及的电力电子相关基础知识。做到了条理清楚,层次分明,详略得当,方便教师授课和学生学习。

本书教学大纲由全国交通运输职业教育教学指导委员会审定,由云南交通技师学院郭志勇、赵昌涛担任主编,由王茂仁、刘影担任副主编,由王茂仁负责统稿。本书编写分工为:云南交通技师学院的刘影、郭志勇(编写项目一、二、三的理论和项目一、二的部分实训内容),王茂仁(编写项目一、二部分理实一体内容、项目三实训内容、项目四),韩雪雯(绘制部分插图)。

在本系列教材的编写过程中,得到了浙江交通技师学院、山东交通技师学院、广西交通技师学院、江苏汽车技师学院等职业院校的大力支持,在此表示感谢。限于编者水平,书中难免有疏漏和错误之处,恳请广大读者提出宝贵建议,以便进一步修改和完善。

编 者
2018 年 4 月

目 录
CONTENTS

项目一
电工基础知识

本项目主要介绍新能源汽车相关的电工基础知识,包括以下 5 个任务:

任务 1　电路中的物理量认知

任务 2　电路特点验证

任务 3　欧姆定律认知及电源外特性验证

任务 4　电磁感应现象产生的原因及判断

任务 5　变压器的工作原理及验证

通过以上 5 个任务,你将学习到关于新能源汽车上应用的电工基础知识。

任务1　电路中的物理量认知

学习目标

❖ **知识目标**

1. 能说出电流、电压、电阻的定义；
2. 能说出电位的定义；
3. 能说出测量电流、电压和电位的电路连接特点。

❖ **能力目标**

1. 能在电路图中正确标注电流和电压的方向；
2. 能正确连接测量电流、电压和电位的电路,并且能够正确测出相应的值；
3. 能说出电位与电压的区别和联系；
4. 能说出额定值和实际值的联系和区别；
5. 能进行相关单位的换算。

建议课时

8课时。

任务描述

生活中我们都离不开电,在汽车中也一样,车上的用电设备能正常工作,靠的就是电和承载电的电路。了解电路的相关知识,至关重要。本任务为完成电路中的电压、电流、电阻和通断测量。

一、理论知识准备

（一）电路的基本概念

1. 电路的组成

电路是电流所经过的路径,一般由电源、用电器、导线和开关四部分组成。日常生活中的手电筒就是一个简单的直流电路。汽车上的照明系统也是直流电路的典型应用。

电源是把其他形式的能转换成电能的装置。常见的电源有干电池、蓄电池、发电机和各种整流电源等,汽车电路采用的电源是蓄电池和发电机。

用电器是把电能转变成其他形式能的元件或设备,也常被称为电源的负载。常见的负载有电灯、电炉、电烙铁、扬声器和电动机等。汽车电路中的负载很多,例如照明与信号灯、汽车起动机、电动设备及汽车音响等。

开关是控制电路接通或断开的器件,例如手电筒的按钮、汽车上的点火开关及转向开关等。

导线是连接电源与用电器的金属线,它把电源产生的电能输送到用电器。常用导线材料有铜、铝等。

2. 电路的表示

为了便于用数学方法分析电路,一般要将实际电路模型化,用足以反映其电磁性质的理想电路元件或其组合来模拟实际电路中的器件,从而构成与实际电路相对应的电路模型。后文分析的电路都是指电路模型,简称电路。

用国家标准规定的电气元件或设备的符号来表示电路连接情况的图叫作电路图。图 1-1b)就是图 1-1a)表示的实际电路的电路图。电路图能帮助人们了解整个电路的工作原理和电器的安装顺序等。

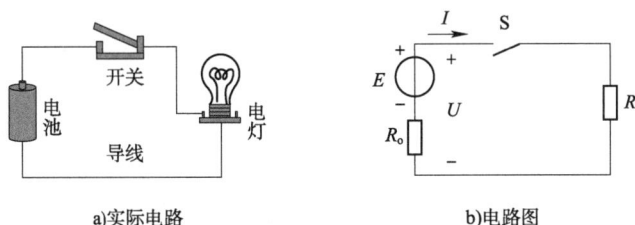

a)实际电路　　　　　　　　　　　　b)电路图

图 1-1　实际电路和电路图

识图就是看懂电路图,包括三个方面:认识电路图中的符号、看懂电路的结构、了解各部分的作用和工作原理。

(二) 电路中的物理量

1. 电流

电荷的定向运动称为电流。在金属导体中,电流是电子在外电场力作用下定向运动形成的。

图 1-2 为一段金属导体,负电荷(自由电子)在电场力的吸引下由 b 端向 a 端移动而形成电流,但其效果与等量的正电荷在电场力作用下运动方向是一致的。因此,习惯上把导体中电流的实际方向定为正电荷在电场力作用下运动的方向,即由高电位向低电位运动的方向。在图 1-2 中,导体内电流的方向由 a 端流向 b 端。

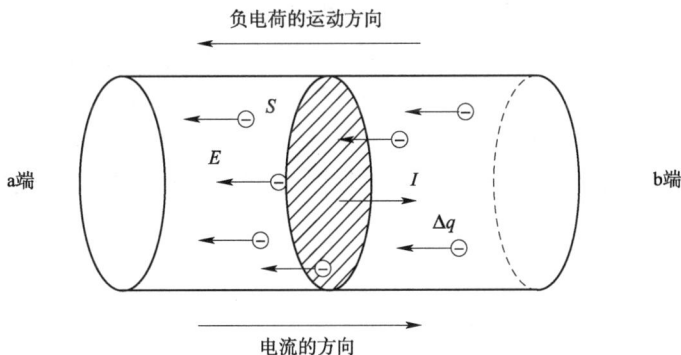

图 1-2　电流的方向

规定正电荷定向运动的方向为电路中电流的实际方向。

在分析电路时,电流的实际方向往往难以判断,此时可以先假定一个方向作为电流的参

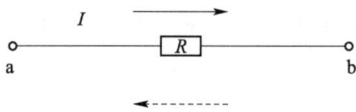

图 1-3 电流的方向的判断

考方向,用带箭头的实线表示。若参考方向与实际方向一致,电流值为正值;若参考方向与实际方向相反,电流值为负值。如图 1-3 所示,电流的参考方向与实际方向相反。

计量电流大小的物理量称为电流强度,简称电流。电流强度的定义为:单位时间内通过导体横截面的电量,用字母 I 表示。如果 t 秒内流经导体横截面的电量为 Q,电流不随时间的变化而变化,则电流的定义式为:

$$I = \frac{Q}{t} \tag{1-1}$$

若电流是不断变化的,可以把时间取得极短来研究这一时刻电流的大小。若在 Δt 时间内,通过导体横截面的电量变化是 ΔQ,则这一时刻对应的电流 i 为:

$$i = \frac{\Delta Q}{\Delta t} \tag{1-2}$$

在国际电位制(SI)中,电流的单位为安培,简称安,用字母 A 表示。实际中,常用的电流电位还有千安(kA)、毫安(mA)、微安(μA)和纳安(nA),它们之间的换算关系为:

$$1(A) = 10^3(mA) = 10^6(\mu A) = 10^9(nA)$$
$$1kA = 10^3 A$$
$$1mA = 10^{-3} A$$
$$1\mu A = 10^{-3} mA = 10^{-6} A$$

电流既表示一种物理现象,即电荷的定向移动;又代表一个物理量,即单位时间内穿过导体横截面的电量。

实际中的电流可分为两类:一类是大小和方向不随时间变化的电流,称为直流电流;另一类是大小和方向随时间而变化的电流,称为交流电流,如图 1-4 所示。

2. 电压

参见图 1-2,电池正极板 a 端带正电荷,负极板 b

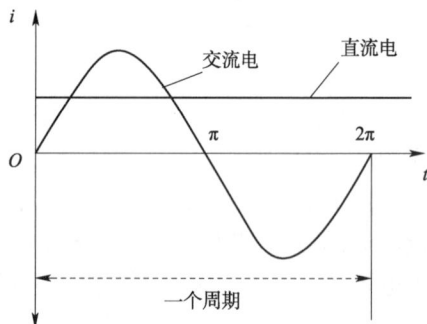

图 1-4 交流电和直流电

端带负电荷,于是 a、b 之间就存在电场。若用导线将电源板与负载灯泡相连,则正电荷就在电场力的作用下从 a 板经导线、灯泡移动到 b 板,形成电流并使灯泡发光,这说明电场力做了功。为了衡量电场力对电荷做功能力的大小,引入电压物理量。其定义为:a、b 两点间的电压 U_{ab} 在数值上等于把单位正电荷从 a 点移到 b 点电场力所做的功。用公式表示为:

$$U_{ab} = \frac{W_{ab}}{q} \tag{1-3}$$

式中:W_{ab}——电场力所做的功,焦耳(J);

q——被移动电荷的电量,库仑(C);

U_{ab}——a、b 两点间的电压,J/C,称为伏特(V)。

在国际单位制中,电压的单位为伏特(V),简称伏。把 1C 的正电荷从 a 点移到 b 点,电场力所做的功为 1J,则 a、b 两点间的电压为 1V。电压的实际方向为由高电位指向低电位。

实际中,电压常用的单位有千伏(kV)、毫伏(mV)和微伏(μV),它们的换算关系为:

$$1kV = 10^3 V \qquad 1mV = 10^{-3} V \qquad 1\mu V = 10^{-6} V$$

3. 电位

实际中,为了分析和研究方便,通常需要选定某一点作为参考点,假定其电位为零。此时,电路中其他各点的电位都是与参考点进行比较而言;或者说,电路中某点的电位就是这一点和参考点之间的电压。例如,在图1-5中,选 C 点为参考点,即 C 点的电位 $V_C = 0$。

$$V_A = V_A - V_C = U_{AC}$$
$$V_B = V_B - V_C = U_{BC}$$

电路中任意两点之间的电位差即为该两点间的电压。所以知道各点的电位,便可以求得任意两点间的电压,如图1-5中,$U_{AB} = V_A - V_B$。

图1-5 电位与电压

参考点又叫零电位点。当某点的电位大于零时,表示该点电位大于参考点电位;当某点电位小于零时,表示该点电位低于参考点电位。

原则上,参考点可以任意选择,但为了统一,工程上常选大地为参考点。机壳需要搭铁的设备,就可以把机壳作为参考点,凡是与机壳直接相连接的各点电位均为零。有些电子设备,机壳虽然不搭铁,但许多元件都接到一条公共线,通常就把这条公共线选作参考点。因此,参考点也称为"搭铁",在电路图中用符号"⊥"表示。在汽车上常以车身为参考点,称为"搭铁"。

在进行电路分析时,用电位可将繁琐和复杂的问题变得简单明了。

4. 电阻

1)电阻的定义

电荷在导体中运动时,会与分子和原子等其他粒子产生碰撞与摩擦,碰撞和摩擦的结果形成了导体对电流的阻碍,这种阻碍作用最明显的特征是导体消耗电能而发热(或发光)。物体对电流的这种阻碍作用,称为该物体的电阻。电阻器在日常生活中一般直接称为电阻。它是一个限流元件,将电阻接在电路中后,电阻的阻值是固定的,一般是两个引脚,它可限制通过它所连支路的电流大小。阻值不能改变的称为固定电阻,阻值可变的称为电位器或可变电阻。理想的电阻是线性的,即通过电阻的瞬时电流与外加瞬时电压成正比。用于分压的可变电阻,在裸露的电阻体上,紧压着一至两个可移金属触点。触点位置确定电阻体一端与触点间的阻值。

端电压与电流有确定的函数关系,体现电能转化为其他形式能力的二端器件,用字母 R 来表示,单位为欧姆 Ω,常用单位还有 kΩ、MΩ。实际器件如灯泡、电热丝等均可表示为电阻元件。

$$1M\Omega = 10^6 \Omega$$
$$1k\Omega = 10^3 \Omega$$

电阻的阻值大小一般与温度、材料、长度及横截面积有关,衡量电阻受温度影响大小的物理量是温度系数,其定义为温度每升高1℃时电阻值发生变化的百分数。电阻的主要物理特征是变电能为热能,也可说它是一个耗能元件,电流经过它就产生内能。

电阻在电路中通常起分压、分流、限流的作用。对信号来说,交流与直流信号都可以通

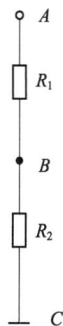

过电阻。

2）电阻的分类

电阻按其结构可分为三类，即固定电阻、可变电阻（电位器）和敏感电阻。按组成材料的不同，又可分为碳膜电阻、金属膜电阻、热敏电阻、实芯碳质电阻、碳膜电位器、半可调电阻等。常用电阻的外形，如图1-6所示。

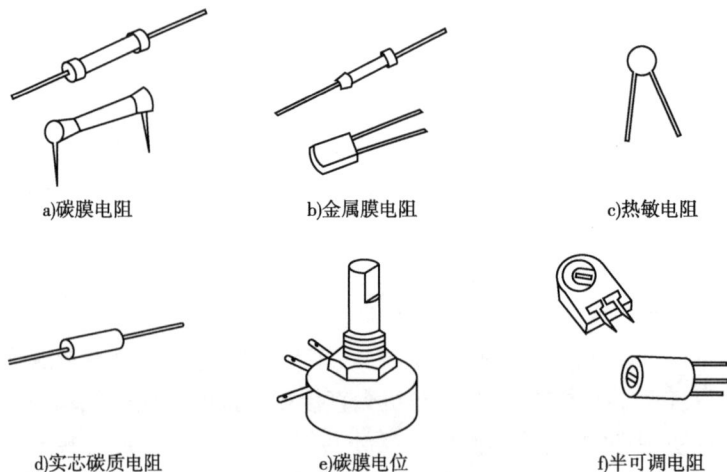

a)碳膜电阻　　　　　　　b)金属膜电阻　　　　　　　c)热敏电阻

d)实芯碳质电阻　　　　　e)碳膜电位　　　　　　　f)半可调电阻

图1-6　常用电阻外形

3）电阻的阻值标注方法

（1）直标法。用阿拉伯数字和单位符号在电阻上直接标出，用百分数直接标出允许偏差的方法称为直标法，如图1-7所示。

（2）文字符号法。用阿拉伯数字和文字符号有规律的组合，表示标称阻值和允许误差的方法称为文字符号法，如图1-8所示。

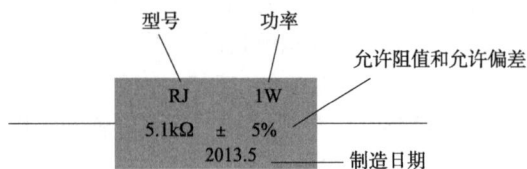

图1-7　电阻的直标法

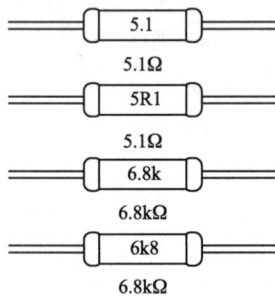

图1-8　电阻的文字符号法

R、K、M、G、T表示电阻单位，文字符号前面的数字表示阻值的整数部分，后面的表示小数部分，如9M1 = 9.1M。

（3）色标法。用不同色环标注在电阻体上，表示标称阻值和允许误差的方法称为色标法，如图1-9所示。用色标法表示电阻时，根据阻值的精密情况又分为两种：一是普通型电阻，电阻体上有四条色环，前两条表示数字，第三条表示倍乘，第四条表示误差；二是精密型电阻，电阻体上有五条色环，前三条表示数字，第四条表示倍乘，第五条表示误差，如图1-9所示。

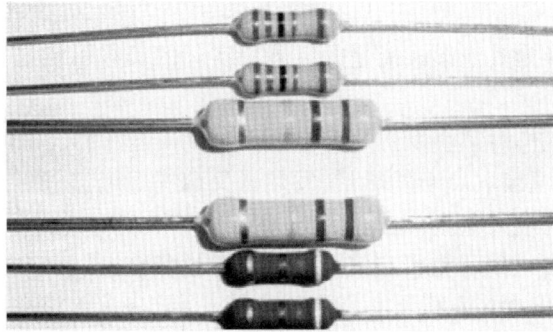

图 1-9 色标法电阻实物

电阻色标法中各颜色的含义,如表 1-1 所示。

电阻色标法各颜色的含义 表 1-1

颜 色	有 效 数 字	倍 乘	允许偏差(%)
黑	0	10^0	—
棕	1	10^1	±1
红	2	10^2	±2
橙	3	10^3	—
黄	4	10^4	—
绿	5	10^5	±0.5
蓝	6	10^6	±0.25
紫	7	10^7	±0.1
灰	8	10^8	±0.05
白	9	10^9	—
金	—	10^{-1}	±5
银	—	10^{-2}	±10
无色	—	—	±20

四色环和五色环电阻色标法,分别如图 1-10 和图 1-11 所示。

$$R=47\times10^3=47k\Omega \pm 5\%$$

图 1-10 四色环表示法

$$R=175\times10^{-2}=1.75\Omega \pm 1\%$$

图 1-11 五色环表示法

5.负载的额定值

负载是把电能转换为其他形式能量的装置。实际的负载可能是一个元件,也可能是一个网络。

任何用电设备在工作时都会发热。为保证能长期安全工作,用电设备都有一个最高工作温度。很显然,工作温度取决于发热量,发热量又取决于电流、电压或电功率。用电设备长期安全工作时允许的最大电流、电压和电功率分别叫作该用电设备的额定电流(I_N)、额定电压(U_N)额定功率(P_N),统称为额定值。对于电阻性负载,其额定电流和额定电压的乘积就等于它的额定功率,即$P_N = I_N U_N$。

一般用电设备的额定值都标在设备的明显位置(设备铭牌)上,也可以在产品目录中查询。用电设备在额定功率下的工作状态叫作额定工作状态,也叫满载;低于额定功率的工作状态叫作轻载;超过额定功率的工作状态叫作过载或超载。由于过载很容易烧坏用电设备,一般都不允许出现过载。防止过载的常用方法是在电路中安装熔断器。

从图1-12中可以看出,铭牌所标示的电动机额定功率为132kW,额定电压为380V,额定电流为235.1A。

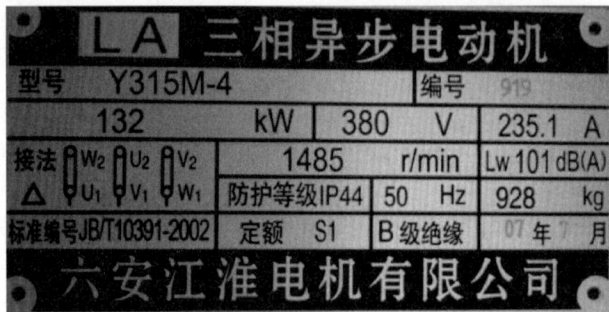

图1-12　电动机铭牌

二、任务实施

1.准备工作

(1)掌握理论知识。

(2)认真研读技术要求和注意事项。

(3)准备数字万用表。

(4)按照相关实验要求,准备电路元件并连接电路模型。

2.技术要求与注意事项

1)交直流电压的测量

(1)不要输入高于1000V的电压。测量更高的电压是有可能的,但有损坏仪表的危险。

(2)在测量高电压时,要特别注意避免触电。

(3)在完成所有的测量操作后,要断开表笔与被测电路的连接。

(4)仪表的输入阻抗均约为10MΩ,这种负载在高阻抗的电路中会引起测量上的误差。大部分情况下,如果电路阻抗在10kΩ以下,误差可以忽略(0.1%或更低)。

2）直流电流的测量

（1）在仪表串联到待测回路之前，应先将回路中的电源关闭。

（2）测量时应使用正确的输入端口和功能挡位，如不能估计电流的大小，应从高挡量程开始测量。

（3）测量大于 10～15A 电流时，为了安全使用每次测量时间应小于 10s，间隔时间应大于 15min。

（4）当表笔插在电流端子上时，切勿把表笔测试针并联到任何电路上，这会烧断仪表内部熔断丝和损坏仪表。

（5）在完成所有的测量操作后，应先关断电源再断开表笔与被测电路的连接。对大电流的测量更为重要。

3）电阻的测量

（1）如果被测电阻开路或阻值超过仪表最大量程时，显示器将显示"1"。

（2）当测量在线电阻时，在测量前必须先将被测电路内所有电源关断，并将所有电容器放尽残余电荷，才能保证测量正确。

（3）在低阻测量时，表笔会有 0.1～0.2Ω 电阻的测量误差。为获得精确读数，应首先将表笔短路，记住短路显示值，在测量结果中减去表笔短路显示值，才能确保测量精度。

（4）如果表笔短路时的电阻值不小于 0.5Ω，应检查表笔是否有松脱现象或其他原因。

（5）测量 1MΩ 以上的电阻时，可能需要几秒后读数才会稳定。这对于高电阻值的测量属正常。为了获得稳定读数，应尽量选用短的测试线。

（6）不要输入高于直流 60V 或交流 30V 以上的电压，以免伤害人身安全。

（7）在完成所有的测量操作后，要断开表笔与被测电路的连接。

4）电路通断的测量

（1）当检查在线电路通断时，测量前必须先将被测电路内所有电源关断，并将所有电容器放尽残余电荷。

（2）电路通断测量，开路电压约为 2.7V。

（3）不要输入高于直流 60V 或交流 30V 以上的电压，以免伤害人身安全。

（4）在完成所有的测量操作后，要断开表笔与被测电路的连接。

3. 操作步骤

1）交、直流电压的测量步骤

（1）功能量程开关置于 V $=$ 或 V ～ 电压测量挡。

（2）按 LCD 输入端口提示，将红表笔插入"V"插孔，黑表笔插入"COM"插孔，并将表笔探针并联到待测电源或负载上，如图 1-13 所示。

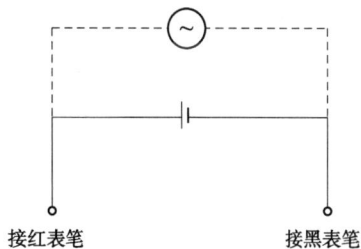

图 1-13　交、直流电压测量示意图

（3）从显示器上直接读取被测电压值。交流测量显示值为正弦波有效值（平均值响应）。

（4）完成表 1-2。

数字万用表测量交直流电压   表 1-2

序号	名　　称	标注值(V)	测量值(V)
1	交流电压		
2	交流电压		
3	直流电压		
4	直流电压		

2）直流电流的测量步骤

（1）将功能量程开关置于 A ===电流测量挡。

（2）按 LCD 输入端口提示，将红表笔插入"mA"或"A"插孔，黑表笔插入"COM"插孔，并将表笔探针串联到待测回路中，如图 1-14 所示。

（3）显示器上直接读取被测电流值。

（4）完成表 1-3。

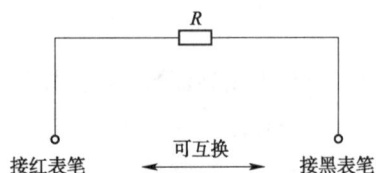

图 1-14　电阻测量示意图

3）电阻的测量步骤

（1）将功能量程开关置于"Ω"测量挡。

（2）按 LCD 输入端口提示，将红表笔插入"Ω"插孔，黑表笔插入"COM"插孔，并将表笔探针并联到被测电阻上，如图 1-14 所示。

（3）从显示器上直接读取被测电阻值。

（4）完成表 1-4。

数字万用表测量直流电流   表 1-3

序　　号	名　　称	测量值(A 或 mA)
1	直流电流	
2	直流电流	
3	直流电流	

数字万用表测量电阻   表 1-4

序　　号	名　　称	标注值(Ω)	测量值(Ω)
1	电阻		
2	电阻		
3	电阻		

4）电路通断的测量步骤

（1）将功能量程开关置于"♪➡"测量挡。

（2）按 LCD 输入端口提示，将红表笔插入"➡"插孔，黑表笔插入"COM"插孔，并将表笔探针并联到被测电路两端。

（3）如果被测两端之间电阻 >50Ω，认为电路断路；被测两端之间电阻 ≤30Ω，认为电路良好导通，蜂鸣器连续声响。

（4）从显示器上直接读取被测电路的近似电阻值，单位为 Ω。

三、技能考核标准

技能考核标准见表1-5。

技 能 考 核 标 准　　　　　　　　　　　　　　　表1-5

序号	项　　目	操作内容	规定分	评分标准	得分
1	电压测量	按照交、直流电压的测量步骤,分别测量电路中交流电压值和直流电压值	30分	1. 操作过程中,步骤是否正确,是否违反注意事项; 2. 能否正确读数; 3. 测量值是否与标注值一致; 4. 测量完毕是否断开表笔与电路的连接	
2	电流测量	按照直流电流的测量步骤,测量电路中的电流大小	25分		
3	电阻测量	按照电阻的测量步骤,测量电路中负载的电阻大小	25分		
4	电路通断测量	按照电路通断的测量步骤,测量电路的通断	20分	1. 操作过程中,步骤是否正确,是否违反注意事项; 2. 是否能根据读数和声音准确判断电路的通断	
		总分	100分		

四、思考与练习

(一) 填空题

(1)电路一般是由是_____、_____、_____和_____四部分组成的。

(2)规定_____运动的方向为电路中电流的实际方向。

(3)在国际电位制(SI)中,电流的单位为_____,简称_____,用字母_____表示。

(4)四环电阻"红红黑银",该电阻的阻值是_____,误差精度是_____%。

(5)电阻阻值的标注方法有_____、_____、_____。

(6)10A = _____ mA, 50A = _____ μA, 100mV = _____ V, 600μV = _____ mV。

(7)9M2 = _____ Ω,6R4 = _____ Ω。

(8)汽车电路采用的电源是_____和_____。

(9)把电能转变成其他形式能的元件或设备叫_____,也常被称为电源的_____。

(10)参考点又叫_____,当某点的电位大于零时,表示该点电位参考点电位。

(二) 单项选择题

(1)在电路中,是用电器的是( )。

　　A. 汽车起动机　　　　　B. 发电机　　　　　C. 蓄电池　　　　　D. 以上都是

(2)$U_{AB} = 3V$,这表示( )。

　　A. $V_A - V_B = 3V$　　　　　　　　　　B. $V_B - V_A = 3V$

　　C. $V_A = 3V, V_B = 0V$　　　　　　　　D. $V_A = 0V, V_B = 3V$

(3)电位值有正值和负值,某点的电位为正值,表示该点的电位比_____高,某点的电位为负值,表示该点的电位比_____低。(   )

  A. 参考点,搭铁点   B. 参考点,参考点

  C. 搭铁点,参考点   D. 搭铁点,搭铁点

(4)电压值有正值和负值,如电压 U_{BA} 为正值,表示 B 和 A 两点中_____点电位高,_____点电位低;又如电压 U_{DA} 为负值,表示 D 和 A 两点中_____点电位高,_____点电位低。(   )

  A. B 点,A 点;D 点,A 点   B. A 点、B 点;D 点,A 点

  C. A 点、B 点;A 点,D 点   D. B 点、A 点;A 点、D 点

(5)我们把用电设备在超过额定功率下的工作状态叫作(   )。

  A. 满载   B. 超载   C. 轻载   D. 过载

(6)对于(   ),其额定电流和额定电压的乘积就等于它的额定功率。

  A. 电阻性负载 B. 电容性负载 C. 电感性负载 D. 以上都对

(7)用数字万用表测量电阻的实验中,被测电阻开路或阻值超过仪表最大量程时,显示器将显示(   )。

  A. ∞ B. 0   C. 1   D. 2

(三)判断题

(1)电源是把其他形式的能转换成电能的装置。   ( )

(2)干电池和蓄电池的电压都是2V。   ( )

(3)绝对不允许用电压表直接并联在电源两极上测量电源电压。 ( )

(4)电流总是从高电位流向低电位。   ( )

(5)电位与电压关系 $U_{AB} = V_A - V_B$,电压大小与参考点的选择有关。 ( )

(6)a、b 两点间的电压,在数值上等于把单位正电荷从 a 点移到 b 点电场力所做的功。

                      ( )

(7)在汽车上常以车身为参考点,称为"搭铁"。   ( )

(8)阻值不能改变的电阻称为可变电阻。   ( )

(9)电路中任意两点之间的电位差即为该两点间的电压。   ( )

(10)防止过载的常用方法是在电路中安装熔断器。   ( )

(四)简答与计算

(1)色环电阻"橙黄红金",该电阻的阻值是多少?

(2)标注出下列各个电流流向和电压方向。

(3)下图为某三相异步电动机铭牌,写出此三相异步电动机的额定功率、额定电压和额定电流的大小。

三相异步电动机			
型号：Y112M-4		编号	
4.0 kW		8.8 A	
380 V	1440 r/min	LW	82dB
接法 △	防护等级IP44	50Hz	45kg
标准编号	工作制SI	B级绝缘	2000年8月
中原电机厂			

（4）如果某电机的实际工作电流6.4A，工作电压为220V，铭牌标注 $I_N = 6.4A$，$U_N = 380V$，额定功率 $P_N = 2.2kW$。请问这台电机实际功率 P 为多少？

任务2　电路特点验证

学习目标

❖ 知识目标

1. 能说出电阻串联、并联和混联的概念；
2. 能画出电阻串并联电路图；
3. 能说出电阻串并联电路的特点。

❖ 能力目标

1. 能根据电阻混联电路画出其等效电路图；
2. 能按照电路图用实物搭建电阻串并联电路；
3. 能利用数字万用表对电阻串并联的特点进行验证。

建议课时

6课时。

任务描述

汽车中的电路多种多样，在了解了汽车电路的基本知识后，你应该知道的最基础的电路就是串联电路和并联电路。本任务为认识串联电路和并联电路的特点，并完成串并联电路的电阻、电压和电流特点检测。

一、理论知识准备

（一）串联电路

如果电路中有两个或更多个元件一个接一个地顺序相连，并且在这些用电器中通过同一电流，则这样的接法就称为串联电路，如图2-1所示。

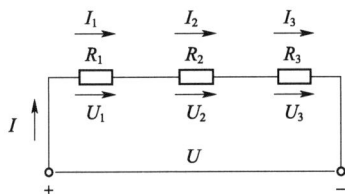

图2-1　串联电路

1. 串联电路连接方式的特点

(1) 电流只有一条路径。

(2) 通过一个元件的电流同时也通过另一个元件。

(3) 电路中只需要一个开关,且开关的位置对电路没有影响。

2. 串联电路中电流、电阻和电压特点

(1) 串联电路中流过每个元件的电流都相等。即

$$I = I_1 = I_2 = I_3 = \cdots = I_n \tag{2-1}$$

(2) 元件串联后的等效电阻(即总电阻)等于各分电阻的总和。即

$$R = R_1 + R_2 + R_3 + \cdots + R_n \tag{2-2}$$

(3) 总电阻两端的总电压等于各个电阻两端电压之和,即

$$U = U_1 + U_2 + U_3 + \cdots + U_n \tag{2-3}$$

(4) 一个电阻上的电压与总电压之比等于各电阻与总电阻之比,即

$$\frac{U_1}{U} = \frac{R_1}{R_1 + R_2 + R_3 + \cdots + R_n} \tag{2-4}$$

例 2-1 两个电阻 R_1、R_2 串联,$R_1 = 80\Omega$,总电阻 100Ω,总电压为 $60V$,$U_2 = 12V$,试求 R_2 和 U_1。

解: 电压

$$U_1 = U - U_2 = 60 - 12 = 48V$$

电阻

$$R_2 = R - R_1 = 100 - 80 = 20\Omega$$

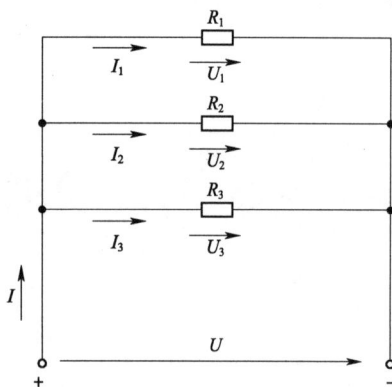

图 2-2 并联电路

(二) 并联电路

如果电路中有两个或更多个元件连接在两个公共的结点之间,则这样的连接法就称为并联电路。在并联电路中,各个并联支路(电阻)两端电压相等。如图 2-2 所示是三个电阻并联的电路。

注:两电阻并联可用符号"//"表示,如 R_1 与 R_2 并联,则可写成 $R_1 // R_2$。

1. 并联电路连接方式的特点

(1) 电流有两条或多条路径。

(2) 各元件可以独立工作。

(3) 干路的开关控制整个干路和支路,支路的开关只控制本支路。

2. 并联电路中电流、电阻和电压特点

(1) 电路中各支路两端电压相等。即

$$U = U_1 = U_2 = U_3 = \cdots = U_n \tag{2-5}$$

(2) 电路中的总电阻倒数等于各支路电阻倒数之和,即

$$\frac{1}{R} = \frac{1}{R_1} + \frac{1}{R_2} + \frac{1}{R_3} + \cdots + \frac{1}{R_n} \tag{2-6}$$

(3) 电路中的总电流等于各支路的电流之和,即

$$I = I_1 + I_2 + I_3 + \cdots + I_n \tag{2-7}$$

例2-2 如图2-3所示的电路中，$R_1 = 2\Omega$、$R_2 = 3\Omega$、$R_3 = 4\Omega$。已知流过电阻的电流 $I_1 = 3A$、$I_2 = 2A$、$I_3 = 1.5A$，则干路电流 I 和总电阻 R 各为多大？

解：干路电流为

$$I = I_1 + I_2 + I_3 = 3 + 2 + 1.5 = 6.5A$$

由式(2-6)，得

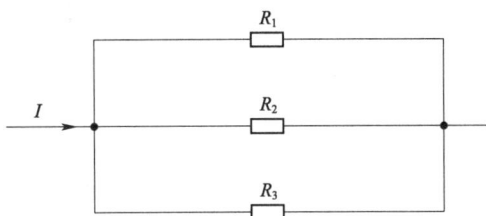

图2-3 并联电路

$$\frac{1}{R} = \frac{1}{R_1} + \frac{1}{R_2} + \frac{1}{R_3} = \frac{R_2R_3 + R_1R_3 + R_1R_2}{R_1R_2R_3} = \frac{3 \times 4 + 2 \times 4 + 2 \times 3}{2 \times 3 \times 4} = \frac{13}{12}$$

$$R = \frac{1}{\dfrac{1}{R}} = \frac{12}{13} = 0.92\Omega$$

(三)混联电路

电路中元件既有串联又有并联的电路，叫作混联电路，如图2-4所示。

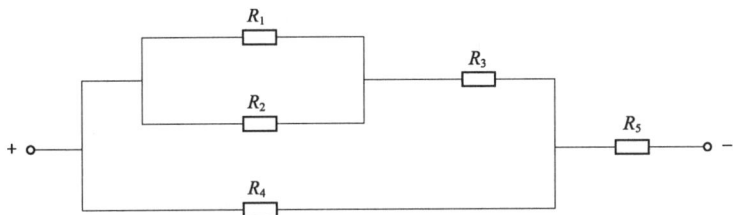

图2-4 混联电路

分析混联电路时，必须先搞清楚混联电路中各元件之间的连接关系，然后应用串并联电路的特点，求出单纯的串联部分和并联部分的各等效电阻，最后求出电路的总电阻。

如果混联电路比较复杂，各元件之间的串并联关系一时看不清，可利用画等效电路图的方法找出各电阻之间的串并联关系，然后再分析计算，计算时按串并联各自的特点进行。

画等效电路图的方法如下。

先在电路中各电阻的连接点上标注字母(如 A、B、C、D 等)，并将各字母按顺序在水平方向排列(一般将待求字母放两端)，然后把各电阻接入相应字母之间，最后依次画出简化过程中的等效电路图，如图2-5所示。

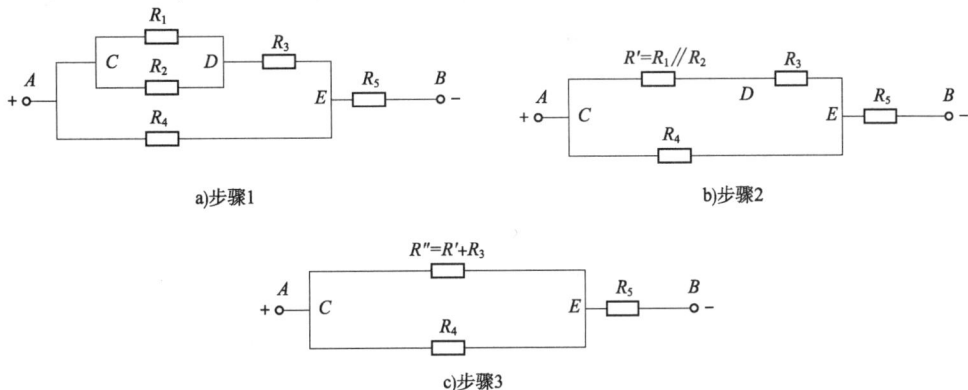

a)步骤1   b)步骤2

c)步骤3

图2-5 混联电路的简化过程

例2-3 如图2-6所示的电路，$R_1 = 2\Omega$、$R_2 = 2\Omega$、$R_3 = 4\Omega$、$R_4 = 5\Omega$、$R_5 = 2.5\Omega$。已知流过干路的总电流 $I = 1A$、$I_3 = 0.5A$。求电路总电阻 R_{AB} 和 I_4 各为多大？

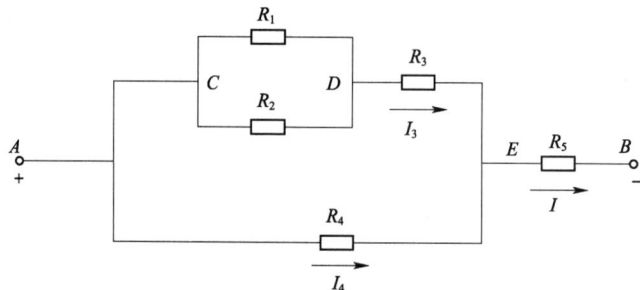

图2-6　混联电路图

解：等效电路简化过程，如图2-7所示。

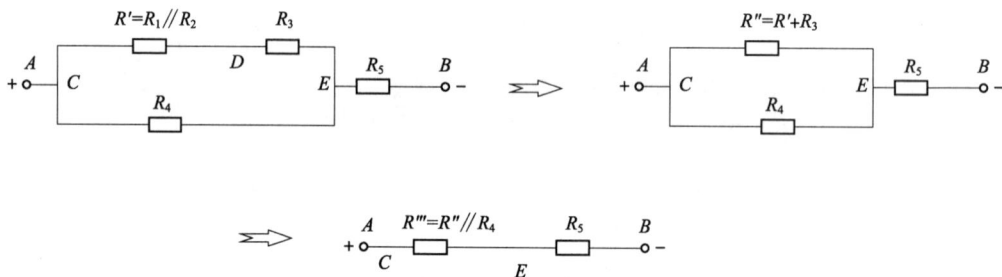

图2-7　等效电路

由等效电路可得

$$R' = R_1 // R_2 = \cfrac{1}{\cfrac{1}{R_1} + \cfrac{1}{R_2}} = \frac{R_1 R_2}{R_1 + R_2} = \frac{2 \times 2}{2 + 2} = 1\Omega$$

$$R'' = R' + R_3 = 4 = 5\Omega$$

$$R''' = R'' // R_4 = \cfrac{1}{\cfrac{1}{R''} + \cfrac{1}{R_4}} = \frac{R'' R_4}{R'' + R_4} = \frac{5 \times 5}{5 + 5} = 2.5\Omega$$

所以

$$R_{AB} = R''' + R_5 = 2.5 + 2.5 = 5\Omega$$
$$I_4 = I - I_3 = 1 - 0.5 = 0.5A$$

二、任务实施

1. 准备工作

(1)掌握理论知识。

(2)认真研读技术要求和注意事项。

(3)准备数字万用表、电源、导线、电阻、开关和附件。

2.技术要求与注意事项

参照项目一任务 1 中的技术要求与注意事项。

3.操作步骤

1）串联电路电阻特点检测步骤

（1）按照要求从电阻元件中选取电阻,选取电阻时,可以根据电阻本身的标识来进行识别,比如值标法、文字符号法和色标法等。

（2）查阅数字万用表测量电阻的基本方法和注意事项。

（3）按图 2-8 电路图对实物进行连接（注意:不接入电源,直接把 R_1、R_2、R_3 串联,把数字万用表并联在每个被测电阻两端）。

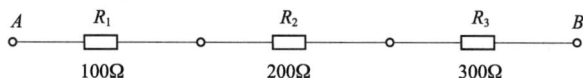

图 2-8　串联电路电阻特点检测

（4）检查电路连接是否有误。

（5）检查无误后,按要求测量电阻,并填写表 2-1。

串联电路电阻特点验证　　　　　　　　　　　　　　　　表 2-1

序号	1	2	3	4
名称	R_1	R_2	R_3	R_{AB}
测量值(Ω)				
总计(Ω)				
在实验误差范围内,R_{AB} 与 R_1、R_2、R_3 的关系				

2）串联电路电压特点检测步骤

（1）按照要求从电阻元件中选取电阻,选取电阻时可以根据电阻本身的标识来进行识别,比如值标法、文字符号法和色标法等。

（2）查阅数字万用表测量电压的基本方法和注意事项。

（3）按图 2-9 电路图对实物进行连接（注意:接入 6V 电源,直接把 R_1、R_2、R_3 串联,把数字万用表并联在每个被测电阻两端）。

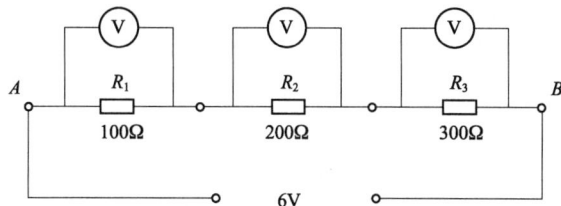

图 2-9　串联电路电压特点检测

（4）检查电路连接是否有误,确保电路无误后,闭合电源。

（5）按要求测量各个电阻两端的电压,并填写表 2-2。

序号	1	2	3	4
名称	U_{R1}	U_{R2}	U_{R3}	U_{AB}
测量值(V)				
总计(V)				
在实验误差范围内, U_{AB} 与 U_{R1}、U_{R2}、U_{R3} 的关系				

串联电路电压特点验证　　　　　　表 2-2

3) 串联电路电流特点检测步骤

(1) 按照要求从电阻元件中选取电阻,选取电阻时,可以根据电阻本身的标识来识别,比如值标法、文字符号法和色标法等。

(2) 查阅数字万用表测量电流的基本方法和注意事项。

(3) 按图 2-10 电路图对实物进行连接(注意:接入 6V 电源,直接把 R_1、R_2、R_3 串联,把数字万用表串联在每个被测电路中)。

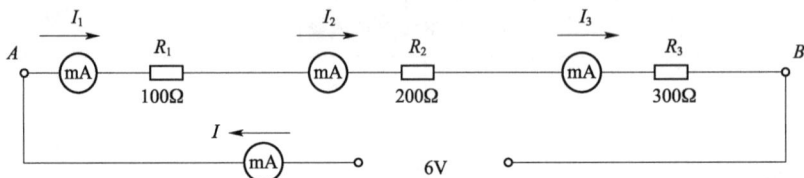

图 2-10　串联电路电流特点检测

(4) 检查电路连接是否有误,确保电路无误后,闭合电源。

(5) 按要求测量流过各个电阻的电流,并填写表 2-3。

序号	1	2	3	4
名称	I_1	I_2	I_3	I
测量值(mA)				
在实验误差范围内, I 与 I_1、I_2、I_3 的关系				

串联电路电流特点验证　　　　　　表 2-3

4) 并联电路电阻特点检测步骤

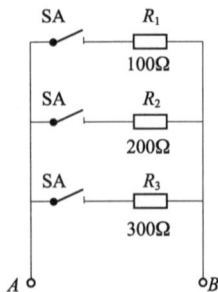

图 2-11　并联电阻验证

(1) 按照要求从电阻元件中选取电阻,选取电阻时可以根据电阻本身的标识来进行识别,比如值标法、文字符号法和色标法等。

(2) 查阅数字万用表测量电阻的基本方法和注意事项。

(3) 按图 2-11 电路图对实物进行连接(注意:不接入电源,直接把 R_1、R_2、R_3 并联,把数字万用表并联在每个被测电阻两端)。

(4) 检查电路连接是否有误。

(5) 检查无误后,按要求测量电阻,并填写表 2-4。

并联电路电阻特点验证　　表 2-4

序号	1	2	3	4	5
名称	R_1	R_2	R_3	R_{AB}	$\dfrac{1}{R_{AB}}$
测量值(Ω)					
计算(Ω)		$\dfrac{1}{R_1}+\dfrac{1}{R_2}+\dfrac{1}{R_3}=$			
在实验误差范围内,R_{AB} 与 R_1、R_2、R_3 的关系					

5)并联电路电压特点检测步骤

(1)按照要求从电阻元件中选取电阻,选取电阻时可以根据电阻本身的标识来进行识别,比如值标法、文字符号法和色标法等。

(2)查阅数字万用表测量电压的基本方法和注意事项。

(3)按图 2-12 电路图对实物进行连接(注意:接入 6V 电源,直接把 R_1、R_2、R_3 并联,把数字万用表并联在每个被测电阻两端)。

(4)检查电路连接是否有误,确保电路无误后,闭合电源。

(5)按要求测量各个电阻两端的电压,并填写表 2-5。

并联电路电压特点验证　　表 2-5

序号	1	2	3	4
名称	U_{R1}	U_{R2}	U_{R3}	U_{AB}
测量值(V)				
在实验误差范围内,U_{AB} 与 U_{R1}、U_{R2}、U_{R3} 的关系				

6)并联电路电流特点检测步骤

(1)按照要求从电阻元件中选取电阻,选取电阻时可以根据电阻本身的标识来进行识别,比如值标法、文字符号法和色标法等。

(2)查阅数字万用表测量电流的基本方法和注意事项。

(3)按图 2-13 电路图对实物进行连接(注意:接入 6V 电源,直接把 R_1、R_2、R_3 并联,把数字万用表串联在每个被测电路中)。

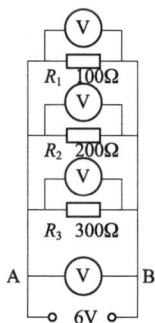

图 2-12　并联电压验证　　　图 2-13　并联电流验证

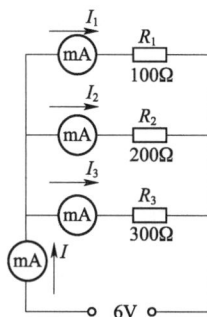

（4）检查电路连接是否有误，确保电路无误后，闭合电源。

（5）按要求测量流过各个电阻两端的电流，并填写表2-6。

并联电路电流特点验证　　　　表2-6

序号	1	2	3	4
名称	I_1	I_2	I_3	I
测量值(mA)				
总计(mA)				
在实验误差范围内，I 与 I_1、I_2、I_3 的关系				

三、技能考核标准

技能考核标准见表2-7。

技 能 考 核 标 准　　　　表2-7

序号	项目	操作内容	规定分	评分标准	得分
1	电阻特点检测	按照串联和并联电路电阻特点的检测步骤，分别检测串联电路和并联电路的电阻特点	35分	1. 操作过程中，步骤是否正确，是否违反注意事项； 2. 能否正确读数； 3. 测量值是否满足电阻特点关系式； 4. 测量完毕是否断开表笔与电路的连接	
2	电压特点检测	按照串联和并联电路电压特点的检测步骤，分别检测串联电路和并联电路的电压特点	30分	1. 操作过程中，步骤是否正确，是否违反注意事项； 2. 能否正确读数； 3. 测量值是否满足电压特点关系式； 4. 测量完毕是否断开表笔与电路的连接	
3	电流特点检测	按照串联和并联电路电压特点的检测步骤，分别检测串联电路和并联电路的电流特点	35分	1. 操作过程中，步骤是否正确，是否违反注意事项； 2. 能否正确读数； 3. 测量值是否满足电流特点关系式； 4. 测量完毕是否断开表笔与电路的连接	
	总分		100分		

四、思考与练习

(一)填空题

(1)元件串联后的等效电阻(即总电阻)等于_____;并联电路中的总电阻倒数等于_____。

(2)在一个电源电压为4V,阻值为 $R_1 = 5\Omega$ 和 $R_2 = 15\Omega$ 串联在电路中,R_1 两端的电压为1V,则 R_2 两端电压为_____V。

(3)将一只 10Ω 的电阻接在同一电源上,如再将一只 5Ω 的电阻和它并联接入电路中,电源电压不变,那么电路中总电阻将变_____,电路中电流将变_____。

(4)如下图所示,当 S_1、S_2 断开时,能亮的灯是_____,它们是_____联的。当 S_1、S_2 闭合时,能亮的灯是_____,它们是_____联的。当 S_1 闭合、S_2 断开时,能亮的灯是_____。

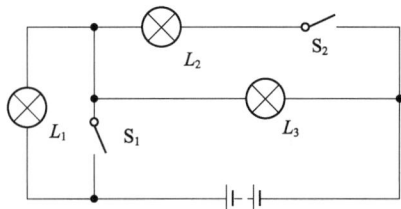

(二)单项选择题

(1)串联电路的特点是(　　)。
　　A.电流处处相等　　　　　　　　B.各支路电压和干路电压相等
　　C.各元件可以独立工作　　　　　D.电流有两条或多条路径

(2)在并联电路中,各个并联电阻的(　　)相等。
　　A.端电压　　　　B.电流　　　　C.阻值　　　　D.功率

(3)下图中是混联电路的是(　　)。

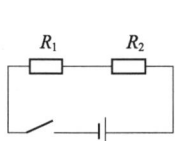　　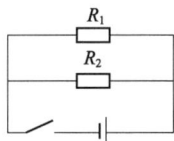　　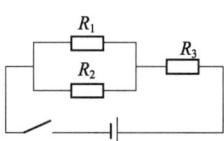

　　A.　　　　　　　　　　B.　　　　　　　　　　C.

(4)用一个开关控制三盏灯,这三盏灯的连接方式(　　)。
　　A.一定是串联　　　　　　　　　B.一定是并联
　　C.串联、并联都可以　　　　　　D.不能确定

(5)并联电路的特点是(　　)。
　　A.电流处处相等　　　　　　　　B.各支路电压和干路电压相等
　　C.各元件不可以独立工作　　　　D.电路中开关的位置对电路没有影响

(三)判断题

(1)如果电路中有两个或更多个元件连接在两个公共的结点之间,则这样的连接法就称

为并联电路。 （　　）

（2）并联电路的总电阻的倒数等于各支路电阻的倒数之和。 （　　）

（3）串联电路中，某一电阻增大，总电阻则减小。 （　　）

（4）混联电路比较复杂时，可利用画等效电路图的方法找出各电阻之间的串、并联关系。

（　　）

（5）并联电路各元件可以独立工作。 （　　）

（6）串联电路中只有一条路径，且电流处处相等。 （　　）

（7）测量串联电路电阻时，不接入电源，直接把 R_1、R_2、R_3 串联，把数字万用表并联在每个被测电阻两端。 （　　）

（四）简答与计算

（1）如下图所示的电路，$R_1 = 1\Omega$、$R_2 = 2\Omega$。已知流过电阻的电流 $I_1 = 3A$、$I_2 = 1A$，R_1 两端的电压 $U_{AD} = 3V$，则干路电流 I、总电阻 R、U_{BC} 各为多大？

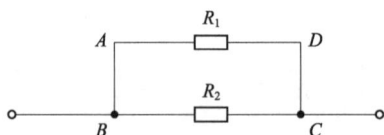

（2）简述画等效电路图的方法。

（3）如下图电路，求该电路图的等效电阻 R_{ab} 的值。其中 $R_1 = 8\Omega$、$R_2 = 15\Omega$、$R_3 = R_4 = 10\Omega$、$R_5 = R_6 = 12\Omega$。

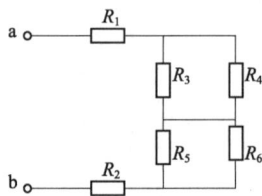

（4）一位同学做实验时需要一个 5Ω 的电阻，而他身边只有一些 10Ω 的电阻，你能帮他想一个办法解决这个问题吗？

（5）根据给出的实物，画出让开关控制两个小灯泡亮起来的电路图，并进行实物图连接。

任务3　欧姆定律认知及电源外特性验证

学习目标

❖ **知识目标**

1. 能说出欧姆定律的内容;
2. 能说出什么是电源外特性。

❖ **能力目标**

1. 能够利用数字万用表对欧姆定律进行验证;
2. 能够识记负载电流与端电压的关系,并能画出电源外特性曲线;
3. 能够利用数字万用表和电流表对电源外特性进行验证。

建议课时

4 课时。

任务描述

　　电路中的电阻、电压和电流之间的关系是很紧密的,搞清楚这些关系对今后理解电路会大有好处。本任务为认识这些关系,即欧姆定律和电源外特性,并完成对欧姆定律和电源外特性的验证。

一、理论知识准备

(一) 欧姆定律

1. 部分电路欧姆定律

不含电源的一段电路称为部分电路,如图 3-1 所示。

流过导体中的电流与这段导体两端的电压成正比,与这段导体的电阻成反比。这种规律叫部分电路欧姆定律。其数学表达式为:

图 3-1　部分电路

$$I = \frac{U}{R} \tag{3-1}$$

或

$$U = IR \tag{3-2}$$

式中:U——导体两端的电压,伏(V);

　　　I——通过导体的电流,安(A);

　　　R——导体的电阻,欧姆(Ω)。

　　注意:在利用欧姆定律的公式计算时,一定要统一到国际制单位后再进行计算,欧姆定律公式中的各个物理量要具有同一性,即 I、U、R 是对同一段导体、同一时刻而言。

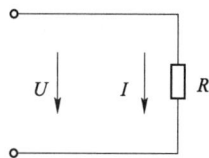

例3-1 如果某人身体的电阻为 $3 \sim 4k\Omega$，为了安全起见，通过人体的电流不能超过 $5mA$，那么此人接触的安全电压是多少？

解：当此人身体电阻按 $3k\Omega$ 计算时，根据式(3-2)得

$$U = IR = 5 \times 10^{-3} \times 3000 = 15V$$

当此人身体电阻按 $4k\Omega$ 计算时，同理得

$$U = IR = 5 \times 10^{-3} \times 4000 = 20V$$

所以此人接触的安全电压为 $15 \sim 20V$。

2. 全电路欧姆定律

全电路指含有电源的闭合电路，也称闭合电路，如图3-2所示。

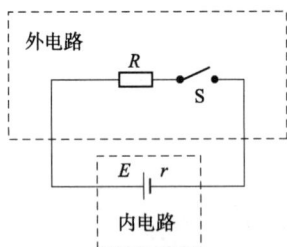

电路分为内电路和外电路两部分，通常把电源内部的电路称为内电路，电源外部的电路称为外电路。

外电路：电源外部的电路，包括用电器、导线、开关等。

内电路：电源内部的电路，一般是线圈（发电机）、导电溶液（化学电池）。

外电阻：外电路的总电阻，用 R 表示。

内电阻：内电路的电阻，通常为电源的内电阻，简称内阻，用 r 表示。

图3-2 全电路电路图

外电压：外电路两端的电压，通常称为端电压，用 $U_外$ 表示。

内电压：内电路两端的电压，用 $U_内$ 表示。

1）电源电动势 E

电源的电动势由电源本身性质决定，在数值上等于电源没有接入电路时其两极间的电压。用字母 E 表示，单位是伏（V）。

物理意义：描述电源把其他形式的能转化为电能的本领大小的物理量。

2）全电路欧姆定律公式

全电路中的电流强度 I 与电源的电动势 E 成正比，与整个电路的电阻（即内电路电阻 r 与外电路负载电阻 R 总和）成反比。这个规律叫全电路欧姆定律。其数学表达式为：

$$I = \frac{E}{R + r} \tag{3-3}$$

或

$$E = IR + Ir = U_外 + U_内 \tag{3-4}$$

适用条件：外电路是纯电阻电路。

例3-2 人造卫星常用太阳能电池供电，太阳能电池由许多片电池板组成。某电池板的电动势是 $5V$，如果直接用该电池板向电阻为 40Ω 的外电路供电，供电电流是 $0.1A$。那么外电路的端电压和电池板的内阻分别是多少？

解：根据部分电路的欧姆定律 $I = \frac{U}{R}$ 得

端电压

$$U_外 = IR = 0.1 \times 40 = 4V$$

根据式(3-3),得电池板的内阻

$$r = \frac{E}{I} - R = \frac{5}{0.1} - 40 = 10\Omega$$

或

$$r = (E - U_{外})/I = (5 - 4)/0.1 = 10\Omega$$

所以外电路的端电压为4V,电池板的内阻为10Ω。

(二)电源的外特性及电源外特性曲线

1. 电源的外特性

电源的外特性就是电源的端电压和电流的关系。

由闭合电路欧姆定律,即式(3-4),得

$$U_{外} = E - U_{内} = E - Ir \tag{3-5}$$

对于给定的电源,E 和 r 是不变的。

(1)当负载电阻 $R \to \infty$ 时(相当于电路断开),$I = 0$、$U_{外} = E$,即电源的电动势在数值上等于开路电压。

(2)当负载 R 变小时,电流 I 变大,内阻 r 的内压降也变大,端电压 $U_{外}$ 就变小。

(3)当负载电阻 $R = 0$ 时(即短路),$I = E/r$,但电源的内阻一般都很小,因此,电路中的电流 I 比正常工作情况下电流要大得多,如果没有保护装置,会导致电源和导线损坏。

2. 电源的外特性曲线

(1)当电流 $I = 0$ 时,$U_{外} = E$。

(2)当电流 $I \neq 0$ 时,$U_{外} = IR$,斜线的斜率即为电源的内阻。

(3)当电源短路时,$I = E/r$,电流很大 $I_{短} = E/r$,端电压 $U_{外} = 0$。

由此可画出电源的外特性曲线,如图3-3所示。

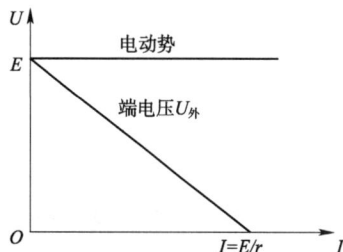

图3-3 电源外特性曲线图

二、任务实施

1. 准备工作

(1)掌握理论知识。

(2)认真研读技术要求和注意事项。

(3)准备数字万用表、电源、导线、电阻、开关和附件。

2. 技术要求与注意事项

参照项目一任务1中的技术要求与注意事项。

3. 操作步骤

1)欧姆定律的验证步骤

(1)从电阻元件中按照要求选取电阻,选取电阻时可以根据电阻本身的标识来进行识别,比如值标法、文字符号法和色标法等。

(2)按图3-4对实物进行连接,并检查电路连接是否有误。

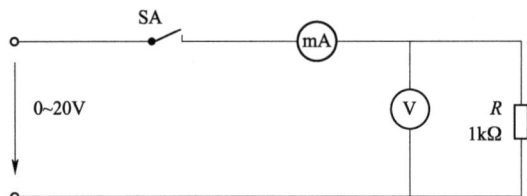

图 3-4　欧姆定律验证电路

（3）改变电源电压大小，测量电流并完成表 3-1。

欧姆定律验证电流测量 1　　　　　　　　　　　表 3-1

电压（V）	2	4	6	8	10
电流（mA）					

（4）将电源调节为 4V，改变电阻大小，测量电流并完成表 3-2。

欧姆定律验证电流测量 2　　　　　　　　　　　表 3-2

电阻（Ω）	100	200	300	1000	2000
电流（mA）					

2）电源外特性的验证步骤

（1）从电阻元件中按照要求选取电阻和更换电阻，选取电阻时可以根据电阻本身的标识来进行识别，比如值标法、文字符号法和色标法等。

（2）按要求选择电源，按图 3-5 对实物进行连接。

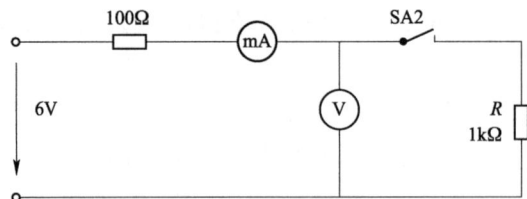

图 3-5　电源外特性验证电路

（3）检查电路连接是否有误。

（4）改变电阻大小，按表 3-2 的要求测量电流电压，并完成表 3-3。

电源外特性验证　　　　　　　　　　　表 3-3

测量内容	$R = \infty$（开路）	$R = 1k\Omega$	$R = 300\Omega$	$R = 200\Omega$
电流（mA）				
电压（V）				

三、技能考核标准

技能考核标准见表 3-4。

技 能 考 核 标 准　　　　　　　　　　　表 3-4

序号	项　　目	操作内容	规定分	评分标准	得分
1	验证欧姆定律	按照欧姆定律的验证步骤，分别检测电路中不同电压和不同电阻下的电流大小，对欧姆定律进行验证	60 分	1. 操作过程中，步骤是否正确，是否违反注意事项； 2. 能否正确读数； 3. 测量值是否满足欧姆定律； 4. 测量完毕是否断开表笔与电路的连接	

序号	项　目	操作内容	规定分	评分标准	得分
2	验证电源外特性	按照电源外特性的验证步骤,检测在不同阻值下电路中的电源和电流大小,对电源外特性进行验证	40分	1.操作过程中,步骤是否正确,是否违反注意事项; 2.能否正确读数; 3.测量值是否满足电源外特性; 4.测量完毕是否断开表笔与电路的连接	
	总分		100分		

四、思考与练习

(一)填空题

(1)不含电源的一段电路称为_____;_____指含有电源的闭合电路,也称闭合电路。

(2)流过导体中的电流与这段导体两端的电压成_____,与这段导体的电阻成_____,这种规律叫部分电路欧姆定律。

(3)全电路中的电流强度 I 与电源的电动势 E 成_____,与整个电路的电阻(即内电路电阻 r 与外电路负载电阻 R 总和)成_____,这个规律叫全电路欧姆定律。

(4)当负载电阻 $R=0$ 时(即短路),但电源的内阻一般都很小,因此电路中的电流 I 比正常工作情况下电流要_____,如果没有保护装置,会导致_____。

(二)单项选择题

(1)部分电路欧姆定律公式是(　　)。

$\quad$ A. $I=\dfrac{U}{R}$ $\qquad$ B. $I=\dfrac{R}{U}$ $\qquad$ C. $R=IU$ $\qquad$ D. $I=\dfrac{E}{R+r}$

(2)将欧姆定律的公式 $I=\dfrac{U}{R}$ 变形得到 $R=\dfrac{U}{I}$,关于此式的物理意义,下面说法中正确的是(　　)。

$\quad$ A. 导体的电阻与它两端的电压成正比,与通过它的电流成反比

$\quad$ B. 导体中通过的电流越大,则电阻越小

$\quad$ C. 加在导体两端的电压越大,则电阻越大

$\quad$ D. 导体的电阻等于导体两端的电压和通过它的电流之比

(三)判断题

(1)导体的电阻与它两端的电压成正比,与通过它的电流成反比。　　　　　　　(　　)

(2)加在导体两端的电压越大,则电阻越大。　　　　　　　　　　　　　　　　(　　)

(3)电源的电动势由电源本身性质决定,在数值上等于电源没有接入电路时其两极间的电压。　　　　　　　　　　　　　　　　　　　　　　　　　　　　　　　　　　(　　)

(4)当负载 R 变大时,电流 I 变大,内阻 r 的内压降也变大,端电压 $U_外$ 就变小。(　　)

(5)通常把电源内部的电路称为内电路,电源外部的电路称为外电路。　　　　　(　　)

(四)简答与计算

(1)电源的电动势 $E = 1.5V$,内电阻 $r = 0.1\Omega$,外电路的电阻 $R = 1.4\Omega$,求电路中的电流 I 和端电压 U。

(2)在下图中,$R = 9.0\Omega$,当开关 S 打开时,电压表的示数是 $2.0V$,合上开关 S 时,电压表的示数是 $1.8V$,求电源的内电阻。

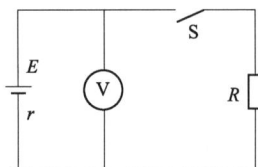

(3)根据欧姆定律公式填写下表。

已知:电源电动势 $E = 20V$,电源内阻 $r = 2\Omega$。

外电阻 $R(\Omega)$	18	14	8	6
电流 $I(A)$				
端电压 $U_\text{外}(V)$				

根据表中的数据,用描点法完成下面的电源外特性曲线。

任务4 电磁感应现象产生的原因及判断

学习目标

❖ **知识目标**

1. 能说出电磁感应现象及其产生原因;

2. 能说出互感现象和自感现象;

3. 能说出同名测试端和异名测试端;

4. 能说出继电器的工作原理。

❖ **能力目标**

1. 能够用右手定则和楞次定律判断感应电流的方向;
2. 能够根据电磁感应的知识分析和检测通电、断电自感现象;
3. 能够根据电路图说出同名端测试方法;
4. 能够画出继电器的电路图;
5. 能够根据继电器的工作原理检测其工作状态。

建议课时

8 课时。

任务描述

汽车中有很多部件,比如发电机、轮速传感器、点火线圈、继电器等,都是电磁感应现象的实际应用。要了解这些部件,就要求我们要熟悉电磁感应现象。本任务为认识电磁感应现象产生的原因,并且对各电磁感应现象作出判断和检测。

一、理论知识准备

(一)电磁感应现象

在发现了电流的磁效应后,人们自然想到:既然电能够产生磁,磁能否产生电呢? 通过下面三个实验,你能发现什么?

实验一:1831 年 8 月 29 日,法拉第用软铁做成一个外径 6in❶ 的环,其上绕有 A、B 两组线圈。B 线圈接电流表,A 线圈与电池连接。当接通和断开电源时,发现电流表指针摆动,如图 4-1 所示。

实验二:只有磁铁相对线圈运动时,指针发生偏转,有电流产生。磁铁相对线圈静止时,指针没有发生偏转,没有电流产生,如图 4-2 所示。

实验三:当闭合回路中一部分导体做切割磁感线运动时,指针发生偏转,有电流产生,如图 4-3 所示。

1. 电磁感应现象的定义

由实验可知,当穿过闭合线圈的磁通发生变化时,线圈中有电流产生。

图 4-1 法拉第电磁感应现象电路图

在一定条件下,由磁产生电的现象,称为电磁感应现象,产生的电流称为感应电流。产生电磁感应的条件是,穿过闭合回路的磁通发生变化。

设在磁感应强度为 B 的均匀磁场中,有一个与磁场方向垂直的平面,面积为 S,如图 4-4 所示,我们把 B 与 S 的乘积定义为穿过这个面积的磁通量,简称磁通,用 Φ 表示。磁通的单

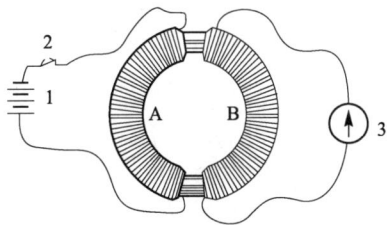

---

❶ $1in = 0.0254m$。

位是韦伯(Wb),简称韦。

$$\Phi = BS \qquad (4\text{-}1)$$

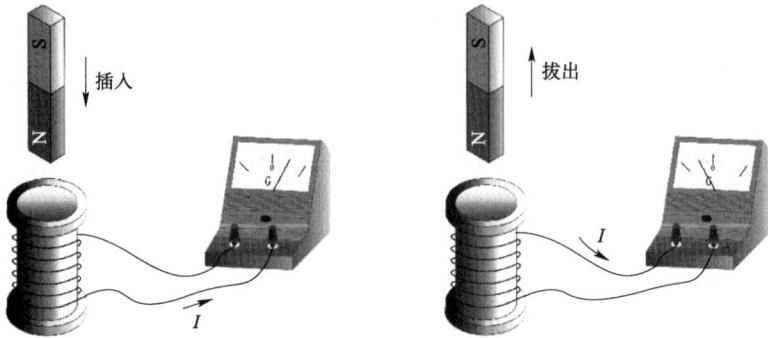

图 4-2 磁铁相对线圈运动时电磁感应现象电路图

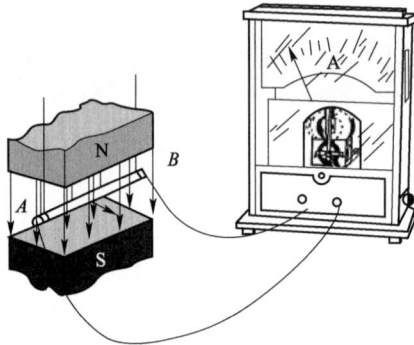

图 4-3 部分导体切割磁感线运动时电磁
感应现象电路图

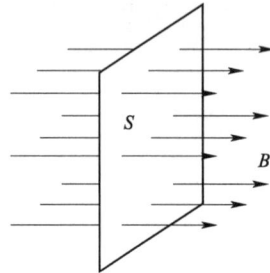

图 4-4 磁通量

所以 $B = \Phi/S$,这表示磁感应强度等于穿过单位面积的磁通,所以磁感应强度又称磁通密度,并且用 Wb/m^2 作为单位。

当 S 与 B 不垂直且 S 与 B 的夹角为 θ 时,如图 4-5 所示,磁通为

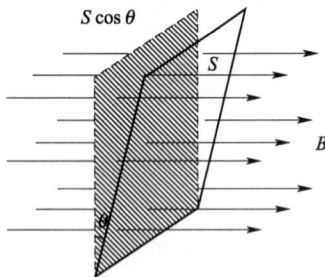

$$\Phi = BS\cos\theta \qquad (4\text{-}2)$$

磁通量可用穿过某一个面的磁感线条数表示。在同一磁场中,磁感应强度越大的地方,磁感线越密。因此,B 和 S 越大,磁通量就越大,穿过这个面的磁感线条数就越多。

2.感应电流的方向

1)右手定则

当闭合回路中一部分导体做切割磁感线运动时,所产生的感应电流方向可用右手定则来判断。

图 4-5 磁通量

如图 4-6 所示,伸开右手,使拇指与四指垂直,并都与手掌在一个平面内,让磁感线穿入手心,拇指指向导体运动方向,四指所指即为感应电流的方向。

2)楞次定律

如图 4-2 所示,当磁铁插入线圈时,原磁通在增加,线圈所产生的感应电流的磁场方向

总是与原磁场方向相反,即感应电流的磁场总是阻碍原磁通的增加;当磁铁拔出线圈时,原磁通在减少,线圈所产生的感应电流的磁场方向总是与原磁场方向相同,即感应电流的磁场总是阻碍原磁通的减少。

因此得出结论,感应电流的磁场总是要阻碍磁通量的变化,这就是楞次定律的内容。

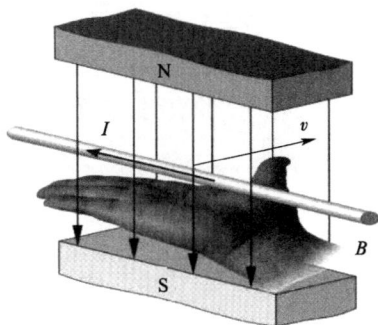

图4-6 右手定则

这里的阻碍不是相反,也不是阻止,而是延缓,即磁通量变化的时间变长了。当原磁通量减小时,感应电流的磁场与原磁场同向,以阻碍其减小;当磁体远离导体运动时,导体运动将和磁体运动同向,以阻碍其相对运动;当原磁通量增大时,感应电流的磁场与原磁场反向,以阻碍其增大;当磁体靠近导体运动时,导体运动将和磁体运动同向,以阻碍其相对运动,即增反减同。

用"四步法"判断感应电流方向,步骤如下。

(1)明确原磁场 B 方向。

(2)明确磁通量的变化(是增还是减)。

(3)根据楞次定律判断感应电流的磁场 B' 的方向。

(4)安培定则判断感应电流的方向。

(5)由于线圈中所产生的感应电流磁场总是阻碍原磁通的变化,即阻碍磁铁与线圈的相对运动,因此,要想保持它们的相对运动,必须有外力来克服阻力做功,并通过做功将其他形式的能转化为电能,即线圈中的电流不是凭空产生的。

3)右手定则与楞次定律的一致性

右手定则和楞次定律都可用来判断感应电流的方向,楞次定律可适用于由磁通量变化引起感应电流的各种情况,而右手定则只适用于一部分导体在磁场中做切割磁感线运动的情况,导线不动时不能应用,因此,右手定则可以看作楞次定律的特殊情况。

在判断由导体切割磁感线产生的感应电流时,右手定则与楞次定律是等效的,而右手定则比楞次定律更方便。

3. 感应电动势

1)感应电动势

电磁感应现象中,闭合回路中产生了感应电流,说明回路中有电动势存在。在电磁感应现象中产生的电动势称为感应电动势。产生感应电动势的那部分导体,就相当于电源,如在磁场中切割磁感线的导体和磁通发生变化的线圈等。

(1)在电源内部,电流从电源负极流向电源正极,电动势的方向也是由负极指向正极,因此,感应电动势的方向与感应电流的方向一致,仍可用右手定则和楞次定律来判断。对电源来说,电流流出的一端为电源的正极。

(2)感应电动势与电路是否闭合无关。感应电动势是电源本身的特性,即只要穿过电路的磁通发生变化,电路中就有感应电动势产生,与电路是否闭合无关。若电路是闭合的,则电路中有感应电流;若电路是断开的,则电路中就没有感应电流,只有感应电动势。

2)感应电动势的大小——法拉第电磁感应定律

实验:加快磁铁插入拔出运动速度,微安表指针偏转弧度增大,如图 4-7 所示。

大量的实验表明,单匝线圈中产生的感应电动势的大小,与穿过线圈的磁通变化率 $\Delta\Phi/\Delta t$ 成正比,即

$$E = \frac{\Delta\Phi}{\Delta t} \tag{4-3}$$

对于 N 匝线圈,有

$$E = N\frac{\Delta\Phi}{\Delta t} = N\frac{\Phi_2 - \Phi_1}{\Delta t} \tag{4-4}$$

如图 4-8 所示,设速度 v 和磁场 B 之间有一夹角 θ。将速度 v 分解为两个互相垂直的分量 v_1、v_2,$v_1 = v\cos\theta$ 与 B 平行,不切割磁感线;$v_2 = v\sin\theta$ 与 B 垂直,切割磁感线。

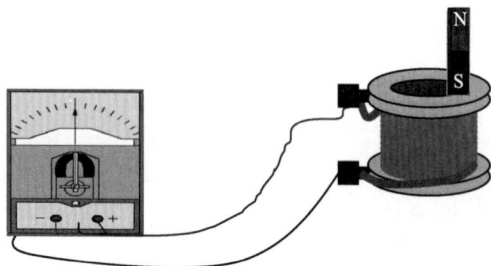

图 4-7　电磁感应原理图　　　　　　　　图 4-8　磁通量分解图

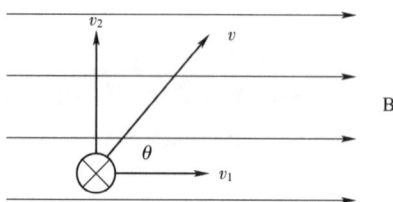

$$E = \frac{\Delta\Phi}{\Delta t} = B\frac{\Delta S}{\Delta t} = \frac{BLv\Delta t}{\Delta t} = BLv \tag{4-5}$$

因此,导线中产生的感应电动势

$$E = BLv_2 = BLv\sin\theta \tag{4-6}$$

上式表明,在磁场中,运动导线产生的感应电动势的大小与磁感应强度 B、导线长度 L、导线运动速度 v 以及导线运动方向与磁感线方向之间夹角的正弦 $\sin\theta$ 成正比。

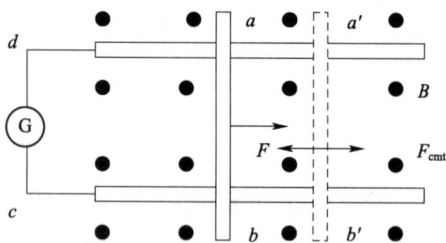

图 4-9　导体切割磁感线运动图

例 4-1　在图 4-9 中,设强磁场的磁感应强度 B 为 0.1T,切割磁感线的导线长度 L 为 40cm,向右运动的速度 $v = 5\text{m/s}$,整个线框的电阻 R 为 0.5Ω。求:感应电动势的大小和感应电流的大小和方向。

解:线圈中的感应电动势为

$$E = BLv = 0.1 \times 0.4 \times 0.5 = 0.2\text{V}$$

线圈中的感应电流为

$$I = E/R = 0.2 \div 0.5 = 0.4\text{A}$$

由右手定则可判断出感应电流方向为 $abcd$。

(二)互感现象

1.互感现象

如图 4-10 所示,开关接通瞬间电流表指针偏转,因为开关闭合瞬间,初级线圈中电流的变化,产生变化的磁通,这个变化的磁通中有一部分要通过次级线圈,使次级线圈产生感应电动势,并由此产生感应电流使微安表发生偏转。

开关合上后,保持电流不变,微安表指针不偏转,因为保持电流不变,线圈中的磁通量不变,则感应电流为零。

断开开关瞬间,微安表指针偏转,因为断开开关瞬间,初级线圈中电流的变化,要产生变化的磁通,这个变化的磁通中有一部分要通过次级线圈,使次级线圈产生感应电动势,并由此产生感应电流使微安表发生偏转。

在上述法拉第的实验中,两个线圈之间并没有导线相连,但当一个线圈中的电流发生变化时,它所产生的变化的磁场会在另一个线圈中产生感应电动势。

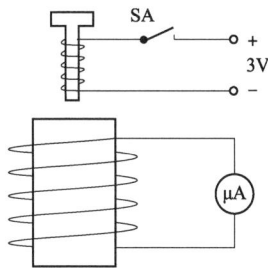

图4-10 互感原理图

由实验可知,当一个线圈中电流变化,引起另一个线圈中产生电磁感应的现象,称为互感。互感现象中产生的感应电动势,称为互感电动势。互感电动势的大小与互感磁通量的变化率以及次级线圈的匝数成正比,当两个线圈互相垂直时,互感电动势最小。

互感现象遵循法拉第电磁感应定律和楞次定律。

互感现象不仅发生于绕在同一铁芯上的两个线圈之间,且可发生于任何两个相互靠近的电路之间。

互感现象可以把能量从一个线圈传递到另一个线圈。因此,互感现象在电工技术和电子技术中有广泛的应用。

2.同名端

1)同名端概念

互感线圈由于绕在同一铁芯上,其绕向一致而产生感应电动势的极性始终保持一致的端子叫线圈的同名端,用"·"或"※"表示;感应电动势极性相反的端子叫异名端。

无论通入线圈的电流如何变化,线圈绕向相同的端点,其自感或互感电动势的极性始终是相同的。

2)同名端的判别方法

(1)方法一,在已知线圈绕法的情况下运用楞次定律直接判定。操作步骤如下。

①确定原磁通方向。

②判定穿过回路的原磁通变化情况(根据原线圈中电流的变化)。

③根据楞次定律确定感应电流的磁场方向。

④根据右手螺旋定则,由感应磁场方向确定感应电流方向。

从而推导出自感电动势和互感电动势的指向,由此确定两线圈的同名端和异名端。

在图4-11中,K闭合瞬间,线圈A的1端电流增大,线圈A是自感,线圈B、C是互感,根据楞次定理和右手螺旋定则可以判断出各线圈感应电动势的极性。

绕向相同的1、4、5这三个端点感应电动势极性为"+",而2、3、6这三个端点都为"-"。断开K瞬间,1、4、5这三个端点感应电动势极性为"-",而2、3、6这三个端点都为"+",所以线圈A、B、C中的1、4、5端点为同名端,2、3、6端点也是同名端。

同名端的概念,也为实际使用电感器件带来方便,人们只要通过器件外部的同名端符号,就可以知道线圈的绕向。如果同名端符号脱落,还可以用实验的方法确定同名端。

(2)方法二,在无法知道线圈的具体绕法时,用实验方法来判定,也称为交流法。

实验电路如图4-12所示,初级线圈接220V交流电源,把万用表调到交流220V挡,分别

测量 AB、CD、AD、BD 端的电压。

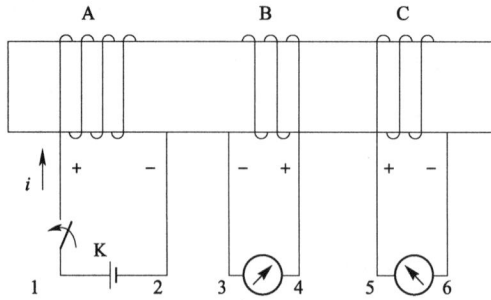

图 4-11 同名端分析电路图   图 4-12 同名端实验电路图

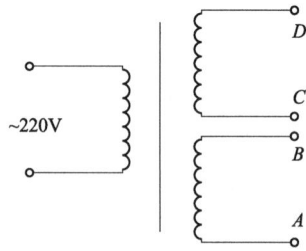

若 $U_{AD} = U_{AB} + U_{CD}$，则 A 与 D 为异名端，因为顺接时（BC 端相接），两线圈电压方向一致，总电压为两线圈电压相加；若 $U_{AD} = |U_{AB} - U_{CD}|$，则 A 与 D 为同名端，因为反接时（AC 端相接），两线圈电压方向相反，总电压为两线圈电压相减。

交流法的实质：通过两线圈总电压大小的比较，来确定两线圈连接关系，从而判断其同名端。

3. 互感的应用和防止

1）变压器

变压器是利用电磁感应的互感原理工作的。变压器的一次绕组（一次绕组）与交流电源接通后，经绕组内流过交变电流产生磁动势，在这个磁动势作用下，铁芯中便有交变磁通，由于电磁感应的互感作用，在二次绕组产生频率相同的感应电动势。

2）收音机

收音机的"磁性天线"，收音机里的"磁性天线"利用互感将广播信号从一个线圈传送给另一线圈。

3）汽车点火系统中的点火线圈

传统汽车上的点火系统就是利用点火线圈的互感原理工作的。如图 4-13 所示，点火控制器控制初级线圈电路的通断，点火线圈初级绕组通过低压电流，产生磁场，当初级绕组断电时，磁场消失。由于次级绕组匝数较多（约为初级绕组的 $80 \sim 100$ 倍），通过互感的原理，使次级绕组产生高压电动势。

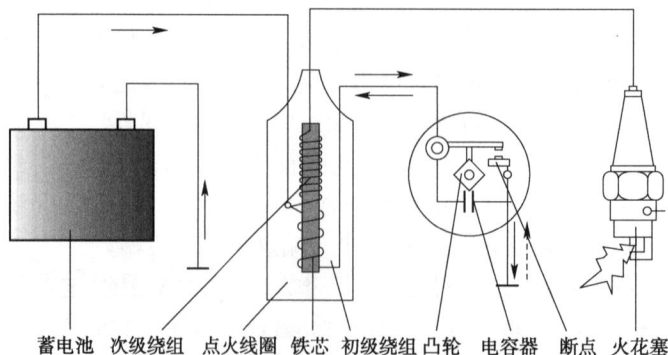

蓄电池 次级绕组 点火线圈 铁芯 初级绕组 凸轮 电容器 断点 火花塞

图 4-13 点火原理图

但是互感现象也会带来危害,电子装置内部往往由于导线或器件之间存在的互感现象而干扰正常工作,这就需要采取一定的屏蔽措施来避免互感带来的影响。

(三)自感现象

1. 自感现象

如图 4-14 所示,S₂ 和 S₃ 闭合,在 S₁ 闭合的瞬间,V₁ 闪亮,因为在 S₁ 闭合的瞬间,线圈 L₃ 中的电流及磁通迅速增大,于是线圈中就要产生一个感应电动势来阻碍磁通增大,感应电流的方向和原电流的方向相反,在感应电动势和电源的作用下,V₁ 亮,随着线圈中电流的平稳,感应电动势消失,V₁ 被线圈短路,V₁ 熄灭。

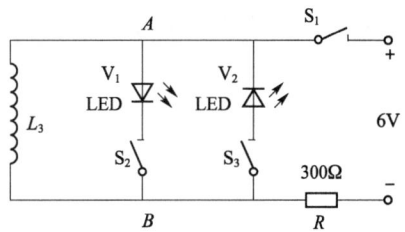

图 4-14 自感原理图

根据实验可知,当线圈中的电流变化时,线圈本身就产生了感应电动势,这个电动势总是阻碍线圈中电流的变化。这种由于线圈本身电流发生变化而产生电磁感应的现象称为自感现象,简称自感。在自感现象中产生的感应电动势,称为自感电动势。

利用自感现象分析图 4-15 所示电路。

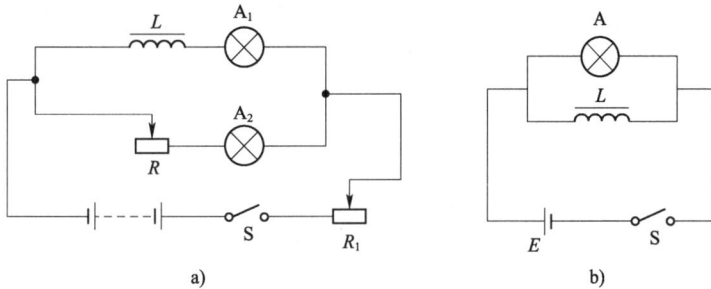

图 4-15 自感现象分析图

由图 4-15 可知:开关 S 闭合,A₂ 先亮,A₁ 后亮(图 4-16a);开关 S 断开,灯泡闪亮后熄灭(图 4-16b)。

2. 自感电动势大小

自感电动势的大小与线圈的自感(电感)及线圈中外电流的变化快慢(变化率)成正比。

$$E = L \frac{\Delta I}{\Delta t} \tag{4-7}$$

式中:L——自感系数,是用来描述线圈产生自感电动势的能力的物理量;

$\frac{\Delta I}{\Delta t}$——电流的变化快慢。

定义线圈中磁通量与产生该磁通的电流的比值叫自感,又叫电感,用符号 L 表示。

$$L = \frac{\Phi}{I} \tag{4-8}$$

式中:Φ——当线圈外电流为 I 时所产生的自感磁通,Wb;

I——流过线圈的外电流,A;

L——线圈的自感(电感),亨(H),更小的单位有毫亨(mH)和微亨(μH)。

通过式(4-7)可以看出,自感系数越大,表示线圈通过单位外电流时产生自感电动势的能力越大。

自感的大小与线圈的匝数、形状、大小及周围磁介质的导磁能力有关。对于给定的空心线圈,自感是个常数,即不随线圈中外电流大小而变化,故称线性自感;铁芯线圈由于磁铁材料的导磁能力不是常数,所以其自感随外电流的变化而变化,故称为非线性自感。在其他条件相同情况下,线圈匝数越多,自感越大;有铁芯线圈自感系数比没有铁芯时大得多。

3. 自感电动势的方向

自感电动势的方向仍用楞次定理判断。线圈本身产生的感应电流总是阻碍线圈中外电流的变化,外电流在增大时,产生的感应电流与线圈中外电流方向相反,阻碍外电流的增大,此时自感电动势方向与外电流方向相反;外电流在减小时,产生的感应电流与线圈中外电流方向相同,阻碍原电流的减小,此时自感电动势方向与原电流方向相同。

4. 自感现象的应用

自感现象在各种电气设备和无线电技术中有着广泛的应用。日光灯的镇流器就是利用线圈自感的一个例子。

如图 4-16 所示,当开关闭合后,电源把电压加在启辉器的两极之间,使氖气放电而发出辉光,辉光产生的热量使 U 形触片膨胀伸长,与静触片接触而使电路接通,于是镇流器的线圈和灯管的灯丝中就有电流通过。

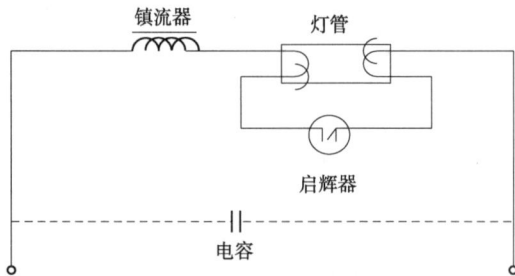

图 4-16　日光灯电路组成图

电路接通后,启辉器中的氖气停止放电,U 形触片冷却收缩,两个触片分离,电路自动断开。在电路突然断开的瞬间,镇流器的两端产生一个瞬时高压,这个电压和电源电压都加在灯管两端,使灯管中的汞蒸气开始导电,于是荧光灯管成为电流的通路开始发光。在荧光灯正常发光时,与灯管串联的镇流器就起着降压限流的作用,保证荧光灯的正常工作。

5. 自感的危害

自感现象也有不利的一面。在自感系数很大而电流又很强的电路中,切断电源瞬间,由于电流在很短的时间内发生了很大变化,会产生很高的自感电动势,在断开处形成电弧(俗称电火花),这不仅会烧坏开关,甚至会危及工作人员的安全。因此,切断这类电源必须采用特制的安全开关。在含有大电感的开关中通常装有灭弧装置(如置于有灭弧作用的油罐中),最简便的灭弧方法是在线圈两端并接一个合适的电阻或电容,这样自感电流就有了一个闭合回路,自感电流的能量就消耗在回路中。

(四)继电器

1. 继电器的主要作用

继电器是具有隔离功能的自动开关元件,广泛应用于遥控、遥测、通信、自动控制、机电一体化及电力电子设备中,是最重要的控制元件之一。

继电器一般都有能反映一定输入变量(如电流、电压、功率、阻抗、频率、温度、压力、速度、光等)的感应机构(输入部分);有能对被控电路实现"通""断"控制的执行机构(输出部分);在继电器的输入部分和输出部分之间,还有对输入量进行耦合隔离、功能处理和对输出部分进行驱动的中间机构(驱动部分)。

作为控制元件,概括起来,继电器有扩大控制范围、放大、综合信号、自动、遥控和监测等作用。在很多自动化的控制电路中,可以简单理解为它是用小电流去控制大电流运作的一种"自动开关",起着自动调节、安全保护、转换电路等作用。

2. 继电器的主要分类

按继电器的工作原理或结构特征分类。

(1)电磁继电器:利用输入电路内电路在电磁铁铁芯与衔铁间产生的吸力作用而工作的一种继电器。

(2)固体继电器:电子元件履行其功能而无机械运动构件的,输入和输出隔离的一种继电器。

(3)温度继电器:当外界温度达到给定值时而动作的继电器。

(4)舌簧继电器:利用密封在管内,具有触电簧片和衔铁磁路双重作用的舌簧动作来开闭或转换线路的继电器。

(5)时间继电器:当加上或除去输入信号时,输出部分需延时或限时到规定时间才闭合或断开其被控线路继电器。

(6)高频继电器:用于切换高频、射频线路而具有最小损耗的继电器。

(7)极化继电器:由极化磁场与控制电流通过控制线圈所产生的磁场综合作用而动作的继电器。继电器的动作方向取决于控制线圈中流过的电流方向。

(8)其他类型的继电器:如光继电器、声继电器、热继电器、仪表式继电器、霍尔效应继电器、差动继电器等。

3. 继电器的主要组成和工作原理

电磁继电器一般由铁芯、线圈、衔铁、触点、簧片等组成的,如图 4-17 所示。

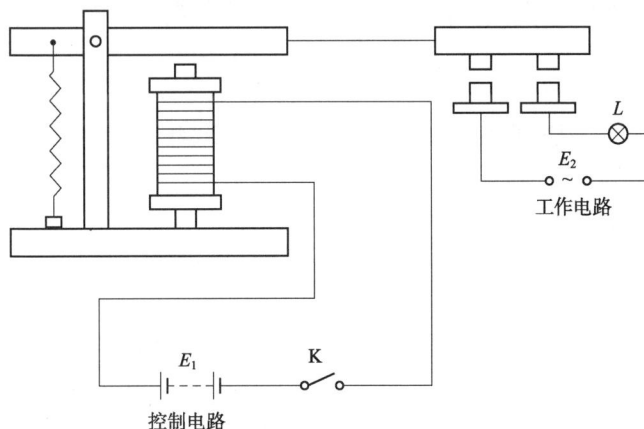

图 4-17 电磁继电器原理图

只要在线圈两端加上一定的电压,线圈中就会流过一定的电流,从而产生电磁效应,衔铁就会在电磁力吸引的作用下克服弹簧的拉力吸向铁芯,从而带动衔铁的动触点与静触点(常开触点)吸合。当线圈断电后,电磁的吸力也随之消失,衔铁就会在弹簧的反作用力下返回原来的位置,使动触点与原来的静触点(常闭触点)释放。

继电器一般有低压控制电路和高压工作电路,低压电路中通过触点的吸合和释放,从而达到导通和切断高压电路的目的。

对于继电器的"常开、常闭"触点,可以这样来区分:继电器线圈未通电时处于断开状态的静触点,称为"常开触点";处于接通状态的静触点称为"常闭触点"。

二、任务实施

1. 准备工作

(1)掌握理论知识,熟悉操作步骤。

(2)认真研读技术要求和注意事项。

(3)准备数字万用表、直流电流表、电源、导线、开关、磁铁、线圈、电感、发光二极管、继电器和附件。

2. 技术要求与注意事项

1)电磁感应现象实验

(1)需要连接电路,用到的器材有磁铁、直流电流表、线圈和导线等。

(2)原副线圈接入电路之前,应查清其绕制方向。

(3)原线圈电阻很小,通电时间不宜过长,以免损坏电源和原线圈。

(4)电流表一定要串联在电路中,"+""-"接线柱不能接反,被测电流不能超过电流表的量程。

2)互感现象实验

(1)需要连接电路,用到的器材有电源、线圈、直流电流表和导线等。

(2)根据电路图选择合适的电源。

(3)由于初级线圈功耗较大,故不能长时间通电,观察到实验现象后,即关闭电源。

(4)电流表一定要串联在电路中,"+""-"接线柱不能接反,被测电流不能超过电流表的量程。

3)自感现象实验

(1)需要连接电路,用到的器材有电源、二极管、电感、开关、电阻和导线。

(2)根据电路图选择合适的电源。

(3)二极管具有单向导电性,连接电路时注意方向。

(4)电感额定电流要准确选用,以防电感饱满及线圈过热。

4)继电器测试

(1)需要连接电路,用到的器材有电源、继电器和数字万用表等。

(2)根据电路图选择合适的电源。

(3)测线圈电阻:可用万能表 $R \times 10\Omega$ 挡测量继电器线圈的阻值,从而判断该线圈是否存在开路现象。继电器线圈的阻值和它的工作电压及工作电流有非常密切的关系,通过线圈的阻值可以计算出它的使用电压及工作电流。

（4）测触点电阻：用万能表的电阻挡，测量常闭触点与动点电阻，其阻值应为0；而常开触点与动点的阻值就为无穷大。由此可以区别常闭触点、常开触点。

（5）测量吸合电压和吸合电流：找来可调稳压电源和电流表，给继电器输入一组电压，且在供电回路中串入电流表进行监测。慢慢调高电源电压，听到继电器吸合声时，记下该吸合电压和吸合电流。为求准确，可以测试多几次而求平均值。

（6）测量释放电压和释放电流：也是像上述那样进行测试，当继电器吸合后，再逐渐降低供电电压，当听到继电器再次发生释放声音时，记下此时的电压和电流，亦可多尝试几次而取得平均的释放电压和释放电流。一般情况下，继电器的释放电压是吸合电压的10% ～ 50%，如果释放电压太小（小于吸合电压的10%）时则不能正常使用，这样会对电路的稳定性造成威胁，使工作不可靠。

（7）数字万用表使用见项目一任务1中的技术要求与注意事项。

3. 操作步骤

1）电磁感应现象的实验步骤

（1）从汽车电工电子实训器材中，选取磁铁、直流电流表、线圈和导线等。

（2）按照图4-8连接电路，并检查电路连接是否有误。

（3）检查无误后，按要求测量电流，观察电流表的变化。

2）互感现象的实验步骤

（1）从汽车电工电子实训器材中，选取电源、线圈、直流电流表和导线等。

（2）按图4-10连接电路，并检查电路连接是否有误。

（3）检查无误后，按要求测量电流，观察电流表的变化。

3）自感现象的实验步骤

（1）从汽车电工电子实训器材中，选取电源、二极管、电感、开关、电阻和导线。

（2）按图4-14连接实物，检查电路连接是否有误。

（3）检查无误后，闭合、断开开关，观察记录。

4）继电器测试的步骤

（1）从汽车电工电子实训器材中，选取电源、继电器和数字万用表。

（2）按技术要求和相关注意事项，连接实物，并检查电路连接是否有误。

（3）检查无误后，进行测量，观察记录。

三、技能考核标准

技能考核标准见表4-1。

技能考核标准　　　　　　　　　　　　　　　　　　　　　　　　　　　表4-1

序号	项　目	操作内容	规定分	评分标准	得分
1	电磁感应现象实验	按照电磁感应现象的实验步骤，再现电磁感应现象，并通过电流表观察电磁感应现象的产生	20分	1. 操作过程中，步骤是否正确，是否违反注意事项； 2. 能否正确识读电流表读数； 3. 判断是否产生互感现象； 4. 测量完毕是否断开电路的连接	

序号	项　目	操作内容	规定分	评 分 标 准	得分
2	互感现象实验	按照互感现象的实验步骤,再现互感现象,并通过电流表观察互感现象的产生	20分	1.操作过程中,步骤是否正确,是否违反注意事项; 2.能否正确看电流表读数; 3.判断是否产生互感或自感现象; 4.测量完毕是否断开电路的连接	
3	自感现象实验	按照自感现象的实验步骤,再现自感现象,并通过电流表观察自感现象的产生	20分		
4	继电器测试	按照继电器的测试步骤,检测继电器的电阻、电压和电流	40分	1.操作过程中,步骤是否正确,是否违反注意事项; 2.能否正确识读数字万用表读数; 3.是否能判断继电器的好坏; 4.测量完毕是否断开电路的连接	
	总分		100分		

四、思考与练习

（一）填空题

(1)在一定条件下,由磁产生电现象,称为_____,产生的电流称为_____。

(2)根据下图用右手定则判断感应电流的方向。

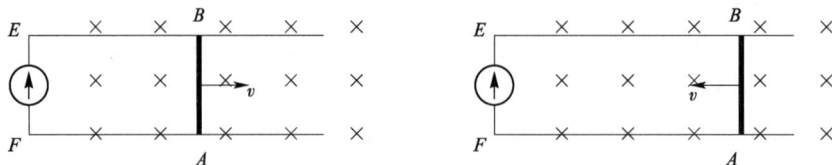

导体棒 *AB* 向右运动电流方向：_____

导体棒 *AB* 向左运动电流方向：_____

(3)在图①中,G 为指针在中央的灵敏电流表,连接在直流电路中时的偏转情况。今把它与一线圈串联进行电磁感应实验,则图②中的条形磁铁的运动方向是_____;图③中电流计的指针从中央向_____偏转;图④中的条形磁铁上端为_____极。

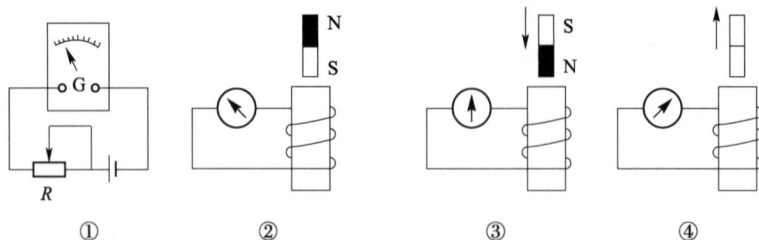

(4)由于一个线圈的电流变化,导致另一个线圈产生感应电动势的现象,称为_____;在互感现象中产生的感应电动势,叫_____。

(5)互感线圈由于绕在同一铁芯上其绕向_____而产生感应电动势的极性始终_____的端子叫线圈的同名端。

(6)继电器通常应用于自动化的控制电路中,它实际上是用_____电流去控制_____电流运作的一种"自动开关"。

(二)选择题

(1)根据楞次定律可知感应电流的磁场一定是(　　)。

    A.阻碍引起感应电流的磁通量

    B.与引起感应电流的磁场反向

    C.阻碍引起感应电流的磁通量的变化

    D.与引起感应电流的磁场方向相同

(2)(多选)如下图所示,电路甲、乙中,电阻R和自感线圈L的电阻值都很小,接通S,使电路达到稳定,灯泡D发光,则(　　)。

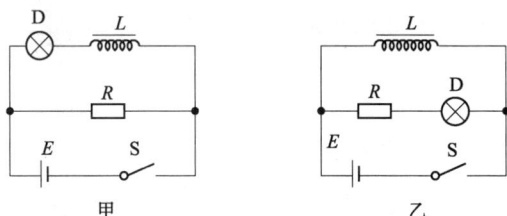

甲　　　　　　　乙

    A.在电路甲中,断开S,D将逐渐变暗

    B.在电路甲中,断开S,D将先变得更亮,然后渐渐变暗

    C.在电路乙中,断开S,D将渐渐变暗

    D.在电路乙中,断开S,D将变得更亮,然后渐渐变暗

(3)关于自感现象下列说法中正确的是(　　)。

    A.感应电流一定和原电流方向相反

    B.线圈的自感系数大,它的自感电动势一定大

    C.对于同一线圈,当电流变化较大时,产生的自感电动势也较大

    D.对于同一线圈,当电流变化较快时,产生的自感电动势也较大

(4)(多选)下列说法中,正确的是(　　)。

    A.产生电磁感应的条件是,穿过闭合回路的磁通发生变化

    B.在同一磁场中,磁感应强度越小的地方,磁感线越密

    C.由实验可知,当一个线圈中电流变化,引起另一个线圈中产生电磁感应的现象,称为互感

    D.无论通入线圈的电流如何变化,线圈绕向相同的端点,其自感或互感电动势的极性始终是相同的

(5)自感电动势的大小与线圈的自感(电感)及线圈中外电流的(　　)成正比。

    A.变化大小　　　　B.变化快慢　　　　C.大小　　　　D.通电时间长短

(三)判断题

(1)当线圈中电流减小时,自感电流的方向与原电流方向相同。　　　　　　　　(　　)

(2)通过线圈的磁通量的变化与线圈中电流的变化成正比。　　　　　　　　　　(　　)

(3)对于同一线圈,当电流变化较大时,产生的自感电动势也较大。　　　　　　(　　)

(4)根据楞次定律可知,感应电流的磁场一定是阻碍引起感应电流的磁通量的变化。

　　　　　　　　　　　　　　　　　　　　　　　　　　　　　　　　　　　　　　　(　　)

(5)线圈的自感系数是线圈自身的特性。　　　　　　　　　　　　　　　　　　　(　　)

(6)感应电动势与电路是否闭合无关。　　　　　　　　　　　　　　　　　　　　(　　)

(7)当两个线圈互相垂直时,互感电动势最大。　　　　　　　　　　　　　　　　(　　)

(8)日光灯的镇流器就是利用线圈互感的一个例子。　　　　　　　　　　　　　　(　　)

(四)简答与计算

(1)右手定则的内容是什么?

(2)判断感应电流方向的"四步法"的步骤是什么?

(3)电磁继电器的主要组成有哪几个? 概述它的工作原理。

(4)设计一个电路,满足当开关 S 闭合时 A_2 先亮、A_1 后亮,当开关 S 断开时 A_1、A_2 都过一会儿熄灭。元件有一个电感(电阻可忽略),一个电阻,两个小灯泡 A_1、A_2,一个开关 S,一个 5V 电源。

(5)在下图中,设匀强磁场的磁感应强度 B 为 0.1T,切割磁感线的导线长度 L 为 20cm,向右运动的速度 v 为 10m/s,整个线框的电阻 R 为 1 Ω,求:感应电动势的大小、感应电流的大小和方向。

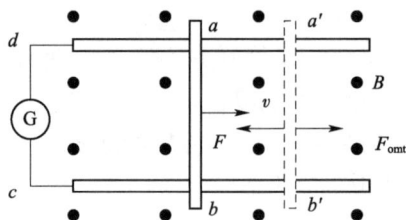

任务 5　变压器的工作原理及验证

学习目标

❖ 知识目标

1. 能说出变压器的作用和分类;
2. 能说出汽车上常见变压器都有哪些;
3. 能说出变压器工作原理及其组成部件;
4. 能够叙述变压器的变电压和变电流特征。

❖ 能力目标

1. 能够识别变压器的主要部件并能说出各组成部件的作用;
2. 能够画出交流变压电路的电路图;
3. 能够通过测量,验证变压器的作用。

建议课时

8 课时。

任务描述

变压器是根据电磁感应原理制成的一种静止的电气设备,它的用途可归纳为:经济输电、合理配电、安全用电。它具有变换电压、变换电流、变换阻抗的功能,因而在电力系统输电和用户用电以及工程的各个领域得到广泛应用。本任务为认识变压器的工作原理和使用,并对变压器的相关特征进行检测和验证。

一、理论知识准备

(一) 变压器和工作原理

变压器种类很多,图 5-1 是常见的变压器。由铁芯和绕组组成,其结构示意如图 5-2 所示。

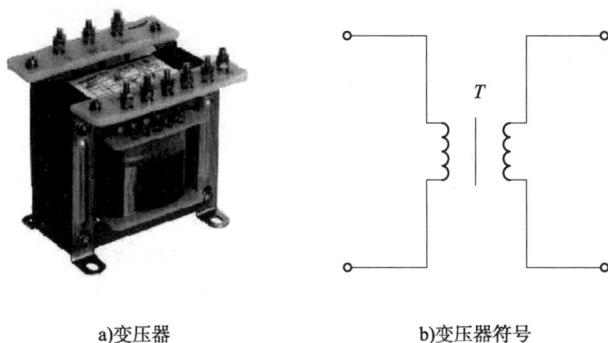

a)变压器   b)变压器符号

图 5-1   变压器

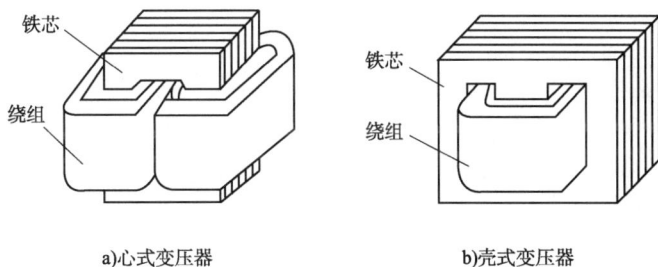

a)心式变压器   b)壳式变压器

图 5-2   变压器结构形式

铁芯是变压器的磁路部分,为减少涡流和磁滞损耗,铁芯多用厚度为 $0.35 \sim 0.55$mm 的硅钢片叠成,硅钢片两侧涂上绝缘漆,使片间绝缘。铁芯的叠装,一般采用交错方式,即每层硅钢片的接缝错开,这样可降低磁路磁阻,减少励磁电流。

与铁芯不同,变压器最少有两个以上的线圈,多数还需要以一定方式连接,习惯上变压器、电机的线圈称为绕组。一般小容量变压器绕组由高强度漆包线绕成。单相变压器一般只有两个绕组。接电源的绕组称为原绕组(或称初级绕组或一次绕组),匝数为 N_1;接负载的绕组称为副绕组(或称次级绕组或二次绕组),匝数为 N_2。

1. 单相变压器的空载运行

如图 5-3 所示为单向变压器的空载运行示意图。图中标注了各物理量的参考方向。一次绕组接额定电压为 u_1 的交流电源上,二次绕组处于开路状态,称为变压器的空载运行。

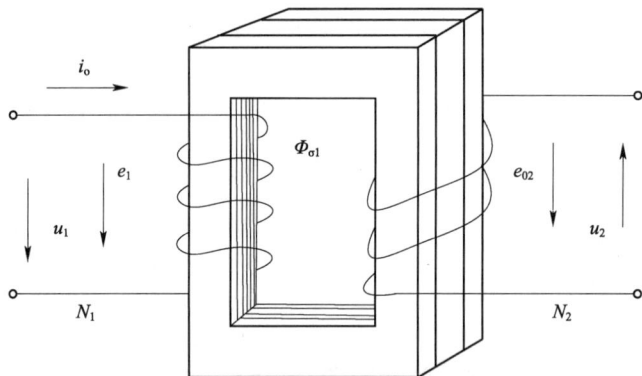

图 5-3 单相变压器的空载运行示意图

当一次绕组接正弦交流电压时,绕组中流过空载电流 i_0 一般很小,仅为一次绕组额定电流的 2% ~ 10%。空载电流通过匝数为 N_1 的一次绕组,产生磁动势 $N_1 i_0$,并在铁芯中产生交变磁通。磁通的绝大部分为沿铁芯闭合的主磁通 Φ,与一次和二次绕组同时交链。此外,还有极少部分经空气而闭合,且仅与一次绕组相交链的漏磁通 $\Phi_{\sigma 1}$,由于空气的磁导率远小于铁芯,故一次绕组的漏磁通是极少的。

空载时,变压器的一次绕组电路就是一个含有铁芯线圈的交流电路。根据前面所学知识可知,主磁通 Φ 在一次、二次绕组中产生的感应电动势分别为

$$E_1 = 4.44 f N_1 \Phi_{\mathrm{m}}$$
$$E_2 = 4.44 f N_2 \Phi_{\mathrm{m}}$$

(5-1)

式中:N_1、N_2——一次、二次绕组匝数;

f——电源频率;

Φ_{m}——主磁通的最大值。

由以上两式可得出

$$\frac{E_1}{E_2} = \frac{N_1}{N_2} = k$$

(5-2)

式中:k——变压器的变比,亦即一次、二次绕组的匝数比。

根据一次绕组电路电动势平衡关系式

$$u_1 = -e_1 - e_{\sigma 1} + i_0 R_1$$

(5-3)

在忽略很小的漏磁电动势和一次绕组电阻的电压降时,可得

$$u_1 = -e_1$$

(5-4)

有效值关系为

$$U_1 \approx E_1$$

(5-5)

由于是空载,所以二次绕组空载电压

$$U_{\sigma 2} \approx E_2 \tag{5-6}$$

则

$$\frac{U_1}{U_{\sigma 2}} = \frac{E_1}{E_2} = \frac{N_1}{N_2} = k \tag{5-7}$$

上式为变压器的基本公式,它说明变压器空载时,一次、二次绕组的电压比近似等于它的匝数比。可见,当电源电压一定时,只要改变 k 即可得出不同的输出电压 $U_{\sigma 2}$。$k > 1$ 时为降压变压器;$k < 1$ 时为升压变压器。

变压器的升压作用和降压作用应用广泛,在汽车上的主要应用有点火线圈、氙气前照灯、车载充电器、DC-DC 转换器等。

2. 单相变压器的负载运行

如图 5-4 所示为单相变压器的负载运行示意图。图中标注了各物理量的参考方向。一次绕组接额定电压为 u_1 的交流电源上,二次绕组与负载相连接时,称为变压器的负载运行。

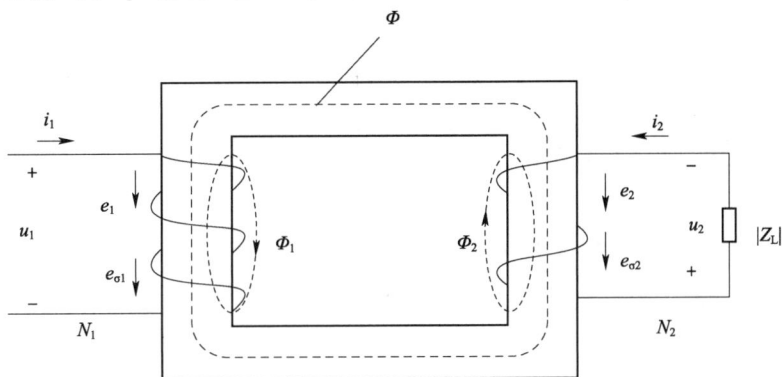

图 5-4 单相变压器的负载运行示意图

当一次绕组接上交流电压 u_1 时,一次绕组中便有电流 i_1 通过,产生的磁通绝大部分通过铁芯闭合,在二次绕组中感应出电动势。因二次绕组接有负载,则二次绕组中便有电流 i_2 通过,产生的磁通也绝大部分通过铁芯闭合。因此,铁芯中的磁通是由一次、二次绕组的电流共同产生的,这个磁通称为主磁通 Φ。主磁通在一次、二次绕组中分别感应出电动势 e_1 和 e_2 从而在各自的绕组中分别产生漏磁电动势 $e_{\sigma 1}$ 和 $e_{\sigma 2}$。

负载时电流 i_2 二次绕组流经,产生磁动势 $N_2 i_2$,同时一次绕组电流由空载电流 i_0 变为 i_1,产生磁动势 $N_1 i_1$,共同作用在磁路中,产生主磁通 Φ。根据恒磁通概念,从空载到负载,在电源电压 u_1 不变的情况下,主磁通 Φ 基本保持不变,因此,磁动势也保持不变。磁动势的平衡关系式为

$$N_1 i_1 + N_2 i_2 = N_1 i_0 \tag{5-8}$$

因空载电流与负载电流相比较小,近似计算时可以忽略不计空载磁动势。

$$N_1 i_1 + N_2 i_2 = 0 \tag{5-9}$$

电流大小关系即为

$$\frac{I_1}{I_2} = \frac{N_2}{N_1} = \frac{1}{k} \tag{5-10}$$

上式反映了变压器变换电流的作用,即一次、二次绕组电流之比近似等于匝数的反比。

变压器越接近满载运行,其比值关系越准确。由此可见,变压器的电流虽然由负载的大小确定,但一次、二次绕组电流的比值不变。

负载运行时一次、二次绕组的电动势平衡式为

$$u_1 = -e_1 - e_{\sigma 1} + i_1 R_1$$
$$e_2 + e_{\sigma 2} = u_2 + i_2 R_2 \tag{5-11}$$

二次绕组的漏磁电动势和电阻的压降都较小,忽略不计后得到

$$u_1 = -e_1$$
$$e_2 \approx u_2 \tag{5-12}$$

可得到有效值大小之比为

$$\frac{U_1}{U_2} \approx \frac{E_1}{E_2} = \frac{N_1}{N_2} = k \tag{5-13}$$

上式说明,变压器在负载运行时,电压之比仍近似等于匝数之比。

变压器的变比可由其铭牌数据求得,它等于一次、二次绕组的额定电压之比。例如,6000V/400V 的单相变压器,表示变压器一次绕组的额定电压(即一次绕组上应加的电源电压)$U_{1N} = 6000V$,二次绕组的额定电压 $U_{2N} = 400V$,所以变比为 $k = 15$。在变压器中,二次绕组的额定电压是指一次绕组加上额定电压 U_{1N} 时二次绕组的空载电压。对于三相变压器,额定电压均指线电压。

例 5-1 某变压器原边和副边的额定电压为 220V/110V。当副边接电阻 $R = 10\Omega$ 时,变压器的原边电流约为多少?

解:变压器变比为

$$\frac{U_1}{U_2} = \frac{N_1}{N_2} = k = \frac{220}{110} = 2$$

副边电流为

$$I_2 = \frac{U_2}{R} = \frac{110}{10} = 11\,A$$

原边电流由 $\dfrac{I_1}{I_2} = \dfrac{N_2}{N_1} = \dfrac{1}{k}$ 得:

$$I_1 = \frac{1}{K} \times I_2 = \frac{1}{2} \times 11 = 5.5\,A$$

要变换三相电压,可采用三相变压器。三相变压器的高、低压绕组都可以接成星形(Y)或三角形(△)。图 5-5 所示为三相变压器的两种接法及电压的变换关系。图 5-5a)中的三相变压器采用Y/Y₀接法,图 5-5b)中的三相变压器采用Y/△接法。斜线上方表示高压绕组的连接方式,当高压边线电压为 U_1 时,则相电压为 $U_1/\sqrt{3}$,若变压器的变比为 k,则低电压边相电压为 $U_1/\sqrt{3k}$,线电压为 $U_2 = U_1/k$。

变压器的额定电流 I_{1N} 和 I_{2N} 是指一次绕组加上额定电压 U_{1N},一次、二次绕组允许长期通过的最大电流。三相变压器的 I_{1N} 和 I_{2N} 均为线电流。

单相变压器二次绕组额定电压与额定电流的乘积称为变压器的额定容量。即

$$S_N = U_{2N} I_{2N} \tag{5-14}$$

a) Y／Y₀接法

b) Y／△接法

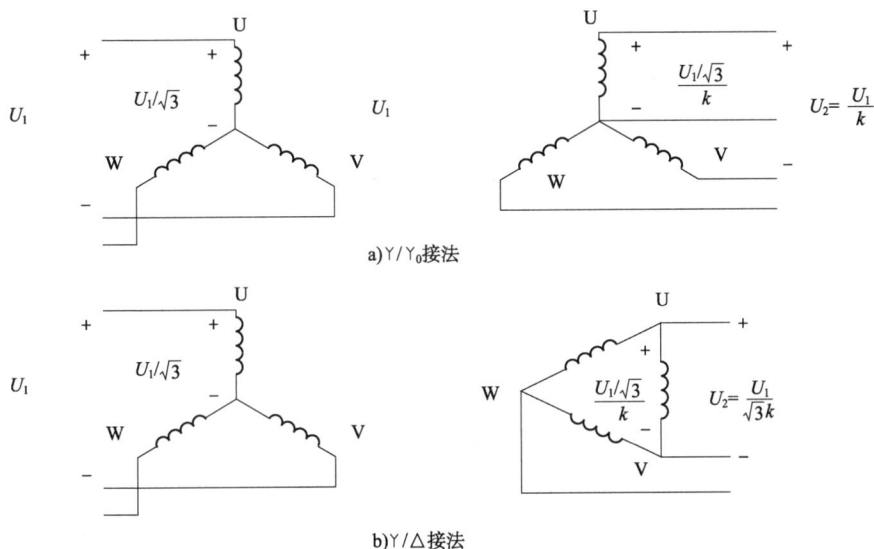

图 5-5　三相变压器的连接方法举例

额定容量是变压器输出的视在功率。忽略变压器的损耗，则

$$S_N = U_{2N}I_{2N} \approx U_{1N}I_{1N} \tag{5-15}$$

三相变压器的额定容量为

$$S_N = \sqrt{3}U_{2N}I_{2N} \approx \sqrt{3}U_{1N}I_{1N} \tag{5-16}$$

3. 阻抗变换

变压器除了能改变交流电压、电流的大小以外，还能变换交流阻抗，这在电子、电信工程中有着广泛的应用。在电子、电信工程中，总是希望负载获得最大功率，而负载获得最大功率的条件是负载阻抗等于信号源内阻，即阻抗匹配。实际上负载阻抗与信号源内阻往往是不相等的。例如，晶体管放大器输出电阻约为 1000Ω，晶体管放大器作为信号源时，其输出电阻就是信号源内阻，而喇叭的电阻只有几欧姆，如果将负载直接接到信号源上就不一定能得到最大功率。为此，通常用变压器来完成阻抗匹配的任务。

设接在变压器副绕组的负载阻抗 Z 的模为 $|Z|$，则

$$|Z| = \frac{U_2}{I_2} \tag{5-17}$$

Z 反映到原绕组的阻抗模 $|Z'|$ 为

$$|Z'| = \frac{U_1}{I_1} = \frac{kU_2}{I_2/k} = k^2\frac{U_2}{I_2} = k^2|Z| \tag{5-18}$$

上式表明，负载 Z 通过变比为 k 的变压器接至电源，与负载 Z 直接接至电源的效果是一样的。这样，不论负载阻抗有多大，只要在信号源与负载之间接入一个变压器并适当选择变比，都能使负载等效阻抗等于信号源阻抗，从而保证负载获得最大的输出功率，这就是变压器的阻抗变换原理。

例 5-2　设交流信号源电压 $U = 100V$，内阻 $R_0 = 800\Omega$，负载 $R_L = 8\Omega$。

(1) 将负载直接接至信号源，负载获得多大功率？

(2) 经变压器进行阻抗匹配，求负载获得的最大功率是多少？变压器变比是多少？

解:(1)负载直接接信号源时,负载获得功率为

$$P = I^2 R_L = \left(\frac{U}{R_0 + R'_L}\right)^2 R_L = \left(\frac{100}{800 + 8}\right)^2 \times 8 = 0.123\text{W}$$

(2)最大输出功率时,R_L折算到原绕组应等于$R_0 = 800\Omega$。负载获得的最大功率为

$$P_{max} = I^2 R'_L = \left(\frac{U}{R_0 + R'_L}\right)^2 R'_L = \left(\frac{100}{800 + 800}\right)^2 \times 800 = 3.125\text{W}$$

变压器变比为

$$k = \frac{N_1}{N_2} = \sqrt{\frac{R_0}{R_L}} = \sqrt{\frac{800}{8}} = 10$$

(二)变压器的使用

要正确使用变压器,必须了解变压器的外特性、效率、额定值及绕组极性的测定方法。

1.变压器的外特性

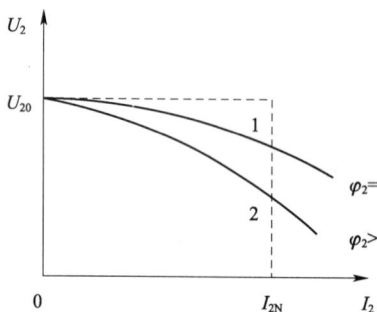

图5-6 变压器的外特性曲线

变压器的电压变换关系在变压器空载或轻载时才准确,而电流变换关系则在接近满载时才准确。一般情况下,电源电压U_1不变,当负载(即I_2)变化时,由于一次、二次绕组的电阻和漏抗上的电压发生变化,使变压器二次绕组的电压U_2也发生变化。当电源电压U_1和负载功率因数$\cos\varphi_2$为常数时,U_2和I_2的变化关系$U_2 = f(I_2)$称为变压器的外特性,如图5-6所示。

由图5-6可见,对电阻性和电感性负载,电压U_2随电流I_2的增加而下降。

通常希望电压U_2的变动越小越好。为了反映电压U_2的变化程度,引入电压变化率ΔU:

$$\Delta U = \frac{U_{20} - U_2}{U_{20}} \times 100\% \tag{5-19}$$

一般变压器的电阻和漏抗都较小,电压变化率不大,约在5%左右。

2.变压器的耗损和效率

变压器的损耗与交流铁芯线圈相似,包括铜损和铁损,即

$$\Delta P = \Delta P_{Cu} + \Delta P_{Fe} \tag{5-20}$$

变压器的铜损ΔP_{Cu}是变压器运行时,电流流经一次、二次绕组电阻R_1、R_2所消耗的功率,即

$$\Delta P_{Cu} = I_1^2 R_1 + I_2^2 R_2 \tag{5-21}$$

铜损ΔP_{Cu}与负载电流大小有关,变压器空载时$\Delta P_{Cu} = 0$,满载时ΔP_{Cu}最大。

变压器的铁损是主磁通在铁芯中交变时所产生的磁滞损耗和涡流损耗,它与铁芯材料、电源电压U_1、频率f有关,与负载电流大小无关。

变压器的效率是变压器输出功率P_2与对应输入功率P_1的比值,即

$$\eta = \frac{P_2}{P_1} = \frac{P_2}{P_2 + \Delta P} \tag{5-22}$$

变压器的效率很高,大型变压器的效率可达95%以上,小型变压器效率为70%~80%。

研究表明,当变压器的铜损等于铁损时,其效率接近最高。

3. 变压器线圈极性的测定

在使用变压器或磁耦合的互感线圈时,要注意绕组的连接。如一台变压器有两个匝数相同的一次绕组,它们的端子分别用1、2和3、4表示,如图5-7a)所示。

两绕组串联(2、3端相连)可用于较高电压;两绕组并联(1、3相连和2、4相连)可用于较低电压。若连接错误,两线圈磁动势方向相反,相互抵消,铁芯磁通为零,两绕组无感应电动势,绕组中将流过很大电流,会把绕组绝缘烧坏。为正确接线,绕组需标以同名端的标记“·”。由任务4内容可知,当电流从同名端流入时,其产生磁通方向就相同。显然端子1、3(或2、4)为同名端。

如果把其中一个线圈反绕,如图5-7b)所示,则1、4(或2、3)端为同名端。同名端与线圈绕向有关,只需根据线圈绕向来确定同名端。若无法辨认绕向时,就得借助于实验方法。

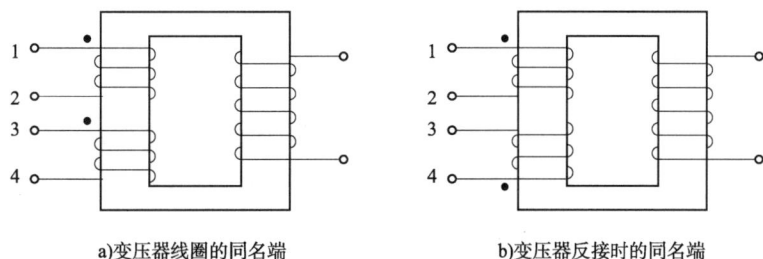

a)变压器线圈的同名端　　　　　　b)变压器反接时的同名端

图5-7　变压器的极性

(1)直流法。接线如图5-8a)所示,当开关S闭合瞬间,若直流毫安表的指针正向偏转,则1和3是同名端;反向偏转时则1和4是同名端。

(2)交流法。接线如图5-8b)所示,用导线将两线圈1、2和3、4中的任一端子(如2和4)连在一起,将较低的电压加于任一线圈(如1、2线圈),然后用电压表分别测出 U_{12}、U_{34} 及 U_{13},若 $U_{13} = |U_{12} - U_{34}|$,则1和3是同名端;若 $U_{13} = |U_{12} + U_{34}|$,则1和4是同名端。

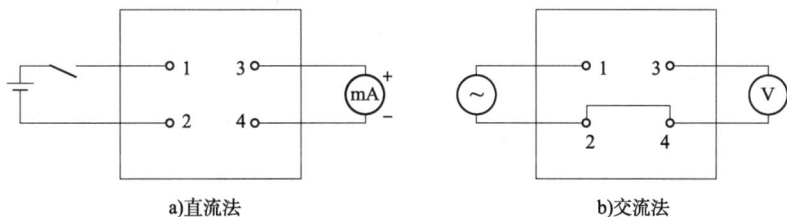

a)直流法　　　　　　　　　　b)交流法

图5-8　变压器极性测定方法

二、任务实施

1. 准备工作

(1)掌握理论知识,熟悉操作步骤。

(2)认真研读技术要求和注意事项。

(3)准备数字万用表一只、交流电流表两只、灯泡及灯座各两只、开关一个、变压器一只、插接卡导线十个、长导线两根和短导线两根。

2. 技术要求与注意事项

（1）看实验电路图：变压器初级接的是 220V 高压电，连接电路的过程中，不能接电源，开关应处于断开状态；用万用表测量初级电压时，万用表应调到交流电压 220V 挡，手不能接触表笔的金属部分。

（2）电流表和被测线圈串联，电压表和被测线圈并联。

（3）电压表和电流表都要选择合适的量程。

（4）打开实验台电源开关前必须请老师检查电路。

（5）电路暂时不用时，先关断电源。

（6）实验过程中要更换或撤出电路时，先关断电源。

（7）实验过程中不能玩笑或打闹。

3. 操作步骤

1）变压器的空载测量

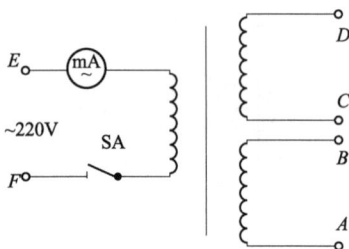

图 5-9　变压器原理图

（1）打开实验台电源开关，调整交流输出为 220V，关闭实验台电源开关。

（2）按图 5-9 接好电路，其中 E、F 端接已调好的 220V 交流电源插孔，其他绕组不接负载，经检查无误后，闭合电源开关。

（3）把万用表调到交流电压 750V 挡，测一次绕组电压 U_{EF} 并记入表 5-1 中。

（4）把万用表调到交流电压 200V 挡，测次级绕组电压 U_{AB} 和 U_{CD} 并记入表 5-1 中。

（5）在图 1-9 中，二次绕组不接负载，一次绕组 E、F 接交流电 220V，且串联一只交流 50mA 电流表，测量一次绕组空载电流 I_1，并记入表 5-1 中。

（6）测完电压和电流后，关断实验台开关。

变压器的空载测量结果　　　　　　　　　　　　　　　表 5-1

项目	$U_{EF}(\text{V})$	$U_{AB}(\text{V})$	$U_{CD}(\text{V})$	$I_1(\text{mA})$
测量值				

2）变压器的负载测量

（1）按图 5-10 接好电路，E、F 端接实验台交流 220V 插孔。经检查无误后，闭合实验台电源开关。

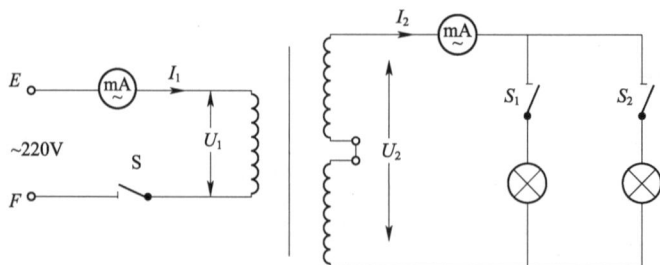

图 5-10　变压器原理图

（2）按表 5-2 要求测量各值，填入表 5-2 中：I_1 和 I_2 直接从电路中串接的电流表读出，U_1 和 U_2 用万用表测量，注意万用表挡位调整，注意安全，手不能接触表笔或导线的金属部分。

变压器的负载测量结果

表 5-2

项　　目	空载 （S_1、S_2 均断开）	不过载 （S_1 闭合、S_2 断开）	过载 （S_1、S_2 均闭合）
I_1（mA）			
I_2（mA）			
U_1（V）			
U_2（V）			

三、技能考核标准

技能考核标准见表 5-3。

技 能 考 核 标 准

表 5-3

序号	项　　目	操作内容	规定分	评分标准	得分
1	变压器空载测量	按照变压器空载测量的操作步骤，分别测量变压器空载时原边电压和电流及副边电压	40 分	1. 操作过程中，步骤是否正确，是否违反注意事项； 2. 能否正确识读数字万用表和交流电流表读数； 3. 能否根据测量结果判断此变压器是升压还是降压； 4. 测量完毕是否断开电路的连接	
2	变压器负载测量	按照变压器空载测量的操作步骤，分别测量变压器空载时的原边电压和电流及副边电压	60 分	1. 操作过程中，步骤是否正确，是否违反注意事项； 2. 能否正确识读数字万用表和交流电流表读数； 3. 能否根据测量结果对比空载、不过载和过载情况下的电流和电压的大小； 4. 测量完毕是否断开电路的连接	
		总分	100 分		

四、学习拓展

18 世纪以来，奥斯特发现了电流的磁效应，法拉第发现了电磁感应原理。这为电动机和发电机的制造奠定了理论和实验基础。

法拉第向英国皇家学会报告了他的实验及其发现，从而使法拉第被公认为是电磁感应现象的发现者，他也顺理成章地成为变压器的发明人。但实际上，最早发明变压器的是美国著名科学家亨利。亨利的实验是电磁感应现象的非常直观的关键性实验，亨利这个实验装置也实际上是一台变压器的雏形。但是，亨利做事谨慎，他没有急于发表实验成果，他还想再做一些实验。

后来他又进行了多次实验，直到 1832 年才将实验论文发表在《美国科学和艺术杂志》第

7 期上。而在此以前,法拉第已经公布了他的电磁感应实验,介绍了他的实验装置,因此电磁感应现象的发明权只能归法拉第,变压器的发明权也非法拉第莫属了。

亨利虽然非常遗憾地与电磁感应现象的发现权和变压器的发明权擦肩而过,但他在电学上的贡献、对变压器发明的贡献则是有目共睹的。特别值得一提的是,亨利实验装置比法拉第感应线圈更接近于现代通用的变压器。

五、思考与练习

(一)填空题

(1)变压器的副边是通过_____作用对原边进行作用的。

(2)如将额定电压为220/110V变压器的低电压侧误接到220V电压,则励磁电流将_____,变压器将_____。

(3)单相变压器一般只有两个绕组,接电源的绕组称为_____,接负载的绕组称为_____。

(4)变压器负载运行时,一次、二次绕组电流之比近似等于_____,电压之比近似等于_____。

(5)变压器的损耗与交流铁芯线圈相似,包括_____和_____。

(6)借助实验测定变压器线圈极性的方法有_____和_____。

(二)单项选择题

(1)下列说法正确的是(　　)。

    A.变压器可以改变直流电的电压

    B.变压器可以改变交流电的电压

    C.变压器可以改变直流电的电压,也可以改变交流电的电压

    D.以上答案皆不对

(2)下列说法错误的是(　　)。

    A.一次绕组接额定电压的交流电源上,二次绕组处于开路状态,称为变压器的空载运行

    B.变压器有升压作用和降压作用

    C.一般变压器的电阻和漏抗都较小,电压变化率不大,约在5%

    D.当电流从同名端流入时,其产生磁通方向就相反

(3)升压变压器应符合(　　)。

    A.$I_1 > I_2$ B.$I_1 < I_2$ C.$K > 1$ D.$N_1 > N_2$

(4)变压器空载运行时一次绕组空载电流很小的原因是(　　)。

    A.一次绕组匝数多电阻大   B.一次绕组漏抗很大

    C.变压器的励磁阻抗很大   D.以上说法都不对

(三)判断题

(1)变压器空载运行时,电源输入的功率只是无功功率。   (　　)

(2)变压器负载运行时副边电压变化率随着负载电流增加而增加。   (　　)

(3)变压器空载和负载时的损耗是一样的。   (　　)

（4）只要使变压器的一次、二次绕组匝数不同，就可达到变压的目的。　　　　（　　）

（5）铁芯的叠装，一般采用交错方式，这样可降低磁路磁阻，减少励磁电流。　　（　　）

（6）一次、二次绕组的匝数比称为变压器的变比。　　　　　　　　　　　　　（　　）

（7）变压器的效率很高，小型变压器的效率可达 95% 以上，大型变压器效率为 70% ~ 80% 。　　　　　　　　　　　　　　　　　　　　　　　　　　　　　　　（　　）

（8）实验过程中要更换或撤出电路时，先关断电源。　　　　　　　　　　　　（　　）

（四）简答与计算

（1）变压器原、副边额定电压的含义是什么？

（2）用"直流法"如何判断变压器的极性？

（3）单相变压器一次绕组、二次绕组额定电压为 220V/36V，容量 $S_N = 2kV \cdot A$。

①分别求一次绕组、二次绕组的额定电流。

②当一次绕组加以额定电压后，在任何负载下一次、二次绕组中的电流是否都是额定值？为什么？

③如在二次绕组连接 36V、100W 的电灯 15 盏，求此时的一次电流。若把电灯减少到 2 盏时，再求一次电流。问在上述两种情况下算得的电流，哪一个比较准确？为什么？

项目二
电力电子元件

本项目主要介绍新能源汽车上相关的电力电子元件,包括以下 5 个任务:

任务6　电容器认知及检测

任务7　二极管认知及检测

任务8　三极管结构认知

任务9　三极管的特性认知及检测

任务10　IGBT 的认知

通过以上 5 个任务,你将学习到关于新能源汽车上应用的电力电子元件的基础知识。

任务6 电容器认知及检测

学习目标

❖ **知识目标**

1. 能够说出电容器的定义、作用和常见标识；
2. 能够说出电容器的分类、特性和用途；
3. 能够写出电容器的检测方法,通过检测数据判断电容器的好坏。

❖ **能力目标**

1. 能够识别各类电容器；
2. 能够检测电容器、判断电容器的好坏；
3. 能够正确连接电容器的充放电电路及电容器串并联电路并进行简单检测。

建议课时

8 课时。

任务描述

电容器是汽车电子设备中大量使用的电子元件之一,被应用于隔直、耦合、旁路、滤波、调谐回路、能量转换和控制电路等方面。了解电容器相关知识,能帮助我们进一步加深对汽车电子的认知。本任务为认识电容器的作用、分类和用途,并完成电容器好坏检测、充放电测试和串并联电路检测。

一、理论知识准备

电容器亦称作电容量,简称电容,是指在给定电位差下的电荷储藏量,记为 C,国际单位是法拉(F)。一般来说,电荷在电场中会受力而移动,当导体之间有了介质,则阻碍了电荷移动而使得电荷累积在导体上,造成电荷的累积储存,储存的电荷量则称为电容。用杯子的大小可以形象地说明,电容不一样,它所储存的能量也不一样,如图 6-1 所示。

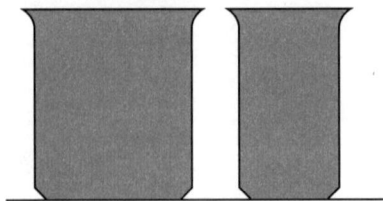

图 6-1 电容是一种储能元件

(一) 电容的概念、作用、分类

1. 电容的概念和作用

1) 电容的概念

电容是由两个金属电极,中间夹一层电介质构成的具有存储电荷功能的电子元件。在电路中,它有阻止直流电流通过,允许交流电流通过的性能,在电路中可起到旁路、耦合、滤波、隔直流、储存电能、振荡和调谐等作用。

反映电容物理性能的主要参数为容量和耐压,这在电容的外观标记中会有标明,有的直接标明,有的采用工程编码。有些电容是有极性的,会在电容上标明极性的方向。没有正负极的电容,有时为了外观的整齐一致,会规定有字的一面必须朝着一个方向。

2)电容的作用

(1)隔直流:作用是阻止直流通过而让交流通过。

(2)旁路(去耦):为交流电路中某些并联的元件提供低阻抗通路。

(3)耦合:作为两个电路之间的连接,允许交流信号通过并传输到下一级电路。

(4)滤波:显卡上的电容基本都是这个作用。

(5)温度补偿:针对其他元件对温度的适应性不够而进行补偿,改善电路的稳定性。

(6)计时:电容与电阻配合使用,确定电路的时间常数。

(7)调谐:对与频率相关的电路进行系统调谐,比如手机、收音机、电视机。

(8)整流:在预定的时间开或者关半闭导体开关元件。

(9)储能:储存电能,用于在必要的时候释放。例如,相机闪光灯、加热设备等。如今某些电容的储能水平已经接近锂电池的水准,一个电容储存的电能可以供一部手机使用一天。

2.电容的分类

电容由于材料、结构的不同,分类也有所不同。

(1)**按结构分:**固定电容、可变电容和微调电容。

固定电容指一经制成后,其电容量不能再改变的电容。

可变电容是一种电容量可以在一定范围内调节的电容,通常在无线电接收电路中作为调谐电容用。

半可变电容(微调电容)在各种调谐及振荡电路中作为补偿电容或校正电容使用,分为云母微调电容、瓷介微调电容、薄膜微调电容、拉线微调电容等。

(2)**按极性分为:**有极性电容和无极性电容。

(3)**按介质材料可分为:**无机介质电容、有机介质电容和电解电容三大类。不同介质的电容,在结构、成本、特性、用途方面都大不相同。

①无机介质电容:包括陶瓷电容以及云母电容,在CPU上经常会用到陶瓷电容。陶瓷电容的综合性能很好,可以应用于吉赫兹级别的超高频器件上,比如CPU/GPU。当然,它的价格也很贵。

②有机介质电容:包括漆膜电容、混合介质电容、纸介电容、有机薄膜介质电容、纸膜复合介质电容等。例如,薄膜电容,这类电容经常用在音箱上,其特性是比较精密、耐高温高压。

③电解电容:包括铝电解电容、钽电解电容、铌电解电容、钛电解电容及合金电解电容等。

双电层电容也是电解电容中的一种,又叫超级电容,这种电容的电容量特别大,可以达到几百法($1F = 10^6\mu F$)。因此,这种电容可以做电池用,作用是储存电能。在汽车上可用作起动电源,起动效率和可靠性都比传统的蓄电池高,可以全部或部分替代传统的蓄电池。电解电容特点

一是单位体积的电容量非常大,比其他种类的电容大几十到数百倍。

二是额定的容量可以做到非常大,可以轻易做到几万微法甚至几法(但不能和双电层电

容相比)。

三是价格比其他种类更多低廉,因为电解电容的组成材料都是普通的工业材料,比如铝等等。制造电解电容的设备也都是普通的工业设备,可以大规模生产,成本相对比较低。

目前,新型电解电容的发展非常快,某些产品的性能已达到无机电容的水准,电解电容正在替换某些无机和有机介质电容。电解电容的使用范围相当广泛,基本上有电源的设备都会使用到电解电容。例如,通信产品,数码产品,汽车的音响、发动机、ABS、GPS、电子喷油系统以及几乎所有的家用电器。由于技术的进步,如今在小型化要求较高的军用电子对抗设备中也开始广泛使用电解电容。

(二)电容的主要参数

1. 电容的单位

电容的基本单位是:法(F),此外还有毫法(mF)、微法(μF)、纳法(nF)和皮法(pF)。由于电容 F 的容量非常大,所以一般使用的都是 μF、nF、pF 的单位。它们的具体换算如下:

$$1F = 10^3 mF = 10^6 \mu F \qquad\qquad 1\mu F = 10^3 nF = 10^6 pF$$

2. 电容的耐压值

每一个电容都有它的耐压值(单位:V),这是电容的重要参数之一。普通无极性电容的标称耐压值有:63V、100V、160V、250V、400V、600V、1000V 等;有极性电容的耐压值相对要比无极性电容的耐压值要低,一般的标称耐压值有:4V、6.3V、10V、16V、25V、35V、50V、63V、80V、100V、220V、400V 等。每个电容都有各自的耐压值,在实际应用中应保证每只电容上承受的电压都小于其耐压值,这样才能保证电路的正常运行。

3. 电容的标称及识别法

1)电容器的型号命名法

电容器的型号命名法,如图 6-2 和图 6-3 所示。

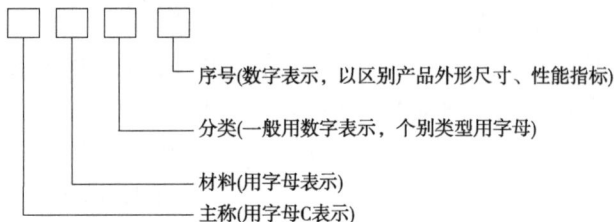

序号(数字表示,以区别产品外形尺寸、性能指标)

分类(一般用数字表示,个别类型用字母)

材料(用字母表示)

主称(用字母C表示)

图 6-2　电容命名法 1

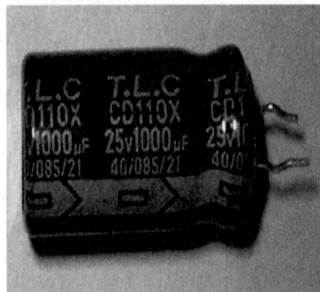

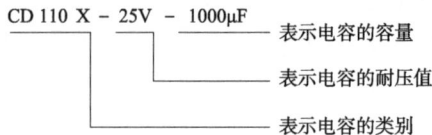

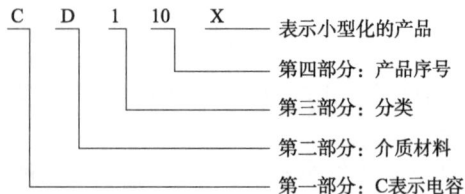

CD 110 X - 25V - 1000μF

表示电容的容量

表示电容的耐压值

表示电容的类别

C D 1 10 X　表示小型化的产品

第四部分:产品序号

第三部分:分类

第二部分:介质材料

第一部分:C表示电容

图 6-3　电容命名法 2

2）电容的符号

电容的符号,如图6-4所示。

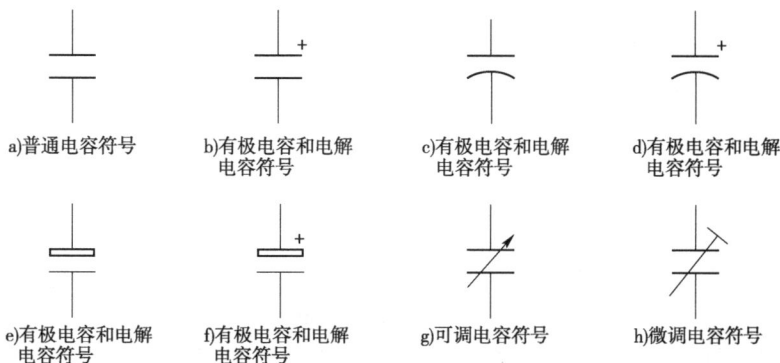

a)普通电容符号　　　b)有极电容和电解　　　c)有极电容和电解　　　d)有极电容和电解
　　　　　　　　　　　　电容符号　　　　　　　电容符号　　　　　　　电容符号

e)有极电容和电解　　　f)有极电容和电解　　　g)可调电容符号　　　h)微调电容符号
　电容符号　　　　　　　电容符号

图6-4　电容的符号

3）直接标称法

由于电容体积要比电阻大,所以一般都使用直接标称法标示电容量。

（1）标有单位的直接表示法。这种表示法通常用字母 m 简称毫法（10^{-3}法拉）、μ 简称微法（10^{-6}法拉）、n 简称纳法（10^{-9}法拉）、p 简称皮法（10^{-12}法拉）来指示电容的容量大小。如 4n7 表示 4700pF、6P8 表示 6.8pF;另外,有些是在数字前面冠以 R,则表示为零点几微法电容,如 R33 则表示为 $0.33\mu F$ 的电容。

（2）不标单位的直接表示法。在这种表示法中,如果用一位到四位大于 1 的数,则容量单位为 pF。若用零点几或零点零几表示的,其单位一般是 μF。如 2200 表示该值为 2200pF;0.047 表示 $0.047\mu F$。

4）数码表示法

电容的数码表示法,一般用三位数来表示容量的大小,其单位为 pF,前面的两位数表示电容值的有效数字,第三位数表示有效数字后面要加多少个零（即乘以 10^x, x 为第三位数字）。若第三位数用"9"表示的话,则说明该电容的容量在 $1\sim9.9pF$,这个"9"就是 10^{-1} 的意思。如 223 为 $22\times10^3 pF = 22000pF = 0.022\mu F$。又如,339 则为 $33\times10^{-1}(pF) = 3.3pF$。在电容中,采用数码表示法是最常见的。

5）色码表示法

沿电容引线方向,用不同的颜色表示不同的数字,第一、二色环表示电容量,第三色环表示有效数字后零的个数（单位为 pF）。颜色意义（括号里表示对应的数字）:黑（0）、棕（1）、红（2）、橙（3）、黄（4）、绿（5）、蓝（6）、紫（7）、灰（8）和白（9）。如沿着引线方向,第一色环的颜色为棕、第二色环的颜色为黑、第三色环的颜色为黄,则其数码为 104,即 $10\times10^4 pF$。

4.电容的特性

电容的特性主要有:隔直流通交流、充电、放电。

（三）电容的充放电

把电容的一个极板与电源的正极相连,另一个极板与负极相连,两个极板就分别带上了等量的异种电荷,这个过程叫作充电,如图 6-5a）所示。

用导线把充电后的电容的两极板接通,两极板上的电荷互相中和,电容不再带电,这个过程叫作放电,如图6-5b)所示。

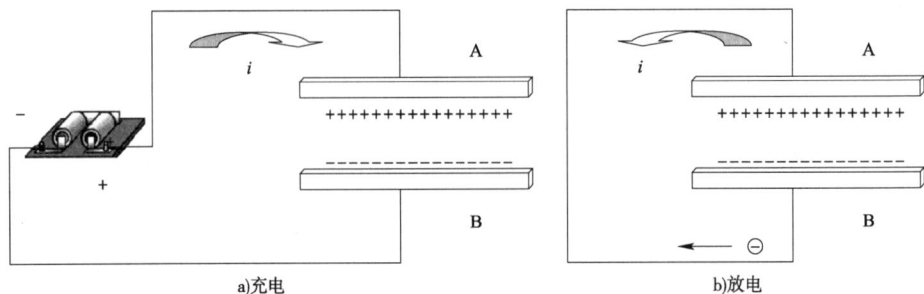

a)充电   b)放电

图6-5 电容的充放电

如图6-6所示电路,开关S掷至1为充电,掷至2为放电,表面上是可以进行充放电实验了,但实际上是看不到实验现象的,由于电路中无电阻R,充放电时间很短,根本看不到充放电的过程,几乎看不到安培表的变化过程。

若用图6-7进行演示,电容$C=470\mu F$,电阻$R=10k\Omega$,电流表Ⓐ用$100\mu A$或$500\mu A$的示教万用表,电压表Ⓥ用2.5V的示教万用表,整个充放电时间为$15\sim25s$,电流表Ⓐ的指针放在正中,可以左右偏,电源E用一节干电池,可以很好地演示。

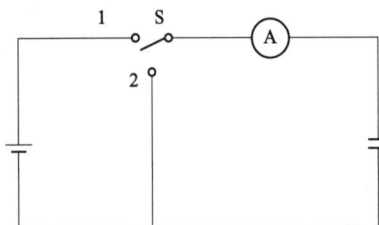

图6-6 电容的充放电电路1   图6-7 电容的充放电电路2

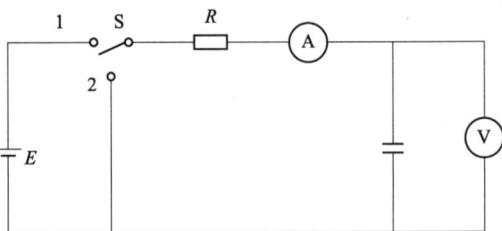

充放电实验,开关S掷至1为充电过程,同时可以看到电流表Ⓐ读数由最大逐渐减小,电压表Ⓥ读数由小逐渐增大,可知充电的电流方向及电容器上、下极板所带的电量;S掷至2时为放电过程,此时可以看到表Ⓐ和表Ⓥ的读数同时减小直至为零,同时可以看到放电电流方向与充电电流方向相反,可以说明充好电的电容储存能量即电场能。

(四)电容的连接

1. 电容的并联

1)概念

将几个电容的一个极板连在一起,另一个极板也连在一起的连接方式称为电容的并联,如图6-8所示。

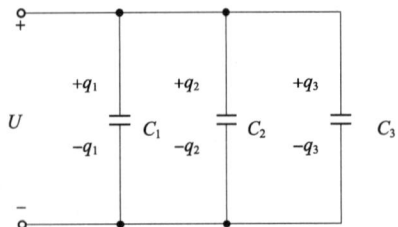

图6-8 电容并联

2)并联的性质

(1)总电荷量等于各个电容的带电荷量之和。

(2)并联后总容量等于各个电容量的容量之和。即

$$C = C_1 + C_2 + \cdots + C_n \qquad (6-1)$$

(3)每个电容两端承受的电压相等,并等于电源电压U。即

$$U = U_1 = U_2 = \cdots = U_n \qquad (6\text{-}2)$$

3）注意事项

并联时每个电容直接承受外电压，因此每只电容的耐压都必须大于外加电压。

2. 电容的串联

1）概念

将几只电容依次相连，构成中间无分支的连接方式，称为电容的串联，如图 6-9 所示。

2）串联的性质

（1）总容量的倒数等于各个电容量倒数之和。即

$$\frac{1}{C} = \frac{1}{C_1} + \frac{1}{C_2} + \cdots + \frac{1}{C_n} \qquad (6\text{-}3)$$

图 6-9　电容的串联

由上式可得，两个电容串联时总容量为

$$C = \frac{C_1 C_2}{C_1 + C_2} \qquad (6\text{-}4)$$

同理，n 个相同的电容 C_0 串联时，总容量为

$$C = \frac{C_0}{n} \qquad (6\text{-}5)$$

（2）串联电容总电压等于每个电容上的电压之和。即

$$U = U_1 + U_2 + \cdots + U_n \qquad (6\text{-}6)$$

（3）实际上每个串联电容实际分配的电压与其电容量成反比。即容量越大分配的电压越小，容量小的分配的电压大。若每只电容量均相等，则每个电容上分配的电压相等；若只有两个电容串联，分压公式为

$$U_1 = \frac{C_2}{C_1 + C_2} U \qquad (6\text{-}7)$$

$$U_2 = \frac{C_1}{C_1 + C_2} U \qquad (6\text{-}8)$$

3）注意事项

（1）电容的并联电路总电容量大于分电容的电容量。

（2）电容的串联电路总电容量小于分电容的电容量。

（3）每个电容都有各自的耐压值，在实际应用中应保证每只电容上承受的电压都小于其耐压值，这样才能保证电路的正常运行。

二、任务实施

1. 准备工作

（1）掌握理论知识。

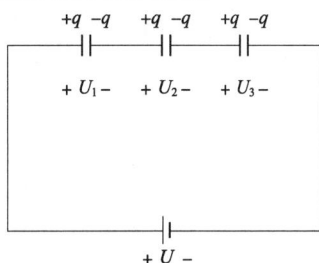

（2）认真研读技术要求和注意事项。

（3）准备实训器材：电源、导线、电容充放电特性实训板、直流电压表、直流电流表、数字万用表、组合电容、电容、灯泡、开关和附件。

（4）按照相关实验要求，连接实物测量电路。

2.技术要求与注意事项

（1）本次任务中使用数字万用表的电容挡或电阻挡检测电容，要求熟练掌握数字万用表的使用方法和注意事项。

（2）某些数字万用表具有测量电容的功能，其量程分为 2000p、20n、200n、2μ 和 20μ 五挡；而电阻挡检测电容的方法，适用于测量从 0.1μF 到几千微法的大容量电容，对于未设置电容挡的仪表很有实用价值。

3.操作步骤

1）电容的检测步骤

（1）从实训器材中选取电容和数字万用表。

（2）方法一，用电容挡直接检测。根据电容标签上的电容量选取适当的量程，万用表红黑表笔分别插入 Cx 和 COM 插孔，让表笔接触已放电电容的两个引脚，读出万用表的读数。读数接近电容标签上的电容量时，电容可正常使用。

（3）方法二，用电阻挡检测。将数字万用表拨至合适的电阻挡，红表笔和黑表笔分别接触被测电容 Cx 的两极，这时显示值将从"000"开始逐渐增加，直至显示溢出符号"1"。若始终显示"000"，说明电容内部短路；若始终显示溢出，则可能是电容内部极间开路，也可能是所选择的电阻挡不合适。检查电解电容时需要注意，红表笔（带正电）接电容正极，黑表笔接电容负极。

2）电容充放电的实验步骤

（1）从实训套器材中，按要求选取电容充放电特性实训板、电源、直流电压表、直流电流表、导线和附件。

（2）按图 6-10 连接实验电路。

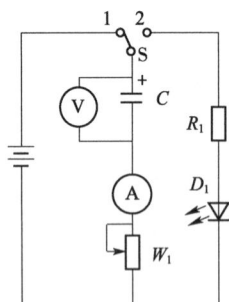

a)电路图

b)实验接线图

图 6-10　电容充放电实验

（3）检查电路连接是否有误，检查无误后，按要求测量电流和电压大小，并观察发光二极管的亮暗，完成表 6-1。

充 放 电 过 程　　　　　　　　　　　　表 6-1

名　　称	充 电 过 程	放 电 过 程
电流（A）		
电压（V）		
发光二极管		

3）电容串并联检测的步骤

（1）从实训器材中选取组合电容和数字万用表。

（2）按图 6-11 将电容串联和并联。

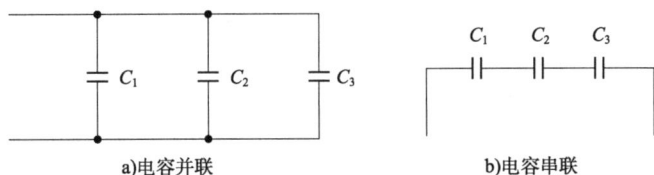

a)电容并联　　　　　　　　　　　　b)电容串联

图 6-11　电容串并联检测

（3）按照电容的检测方法，连接数字万用表。

（4）检查电路连接是否有误，检查无误后，按要求测量电容总量。

4）电容在交直流电路中的作用的实验步骤

（1）从实训器材中选取电源、灯泡、电容、开关和导线。

（2）按图 6-12 连接电路，检查电路连接是否有误。

（3）检查无误后，分别接入 3V 交流电源和 3V 直流电源，闭合开关，观察灯泡 1 和灯泡 2 的发光情况，改变容量重复一次，并完成表 6-2。

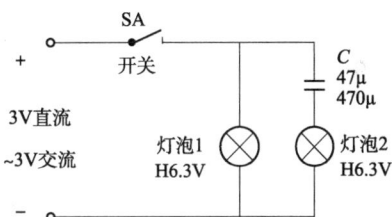

图 6-12　电容在交直流电路中的作用的实验电路图

电容在交直流中的作用实验　　　　　　　表 6-2

电 路 条 件		灯泡 1 的发光情况	灯泡 2 的发光情况
47μF 电容	3V 交流电源		
	3V 直流电源		
470μF 电容	3V 交流电源		
	3V 直流电源		

三、技能考核标准

技能考核标准见表 6-3。

技 能 考 核 标 准　　　　　　　　　　表 6-3

序号	项　　目	操 作 内 容	规定分	评 分 标 准	得分
1	电容检测	按照电容的检测步骤，用数字万用表电容挡或电阻挡测量电容的好坏	25 分	1.操作过程中，步骤是否正确，是否违反注意事项； 2.能否正确使用数字万用表并准确读数； 3.能否根据测量结果判断此所测电容的好坏； 4.测量完毕是否断开电路的连接，收起实验器材	

续上表

序号	项　目	操作内容	规定分	评分标准	得分
2	电容充放电实验	按照电容充放电实验的步骤，测量电容充放电过程中的电流和电压，并观察充放电效果	25分	1.操作过程中，步骤是否正确，是否违反注意事项； 2.能否正确连接线路并准确读数； 3.能否根据发光二极管的明暗判断电容的充电和放电过程； 4.测量完毕是否断开电路的连接，收起实验器材	
3	电容串并联检测	按照电容串并联检测的步骤，分别检测电容串联和并联时的总电容量	25分	1.操作过程中，步骤是否正确，是否违反注意事项； 2.能否正确连接线路和使用数字万用表并准确读数； 3.能否根据测量结果，验证电容串并联的总电容量大小； 4.测量完毕是否断开电路的连接，收起实验器材	
4	电容在交直流中作用的实验	按照电容在交直流中作用的实验步骤，将电容分别接入交流电路和直流电路中，观察实验结果，验证电容在交直流电路中的作用	25分	1.操作过程中，步骤是否正确，是否违反注意事项； 2.能否正确连接线路； 3.能否根据实验现象说出电容在交流和直流电路中的作用； 4.测量完毕是否断开电路的连接，收起实验器材	
		总分	100分		

四、学习拓展

(一)超级电容的优势

随着社会经济的发展,人们对于绿色能源和生态环境的关注程度越来越高,超级电容作为一种新型的储能器件,因为其具有无可替代的优越性,故此越来越受到人们的重视,如图6-13所示。在一些需要高功率、高效率解决方案的设计中,人们已开始采用超级电容来取代传统的电池。

图6-13　超级电容

1.电池技术的缺陷

锂离子、镍氢电池等新型电池可以提供一个可靠的能量储存方案,并且已经在很多领域中广泛使用。化学电池是通过电化学反应,产生法拉第电荷转移来储存电荷的,使用寿命较短,并且受温度影响较大,这同样也是采用铅酸电池(蓄电池)的设计者所面临的困难。同时,大电流会直接影响这些电池的寿命,因此,对于要求长寿命、高可靠性的某些应用,这些基于化学反应的电池就显出种种不足。

2.超级电容的特点和优势

超级电容的原理并非新技术,常见的超级电容大多是双电层结构,同电解电容相比,这种超级电容能量密度和功率密度都非常高。同传统的电容和二次电池相比,超级电容储存电荷的能力比普通电容高,并具有充放电速度快、效率高、对环境无污染、循环寿命长、使用温度范围宽、安全性高等特点。

除了可以快速充电和放电,超级电容的另一个主要特点是低阻抗。所以,当一个超级电容被全部放电时,它将表现出小电阻特性,如果没有限制,它会搜取可能的源电流。因此,必须采用恒流或恒压充电器。

十多年前,超级电容的价格昂贵,现在超级电容已经作为标准产品大批量供应市场,价格也大大降低。在最近几年,超级电容已经开始进入很多应用领域,如消费电子、工业和交通运输业等。

(二)超级电容的结构

虽然目前全球已有许多家超级电容生产商,可以提供许多种类的超级电容产品,但大部分产品都是基于一种相似的双电层结构,超级电容在结构上与电解电容非常相似,它们的主要区别在于电极材料,如图 6-14 所示。

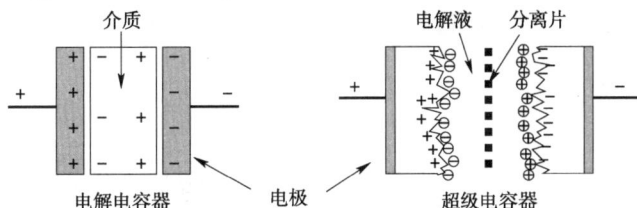

图 6-14 超级电容的结构

早期超级电容的电极采用炭,炭电极材料的表面积很大,电容的大小取决于表面积和电极的距离,这种炭电极的大表面积再加上很小的电极距离,使超级电容的容值可以非常大,大多数超级电容可以做到法拉级,一般容值范围为 $1 \sim 5000F$。

(三)超级电容的使用

超级电容具有广泛的用途。与燃料电池等高能量密度的物质相结合,超级电容能提供快速的能量释放,满足高功率需求,从而使燃料电池可以仅作为能量源使用。目前,超级电容的能量密度可高达 20kW/kg,并已经开始抢占传统电容和电池的部分市场。

在那些要求高可靠性而对能量要求不高的应用中,可以用超级电容来取代电池,也可以将超级电容和电池结合起来,应用在对能量要求很高的场合,从而可以采用体积更小、更经济的电池。

超级电容的等效串联电阻 ESR 值很低,从而可以输出大电流,也可以快速吸收大电流。同化学充电原理相比,超级电容的工作原理使这种产品的性能更稳定,因此,超级电容的使用寿命更长。对于像电动工具和玩具这种需要快速充电的设备来说,超级电容无疑是一个很理想的电源。

一些产品适合采用电池/超级电容的混合系统,超级电容的使用可以避免为了获得更多的能量而使用大体积的电池。如消费电子产品中的数码相机就是一个例子,超级电容的使用使数码相机可以采用便宜的碱性电池(而不是使用昂贵的锂离子电池)。

超级电容单元(cell)的额定电压范围为 2.5~2.7V,因此,很多应用需要使用多个超级电容单元。当串联这些单元时,需要考虑单元之间的平衡和充电情况。

任何超级电容都会在通电的情况下,通过内部并联电阻放电,这个放电电流就称为漏电流,它会影响超级电容单元的自放电。同某些二级电池技术相似,超级电容的电压在串联使用时需要平衡,因为存在漏电流,内部并联电阻的大小将决定串联的超级电容单元上的电压分配。当超级电容上的电压稳定后,各个单元上的电压将随着漏电流的不同而发生变化,而不是随着容值不同而变化。漏电流越大,额定电压越小;反之,漏电流小,额定电压高。这是因为,漏电流会造成超级电容单元放电,使电压降低,而这个电压会随后影响和它串联在一起的其他单元的电压(这里假定这些串联的单元都使用同一个恒定电压供电)。

为了补偿漏电流的变化,常采用的方法是,在每一个单元旁边并联一个电阻,来控制整个单元的漏电流。这种方法有效地降低了各单元之间相应并联电阻的变化。

另一个推荐使用的方法是主动单元平衡法(active cell-balancing),采用这种方法,每一个单元都会被主动监视,当有电压变化时,即进行互相平衡。这种方法可以降低单元上的任何额外负载,使工作效率更高。如果电压超过单元的额定电压,将会缩短单元的使用寿命。对于高可靠性超级电容来说,如何维持电压在要求的范围内是关键的环节,必须控制充电电压,以保证它不能超过每个单元的额定电压。

五、思考与练习

(一)填空题

(1)电容亦称作"_____",是指在给定电位差下的电荷储藏量,记为_____,国际单位是_____。

(2)电容的主要参数是_____和_____。

(3)$1\mu F =$ _____ nF;$3\mu F =$ _____ pF。

(4)某电容体上标注:"CD120X-45V-200μF",则此电容的耐压值是_____,电容量是_____。

(5)4P5 表示_____ pF,0.047 表示_____ μf。

(6)将几个电容的一个极板连在一起,另一个极板也连在一起的连接方式称为电容的_____。

(7)电容串联电路的特点是:总电压等于各个电容上的_____;总电容的倒数等于各个电容器的电容的_____。

(8)电容并联后总容量等于_____,每个电容两端承受的电压_____,并等于_____电压。

(二)单项选择题

(1)在电路中,它有阻止_____电流通过,允许_____电流通过的性能,在电路中可起到旁路、耦合、滤波、隔直流、储存电能、振荡和调谐等作用(   )。

  A. 直流、交流　　　　　　　　　　B. 交流、直流

  C. 直流、直流　　　　　　　　　　D. 交流、交流

(2)电容按照结构分为(　　)

A.固定电容、可变电容、微调电容

B.无机介质电容、有机介质电容、电解电容

C.铝电解电容、钽电解电容、铌电解电容

D.有极性电容和无极性电容

(3)相机闪光灯,是利用电容的(　　)功能实现的。

A.滤波　　　　　B.耦合　　　　　C.调谐　　　　　D.储能

(4)下列选项中不是电容特性的是(　　)。

A.通交流　　　　B.通直流　　　　C.充电　　　　　D.放电

(5)双电层电容器又叫作(　　)。

A.无机介质电容　　　　　　　　B.有机介质电容

C.超级电容　　　　　　　　　　D.电解电容

(三)判断题

(1)将几个电容的一个极板连在一起,另一个极板也连在一起的连接方式称为电容的串联。　　　　　　　　　　　　　　　　　　　　　　　　　　　　　　　(　　)

(2)电容串联电路的特点是:总电压等于各个电容器上的电压之和;总电容的倒数等于各个电容的倒数之和。　　　　　　　　　　　　　　　　　　　　　　　　(　　)

(3)电容按照结构分为有极性电容和无极性电容。　　　　　　　　　(　　)

(4)相机闪光灯,是利用电容的储能功能实现的。　　　　　　　　　(　　)

(5)电容串联后总容量的倒数等于各个电容量倒数之和。　　　　　　(　　)

(6)实际上每个串联电容实际分配的电压与其电容量成反比。　　　　(　　)

(7)每个电容都有各自的耐压值,在实际应用中应保证每只电容上承受的电压都大于其耐压值,这样才能保证电路的正常运行。　　　　　　　　　　　　　　　(　　)

(8)由于电容体积要比电阻大,所以一般都使用直接标称法标示电容参数。　(　　)

(四)简答题

(1)画出三个普通电容并联,电源是12V直流电的电路图。

(2)设计一个电路,能够通过电压表、电流表和小灯泡的变化,来观察电容充放电时,电流、电压的变化。

任务7　二极管认知及检测

学习目标

❖ 知识目标

1.能够说出二极管的结构、特性、分类和主要材料;

2.能够说出汽车上常见二极管并简述工作原理;

3.能够说出判别二极管好坏的方法和步骤。

❖ **能力目标**

1. 能够画出各类二极管的符号,并标出正、负极;
2. 能够识别各种二极管;
3. 能够连接二极管正反向电路并简要画出二极管的伏安特性曲线;
4. 能够用万用表测量二极管并判断其好坏、极性。

建议课时

8课时。

任务描述

晶体二极管(简述二极管)是利用半导体特性制成的一种电力电子元件,在汽车当中可以起到开关、整流、稳压、显示等一系列作用。本任务为认识二极管的结构和特性,并完成二极管好坏、极性等检测任务。

一、理论知识准备

(一)半导体基本知识

自然界中,物质根据导电性能不同,可分为三类,一类是导电性能良好的物质,叫作导体,如银、金、铜、铁等。另一类是几乎不能导电的物质,叫作绝缘体,如塑料、陶瓷、玻璃、橡胶等。还有一类物质,它的导电能力介于导体和绝缘体之间,这一类物质叫作半导体,常见的半导体材料有硅(Si)和锗(Ge)。

半导体中导电的载流子有两种:电子和空穴。不加杂质的纯净半导体晶体叫作本征半导体,如本征硅或本征锗。为了提高半导体的导电性能,在本征半导体中掺入三价元素或五价元素等杂质所形成的半导体,叫作杂质半导体。根据所掺入杂质元素的不同,杂质半导体可分为 P 型半导体和 N 型半导体。

1. P 型半导体

在本征半导体硅或者锗晶体中掺入三价元素就形成 P 型半导体,如图 7-1 所示。在 P 型半导体中,多数载流子是空穴,少数载流子是电子,主要靠空穴导电,也叫空穴型半导体。

图 7-1 P 型半导体的形成

2. N 型半导体与 PN 结

在本征半导体硅或者锗晶体的一端掺入三价元素使其形成 P 型半导体,另一端掺入五价元素使其形成 N 型半导体,再把 P 型半导体和 N 型半导体通过一定的方法结合起来,那么在 P 型半导体和 N 型半导体的交界处就会形成一层很薄的特殊区域,称为 PN 结,如图 7-2所示。

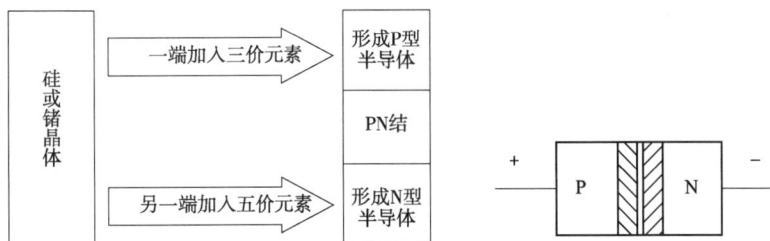

图7-2 PN结的形成

3.PN结的单向导电特性

当PN结的P区接电源的正极,N区接电源的负极时,称PN结加正向电压,也叫正偏。如图7-3a)所示,此时PN结导通,呈低阻性,灯亮。

当PN结的P区接电源的负极,N区接电源的正极,称PN结加反向电压,也叫反偏。如图7-3b)所示,此时PN结截止,呈高阻性,灯不亮。

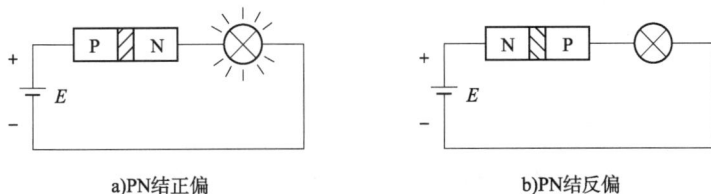

a)PN结正偏   b)PN结反偏

图7-3 PN结的单向导电性

PN结加正向电压时导通、加反向电压时截止的物质,称为PN结的单向导电特性。

(二)二极管结构

二极管是由一个PN结加上相应的电极引线和管壳做成的,如图7-4a)所示,从P区引出的电极引线为正极(也称阳极),从N区引出的电极引线为负极(也称阴极),二极管的电路符号如图7-4b)所示。

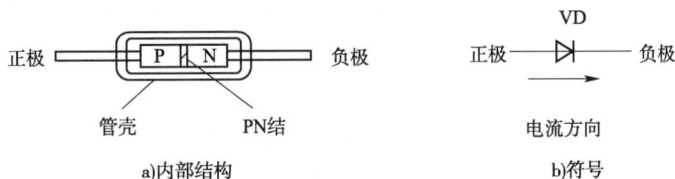

a)内部结构   b)符号

图7-4 二极管的结构和符号

二极管其实就是一个PN结,所以二极管的性质和PN结的性质相同,即单向导电特性。二极管正极接电源正极、负极接电源负极,称为二极管加正向电压,也叫正偏。如图7-5a)所示,此时二极管导通,呈低阻性,灯亮。二极管正极接电源负极,二极管负极接电源正极,称二极管加反向电压,也叫反偏。如图7-5b)所示,此时二极管截止,呈高阻性,灯不亮。

二极管的极性一般可根据外形及外壳上的标记判别,如图7-6所示。

二极管按所用材料不同,分为硅二极管和锗二极管两种;按PN结的结构特点,分点接触型和面接触型两种;点接触型二极管允许通过的电流小,适用于高频检波、脉冲电路和小功率的整流电路。面接触型二极管允许通过的电流大,适用于低频整流电路。按用途不同,分普通二极管、整流二极管、稳压二极管、光敏二极管、续流二极管、光电二极管和发光二极管等。

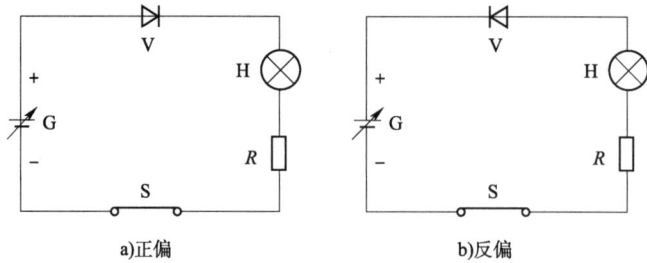

a)正偏   b)反偏

图 7-5   二极管单向导电性

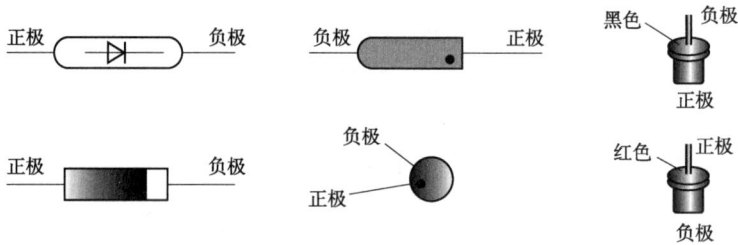

图 7-6   二极管的外形与极性

(三)二极管的伏安特性

所谓二极管的伏安特性是指加到二极管两端的电压 U 与流过二极管的电流 I 的特性曲线 $I = f(U)$。通常,用横轴表示电压 U、用纵轴表示电流 I。二极管的伏安特性曲线,如图 7-7 所示。

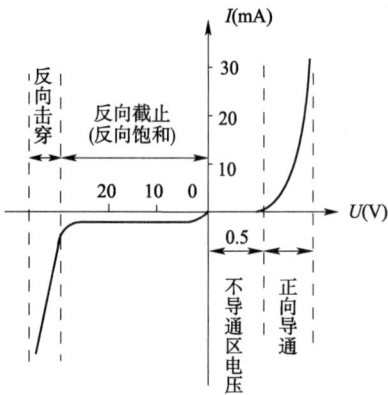

图 7-7   硅二极管的伏安特性曲线

1. 正向特性

从图 7-7 第一象限中可看出:当二极管两端加上正向电压且当正向电压比较小时(室温条件下,硅管的死区电压应为 0.5V,导通电压为 0.7V;锗管的死区电压应为 0.2V,导通电压为 0.3V),PN 结正向电阻很大,正向电流接近于零。一般把这一段称为不导通区或死区,随着电压逐渐增大,正向电流随电压近似按平方率增长,电压稍有增加,电流就急剧增加,特性几乎是一条直线。此段称为二极管的导通区,此特性称为二极管的正向特性。

2. 反向特性

从图 7-7 第三象限中可看出:当二极管两端加反向电压时,在反向电压作用下,电路中形成很小的反向电流。从零增大到 0.1V 一段,反向电流随反向电压增加而增大;随后,反向电流便不随反向电压的增加而增大,而是保持一定的数值,这时的反向电流叫作反向饱和电流 I_S。

反向电流有两个特点:一是随温度的升高增长很快;二是在一定温度下,外加反向电压在一定范围内变化时,反向饱和电流 I_S 保持不变。

当二极管外加反向电压超过一定数值后,反向电流突然猛增,此时称二极管反向击穿,这时所对应的电压称为反向击穿电压。二极管击穿后,管子会因过热而损坏。此特性称为二极管的反向特性。

如果在伏安特性曲线上计算二极管直流电阻,就是曲线上的某一点所对应的电压与电流之比即 $R = U/I$,不难看出,曲线上每一点的直流电阻都不相等,即二极管的直流电阻随加在它两端电压不同而不同。因此,二极管是非线性元件。

3.二极管的参数

二极管的参数是选择二极管的主要依据,在选择整流二极管时,最主要考虑的两个参数是最大整流电流 I_{FM} 和最大反向工作电压 U_{DRM}。

1)最大整流电流 I_{FM}

二极管长期工作时,允许通过的最大正向平均电流叫作最大整流电流。选用二极管时,工作电流不能超过它的最大整流电流,以免烧坏。

2)最大反向工作电压 U_{DRM}

二极管长期工作时,允许加到二极管两端的最高反向电压(峰值)叫作最大反向工作电压。通常,取反向击穿电压值的 1/2 或 1/3。使用和选择二极管时,加在二极管上反向电压的峰值不允许超过这一数值,以保证二极管在使用中不致因反向电压过高而损坏。

一般根据二极管的工作电流 I_V 和二极管工作时所承受的最大反向电压 U_{VM} 选择二极管,即二极管的最大整流电流 $I_{FM} \geqslant I_V$,二极管的反向工作峰电压 $U_{DRM} \geqslant 2U_{VM}$。

(四)常见二极管

1.稳压二极管

稳压二极管也是由一个 PN 结构成,电路符号及外形如图 7-8 所示,不同的是制造工艺上有所差别,工作在反向击穿状态(普通二极管在反向击穿区会损坏),接到电路中时,应该反接,即稳压二极管的正极应接被稳压电路的负极,稳压二极管的负极应接被稳压电路的正极,稳压管就是利用它的反向击穿电流在很大范围内变化时,反向击穿电压基本不变的特性,达到稳压的目的。

2.发光二极管

发光二极管通以正向电流时会发光,具有电光转换的性能,可见光有红、黄、绿、蓝、紫等。广泛用作各种电子设备中的工作状态指示灯,电路符号及外形如图 7-9 所示。

图 7-8　稳压二极管符号及外形　　　　图 7-9　发光二极管符号及外形

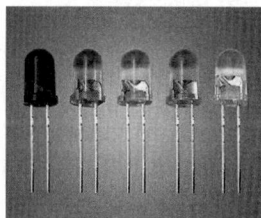

3.光电二极管

光电二极管的反向电流随光照强度的增加而上升,光电二极管外形如图 7-10 所示。

它的主要特点是:管子工作在反向状态,反向电流与照度成正比。光电二极管符号,如图 7-11 所示。

4.汽车用整流二极管

汽车硅整流发电机用二极管与其他二极管工作原理基本相同,但外形结构与一般二极管有所不同,如图7-12所示。

汽车发电机用硅整流二极管,具有一个引出极,另一个极是外壳,分正极二极管和负极二极管两种,正极二极管的引出端为正极,外壳为负极;负极二极管的引出端为负极,外壳为正极,为了便于识别,通常在正极二极管上涂有红点,负极二极管上涂有黑点,如图7-13所示。

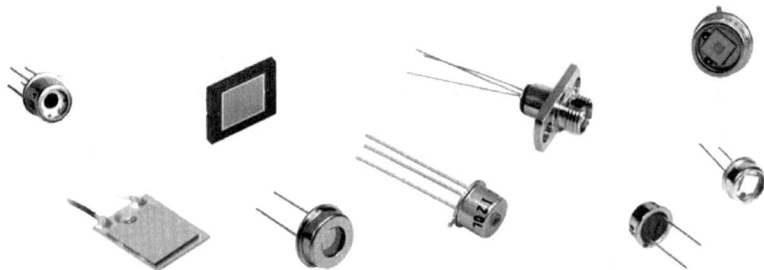

图7-10　光电二极管外形

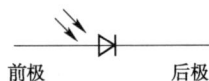

图7-11　光电二极管符号　　　图7-12　汽车用整流二极管外形　　　图7-13　汽车用整流
　　　　　　　　　　　　　　　　　　　　　　　　　　　　　　　　　　　　　二极管标记

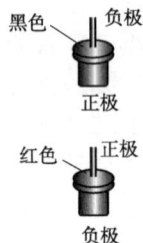

5. 续流二极管

二极管在汽车中还可用于续流。快恢复二极管(一种具有开关特性好、反向恢复时间短特点的半导体二极管)主要用于配合开关各类功率变换器的功率器件(如 IGBT 或 MOSFET),起续流作用。除了额定电压、额定电流和正向压降外,续流二极管的恢复性能也是高速开关电路的器件选型指标。功率二极管需要在有限的时间内从关闭状态(反向偏置)切换到导通状态(正向偏置),反之亦然。两者的恢复时间和波形都受到二极管的内部性能和外部电路影响。

续流二极管与用在逆变器或变换器的 IGBT 或 MOSFET 反向并联,为负载电流续流。当主 IGBT 或 MOSFET 关闭时,续流二极管为感性负载的电流提供了一个替代回路,以防止 $L(\mathrm{d}i/\mathrm{d}t)$ 产生的尖峰电压损坏主开关器件。电路中自感电压的瞬时值计算公式为 $U = L(\mathrm{d}i/\mathrm{d}t)$,$L$ 为自感系数,$\mathrm{d}i/\mathrm{d}t$ 为电感的电流变化率,这部分内容会在任务 16 中详细介绍。

二、任务实施

1. 准备工作

(1)掌握理论知识。

(2)认真研读技术要求和注意事项。

(3)准备实训器材:指针式万用表或数字万用表、电流表、电压表、二极管、电阻、电位器、电源和导线等。

(4)按照相关实验要求,连接实物测量电路。

2.技术要求与注意事项

(1)伏安特性曲线通过坐标原点,当二极管两端加电压 U 为零时,PN 结没有电流流过电路,即当 $U=0$ 时,$I=0$。

(2)二极管的检测原理是:二极管的单向导电特性,即正向电阻很小,反向电阻很大,利用这一点,可以配合万用表测量出二极管的好坏和极性。

(3)指针万用表调到欧姆挡时,红表笔是(表内电源)负极、黑表笔是(表内电源)正极。二极管的好坏通常用指针万用表欧姆挡测试二极管的正、反向电阻进行判断。

(4)数字万用表调到二极管挡时,红表笔是(表内电源)正极、黑表笔是(表内电源)负极。二极管的好坏通常用数字万用表二极管挡来测试二极管的正、反向值从而进行判断。

(5)一般硅管正向电阻为几千欧,反向电阻为无穷大;锗管正向电阻为几百欧,反向电阻为几百千欧。

3.操作步骤

1)二极管正向特性图的绘制

(1)先按图 7-14 接好实验电路。

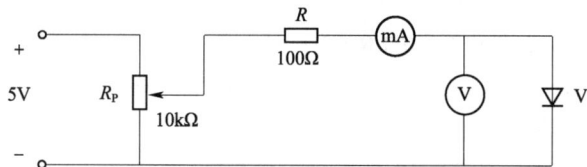

图 7-14　测量二极管正向电压与电流

(2)调整可变电阻 R_p,使二极管正向电压与表 7-1 电压值相对应,分别记录对应的电流值于表 7-1 中。

二极管正向电压与电流测量数据　　　　　　　　　　　　　　　　表 7-1

正向电压(V)	0	0.2	0.4	0.5	0.6	0.7	0.8	0.9
正向电流(mA)	0	0	0	0.2	5	20	50	∞

(3)根据表 7-1 中所测量二极管的端电压和二极管电流值,用描点法绘制出二极管的正向伏安特性曲线,如图 7-15 所示。

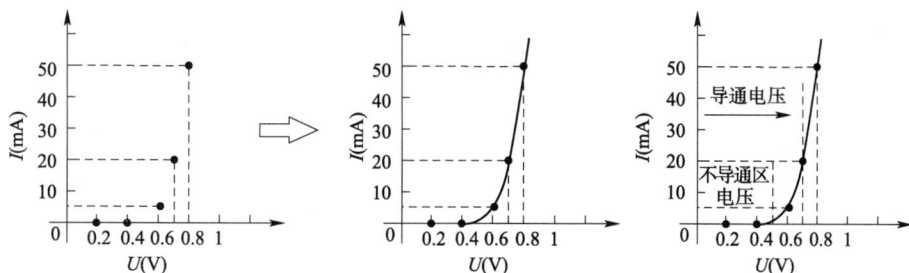

图 7-15　用描点法绘制二极管的正向伏安特性曲线

2）二极管反向特性图的绘制

（1）先按图7-16接好实验电路。

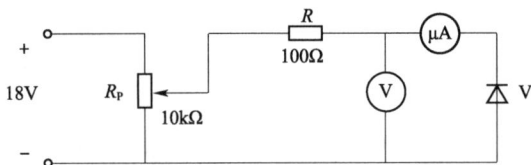

图7-16　测量二极管反向电压与电流

（2）调整可变电阻R_p，使二极管反向电压与表7-2电压值相对应，分别记录对应的电流值于表7-2中（硅二极管如1N4007的反向电流为零，锗二极管如2AP9的反向电流约为35μA）。

二极管反向电压与电流测量数据　　　　　　　　　　　　　　表7-2

反向电压（V）	0	0.2	10	20	30	40
反向电流（μA）						

（3）根据表7-2中所测量二极管的反向电压和二极管反向电流值，用描点法绘制出二极管的反向伏安特性曲线，如图7-7所示坐标系第三象限曲线。

3）用指针万用表检测二极管的好坏

（1）把万用表的量程调到欧姆挡的 R×100 或 R×1k 挡（注意不能用 R×1 挡或 R×10K 挡，因为 R×1 挡电流太大、R×10k 挡电压太高容易损坏二极管），然后将两表笔分别正接或反接在被测二极管的两端，即可测得一大一小两个电阻值，其中小的（几十欧或几百欧）是正向电阻、大的（几十万欧以上）是反向电阻。

（2）如果测得正向电阻在几十欧或几百欧以下（汽车用整流二极管用 R×1 挡测量时正向电阻为十欧左右）、反向电阻在几十万欧以上，说明二极管的单向导电特性良好，如图7-17所示。

（3）如果测得正、反向电阻都很小或为零，说明二极管内部已经短路，见图7-18。

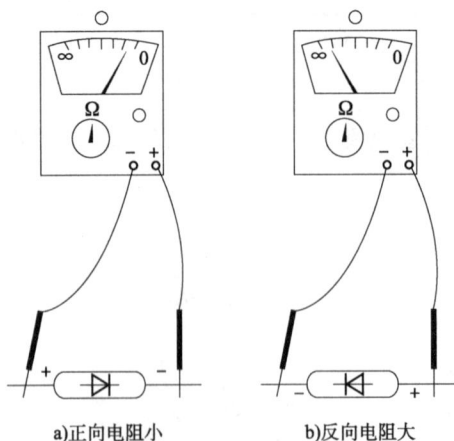

a)正向电阻小　　　b)反向电阻大

图7-17　二极管良好

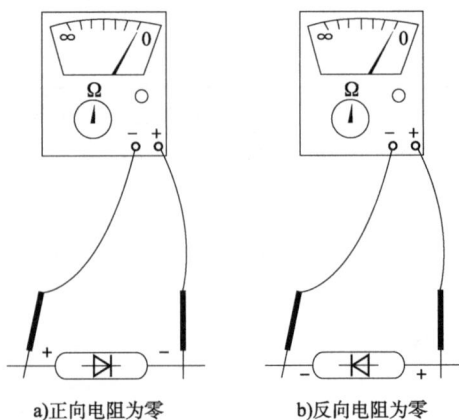

a)正向电阻为零　　　b)反向电阻为零

图7-18　二极管短路

（4）如果测得正、反向电阻均为无穷大，说明二极管内部已经断路，如图7-19所示。当出现(3)(4)两种情况时,说明二极管已经损坏,不能继续使用。

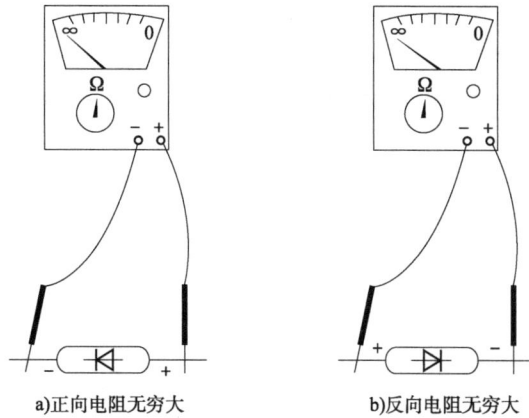

a)正向电阻无穷大   b)反向电阻无穷大

图7-19 二极管断路

(5)测量结果与表7-3中的数据进行对比和验证。

二极管检测数据   表7-3

正向电阻 $R_正$	反向电阻 $R_反$	二极管好坏
很小	很大	良好
0	0	短路(击穿)损坏
∞	∞	断路损坏
正向电阻 $R_正$ 接近反向电阻 $R_反$		性能不佳

4)用指针式万用表判别二极管的极性

用万用表测量二极管的正向或反向电阻时,如果测得电阻值较小(正向电阻)时,则黑表笔所接的一端是二极管的正极、红表笔所接的一端是二极管的负极,如图7-20所示;相反,测得二极管电阻值较大(反向电阻)时,则红表笔的一端是二极管的正极、黑表笔所接的一端是二极管的负极,如图7-21所示。这是因为指针式万用表的欧姆挡中,黑表笔与表内电池的正极相连,红表笔与表内电池的负极相连。

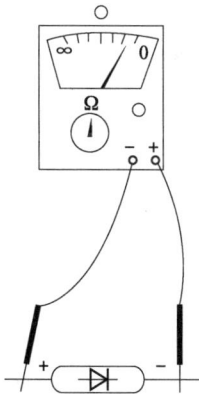

图7-20 测得正向电阻时的极性判断   图7-21 测得反向电阻时的极性判断

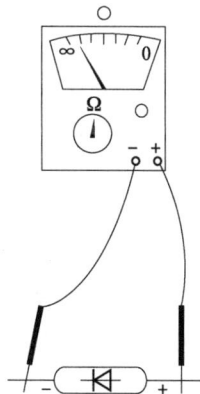

5)用指针式万用表判别硅二极管和锗二极管

(1)测量二极管正向电阻时,硅二极管的表针指示位置在中间或中间偏右一点儿;锗二极管的表针指示在右端靠近0的地方,如图7-22a)所示。

(2)测量二极管反向电阻时,硅二极管的表针在左端基本不动,指向∞位置;锗二极管的表针从左端起动一点儿,如图7-22b)所示。

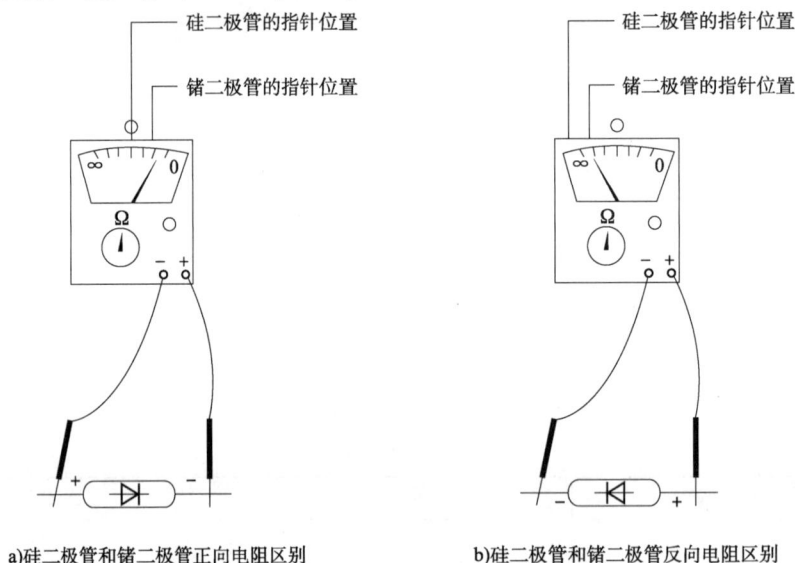

a)硅二极管和锗二极管正向电阻区别　　　　b)硅二极管和锗二极管反向电阻区别

图7-22　硅二极管和锗二极管正、反向电阻区别

6)用数字万用表检测二极管的好坏

(1)把万用表的量程调到二极管挡,将两表笔分别正接或反接在被测二极管的两端,即可测得一大一小两个值,其中小值是二极管的导通电压,以毫伏显示的表,硅二极管在500~800、锗二极管在100~350(以伏显示的表,硅二极管在0.5~0.8、锗二极管在0.1~0.35);大值是无穷大,说明二极管良好,如图7-23所示。

(2)如果测得正、反向值都很小或为零,说明二极管内部已经短路,如图7-24所示。

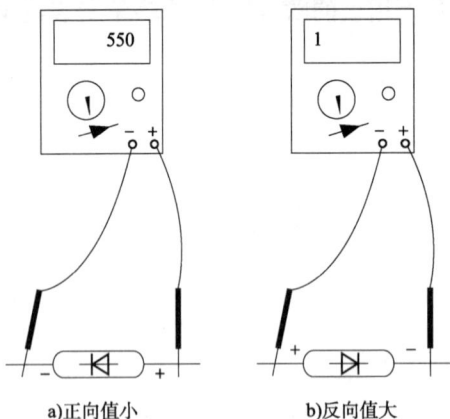

a)正向值小　　　　b)反向值大　　　　　　a)正向值为零　　　　b)反向值为零

图7-23　二极管良好　　　　　　　　　　　图7-24　二极管短路

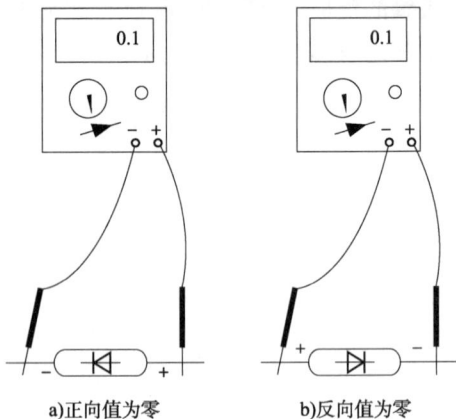

(3)如果测得正、反向值均为无穷大,说明二极管内部已经断路,如图7-25所示。后两种情况都说明二极管已经损坏,不能继续使用。

(4)将测量结果与表7-4中的数据进行对比和验证。

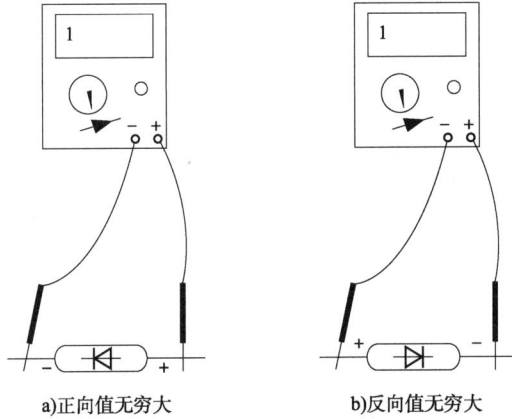

a)正向值无穷大   b)反向值无穷大

图 7-25   二极管断路

二极管检测数据   表 7-4

正　向　值	反　向　值	二极管好坏
硅二极管 500 ~ 800	无穷大∞(靠左显示1)	良好
锗二极管 100 ~ 350		
≈0	≈0	短路(击穿)损坏
无穷大∞(靠左显示1)	无穷大∞(靠左显示1)	断路损坏

7)用数字万用表判别二极管的极性

(1)当测得正向值(硅二极管在 500 ~ 800,锗二极管在 100 ~ 350)时,则红表笔所接的一端是二极管的正极、黑表笔所接的一端是二极管的负极。

(2)当测得二极管反向值(无穷大)时,则黑表笔所接的一端是二极管的正极、红表笔所接的一端是二极管的负极。这是因为数字万用表的二极管挡中,红表笔与表内电池的正极相连、黑表笔与表内电池的负极相连,如图 7-26 所示。

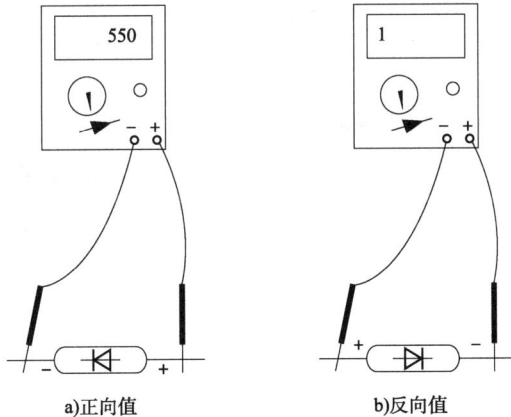

a)正向值   b)反向值

图 7-26   二极管极性判别

8)用数字万用表判别硅二极管和锗二极管

用二极管挡测量正向值来判断,硅二极管在 500 ~ 800,锗二极管在 100 ~ 350(以伏显示的表,硅二极管在 0.5 ~ 0.8、锗二极管在 0.1 ~ 0.35),如图 7-27 和图 7-28 所示。

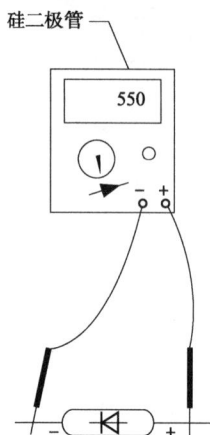

图 7-27 硅二极管正向值在 500～800   图 7-28 锗二极管正向值在 100～350

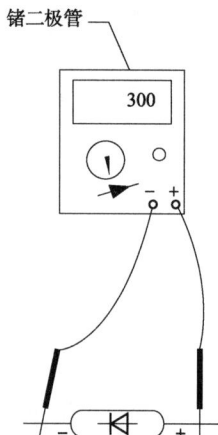

三、技能考核标准

技能考核标准见表7-5。

技能考核标准   表 7-5

序号	项 目	操作内容	规定分	评分标准	得分
1	绘制二极管的伏安特性曲线	按照二极管伏安特性曲线的绘制步骤,分别绘制二极管的正向特性曲线和反向特性曲线	30分	1. 操作过程中,步骤是否正确,是否违反注意事项; 2. 能否正确连接电路,并准确读取电流表和电压表的数值; 3. 能否根据测量数据用描点法画出二极管的伏安特性曲线; 4. 测量完毕是否断开电路的连接,收起实验器材	
2	用万用表检测二极管的好坏	根据二极管好坏的检测步骤,用指针式万用表或者数字万用表检测二极管的好坏	25分	1. 操作过程中,步骤是否正确,是否违反注意事项; 2. 能否正确使用万用表并准确读数; 3. 能否根据测量结果判断所测二极管的好坏; 4. 测量完毕是否断开电路的连接,收起实验器材	
3	用万用表判别二极管的极性	根据二极管极性的判别步骤,用指针式万用表或者数字万用表判别二极管的极性	25分	1. 操作过程中,步骤是否正确,是否违反注意事项; 2. 能否正确使用万用表并准确读数; 3. 能否根据测量结果判别所测二极管的极性; 4. 测量完毕是否断开电路的连接,收起实验器材	

续上表

序号	项　　目	操 作 内 容	规定分	评 分 标 准	得分
4	用万用表判别硅二极管和锗二极管	根据硅二极管和锗二极管的判别步骤,用指针式万用表或者数字万用表来判别硅二极管和锗二极管	20 分	1.操作过程中,步骤是否正确,是否违反注意事项; 2.能否正确使用万用表并准确读数; 3.能否根据测量结果对硅二极管和锗二极管进行判别; 4.测量完毕是否断开电路的连接,收起实验器材	
	总分		100 分		

四、思考与练习

（一）填空题

（1）常见的半导体材料有_____和_____。

（2）导电能力介于导体和绝缘体之间,这一类物质叫作半导体,常根据所掺入杂质元素的不同,杂质半导体可分为_____和_____。

（3）利用二极管的_____可以组成变交流为直流电的整流电路。

（4）PN 结加正向电压时导通,加反向电压时截止的性质称 PN 结的_____。

（5）硅管的死区电压应为_____,导通电压_____。

（6）_____二极管就是利用它的反向击穿电流在很大范围内变化时,反向击穿电压基本不变的特性,达到稳压的目的。

（7）当二极管外加反向电压超过一定数值后,反向电流突然猛增,此时称二极管_____,这时所对应的电压称为_____。

（二）单项选择题

（1）汽车上参与把发电机产生的交流电转变为直流电的二极管是（　　　）。

　　A.稳压二极管　　　B.续流二极管　　　C.整流二极管　　　D.普通二极管

（2）稳压二极管的正常工作状态是（　　　）。

　　A.导通状态　　　　B.截止状态　　　　C.反向击穿状态　　　D.任意状态

（3）如果把一个二极管直接同一个电动势为 15V、内阻为 0 的电池实行正接,则该管（　　　）。

　　A.击穿　　　　　　　　　　　　　　B.电流为 0

　　C.电流正常　　　　　　　　　　　　D.电流过大使管子烧坏

（4）用万用表 R×1k 的电阻挡检测某一个二极管时,发现其正、反电阻均约等于 1000kΩ,这说明该二极管是属于（　　　）。

　　A.断路状态　　　B.短路状态　　　C.极性搞错　　　D.完好状态

（5）当温度升高时,半导体的导电能力将（　　　）。

　　A.不变　　　　　　B.增强　　　　　　C.减弱　　　　　　D.以上都可能

（6）晶体二极管的主要特点是具有（　　　）。

    A.单向导电性   B.电流放大作用   C.电压放大作用   D.以上都对

（三）判断题

（1）二极管的伏安特性曲线经过坐标原点。   （　　　）

（2）根据二极管的单向导电性可以检测二极管的好坏。   （　　　）

（3）一般锗管正向电阻为几千欧,反向电阻为无穷大。   （　　　）

（4）二极管的反向击穿电压大小与温度有关,温度升高反向击穿电压增大。   （　　　）

（5）当二极管两端正向偏置电压大于不导通区电压,二极管才能导通。   （　　　）

（6）二极管正极接电源负极,负极接电源正极时,二极管截止,呈高阻性。   （　　　）

（7）二极管反向电流随温度的升高增长不会很快。   （　　　）

（8）光电二极管工作在反向状态,反向电流与照度成反比。   （　　　）

（四）简答与计算

（1）如何用万用表判断二极管好坏及正负极?

（2）现有两只稳压管,它们的稳定电压分别为6V和8V,正向导通电压为0.7V。试问:若将它们串联相接,则可得到几种稳压值?各为多少?若将它们并联相接,又可得到几种稳压值?各为多少?

任务8　三极管结构认知

学习目标

❖ 知识目标

1.能够说出三极管的结构、特性和分类;

2.能够说出三极管管型和极性的判别方法。

❖ 能力目标

1.能够画出三极管的符号,标出管脚;

2.能够根据命名、外形对三极管进行识别;

3.能够判别三极管管型和极性。

建议课时

8课时。

任务描述

　　半导体三极管也称为晶体三极管(简称三极管),也是一个非常重要的电力电子元件,它最主要的功能是电流放大和开关作用,在汽车电路中的运用非常广泛。本任务为认识三极管的基本结构,对三极管的极性、类型和好坏进行判别,并测量三极管的放大系数。

一、理论知识准备

(一)三极管的结构、符号及分类

1.三极管的结构和图形符号

三极管是由两个 PN 结构成的一种半导体器件,根据 PN 结的组合方式不同,三极管可分为 PNP 型和 NPN 型两种类型。其结构和图形符号,如图 8-1 所示。

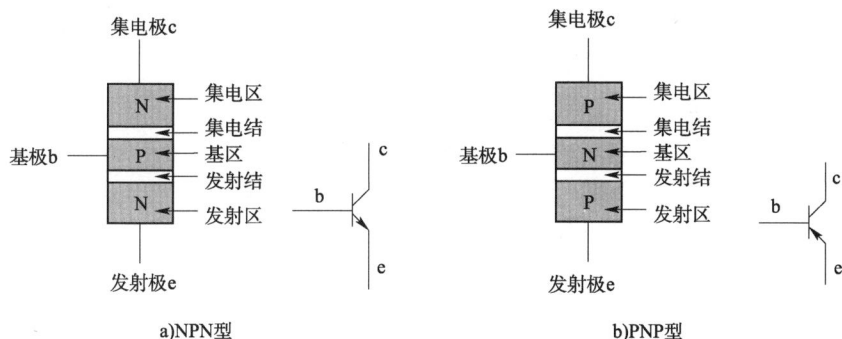

图 8-1　三极管的结构和符号

由图 8-1 可见,三极管有两个结、三个区和三个引出电极。中间为基区,两边分别为发射区和集电区。从这三个区引出相应的电极,称为基极、发射极和集电极,简称 b 极 e 极和 c 极。在三个区的交界处形成了两个 PN 结,发射区与基区分界处的 PN 结叫作发射结,集电区与基区分界处 PN 结叫作集电结。

从图 8-1 可知,三极管是两个反向串联的 PN 结。但不能用两只二极管来代替三极管,因为三极管在结构上有两个特点:

(1)发射区的掺杂浓度要远远大于基区的掺杂浓度。

(2)基区必须很薄,它的厚度要比基区中少数载流子的扩散长度小得多,一般只有几微米。

图形符号中的箭头表示发射结在正向电压下的电流方向,PNP 型三极管发射箭头向里、NPN 型三极管的发射极箭头向外。

2.三极管的分类

(1)按制作三极管的基片材料不同,可分为硅三极管和锗三极管两大类,两者相比,硅三极管受温度影响小,工作相对稳定,故在自动控制设备中常用硅三极管。

(2)按三极管内部结构的不同,可分为 PNP 型和 NPN 型两类,目前我国制造的硅三极管多为 NPN 型,锗三极管多为 PNP 型。

(3)按三极管工作频率不同,可分为低频三极管和高频三极管两种:低频三极管,主要用于工作频率比较低的地方;高频三极管,主要用于工作频率比较高的地方。

(4)按功率不同,分为小功率三极管、中功率三极管和大功率三极管三种:小功率三极管,它的输出功率小些;中功率三极管,它的输出功率大些;大功率三极管,它的输出功率可以很大,主要用于大功率输出场合。

(5)按用途不同,分为放大管和开关管。

(6)就使用而言,主要有普通三极管和光敏三极管等。

3．三极管的外形和封装

如图8-2所示为几种常见国产三极管的外形和封装。

a)大功率低频三极管　　　　b)中功率低频三极管　　　　c)小功率高频三极管

图8-2　三极管的外形和封装

(二)三极管的命名

我国半导体器件型号命名，如表8-1所示。

三 极 管 的 命 名　　　　　　　　　　　　　　　　　表8-1

第 一 部 分		第 二 部 分		第 三 部 分		第四部分	第五部分
用数字表示电极数目		用汉语拼音字母表示半导体器件的材料和极性		用汉语拼音字母表示半导体器件的类型		用 数 字表示序号	用汉语拼音字母表示规格号
符号	意义	符号	意义	符号	意义		
3	三极管	A	PNP型锗材料	X	低频小功率管	如130	如B、C
		B	NPN型锗材料	G	高频小功率管		
		C	PNP型硅材料	D	低频大功率管		
		D	NPN型硅材料	A	高频大功率管		
		E	化合物	T	晶闸管		
				U	光电管		
				K	开关管		
				GS	场效应管		

第一部分，用数字表示半导体器件型号电极数目。例如：2-二极管、3-三极管。

第二部分，用汉语拼音字母表示半导体器件的材料和极性。表示二极管时：A-N型锗材料、B-P型锗材料、C-N型硅材料、D-P型硅材料。表示三极管时：A-PNP型锗材料、B-NPN型锗材料、C-PNP型硅材料、D-NPN型硅材料。

第三部分，用汉语拼音字母表示半导体器件的类型。

第四部分，用数字表示序号。

第五部分，用汉语拼音字母表示规格号。

举例，3DG130C是NPN硅高频小功率三极管的C挡，其各部分意义如图8-3所示。

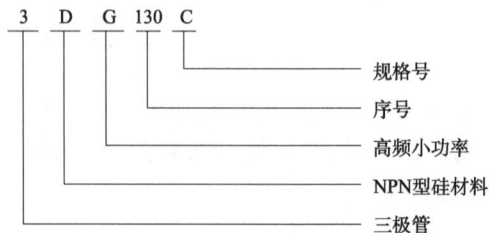

图8-3　NPN型三极管命名中各部分意义

3AX52B 是 PNP 型锗低频小功率三极管的 B 挡,其各部分意义如图 8-4 所示。

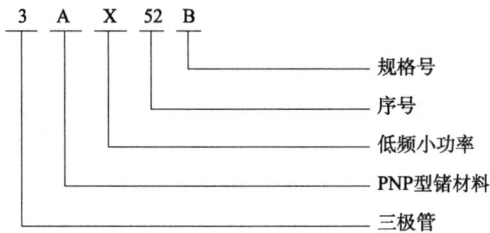

图 8-4　PNP 型三极管命名中各部分意义

(三)三极管的测量及好坏判别

三极管类型和管脚可根据外壳上的标记判别,也可根据三极管的型号从手册中查到。但如果三极管标记不清或找不到手册时,则判别方法主要有目测法和万用表检测法,实际工作中优先采用目测法,在目测不能作出准确判断时,再使用万用表进行检测。

1.目测法

1)三极管型号的判别

根据三极管型号的命名方法确定。

国内常见的三极管有一些是以数字命名的,如 9011 ~ 9018,其中 9011、9013、9014、9016 ~ 9018 为 NPN 型硅管,9012、9015 为 PNP 型硅管。

2)管脚的判别

(1)小功率管。小功率管金属圆壳封装:管底面对自己,等腰三角形的底面朝下,按顺时针方向依次为 E、B、C;塑料半圆柱封装,头在上,平面朝向自己,引脚向下时从左到右依次为 E、B、C,如图 8-5a)所示。

(2)大功率管。大功率管电极靠近孔,左起依次为 E、C、B,其中 C 为金属外壳,如图 8-5b)所示。

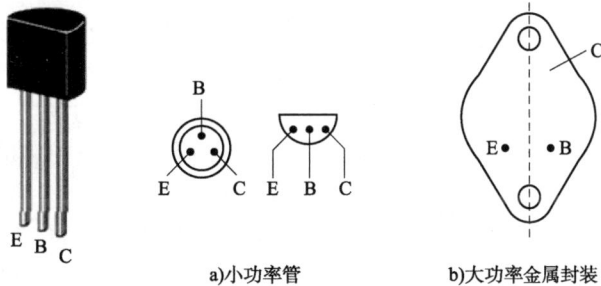

a)小功率管　　　　b)大功率金属封装

图 8-5　三极管的外形与极性

2.数字万用表检测三极管极性、类型和好坏

1)三极管的基极和类型的判断

判断时,可将三极管看成是两个背靠背的 PN 结,按照判断二极管的方法,可以判断出其中一极为公共正极或公共负极,此极即为基极 b。对 NPN 型管,基极是公共正极,如图 8-6 所示;对 PNP 型管则是公共负极,如图 8-7 所示。因此,判断出基极是公共正极还是公共负极,即可知道被测三极管是 NPN 或 PNP 型三极管。

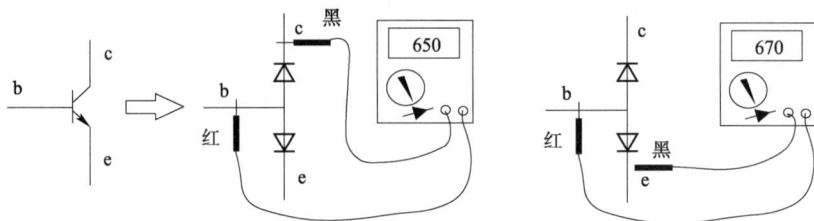

图 8-6　NPN 型管 b 极为公共正极

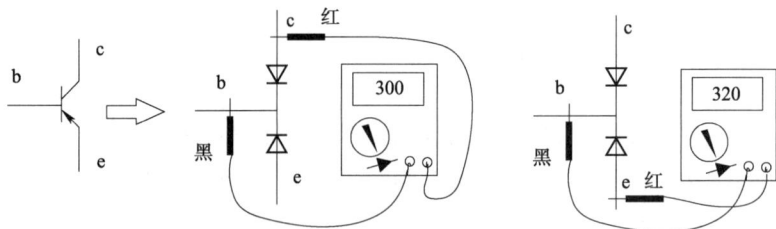

图 8-7　PNP 型管 b 极为公共负极

或者基极确定后,用万用表的红表笔接基极,黑表笔分别和另外两个电极相接,若都导通,即都在 100～900,则为 NPN 型管;反之,则为 PNP 型管。

2)发射极 e 和集电极 c 的判断

(1)方法一:利用万用表测量 β(hFE)值的挡位,判断发射极 e 和集电极 c。将挡位旋至 hFE 位置,基极插入所对应类型的 b 极孔中,把其余两管脚分别插入 c、e 孔观察数据,再将 c、e 孔中的管脚对调再看数据,数值大说明管脚连接正确,如图 8-8b)所示。

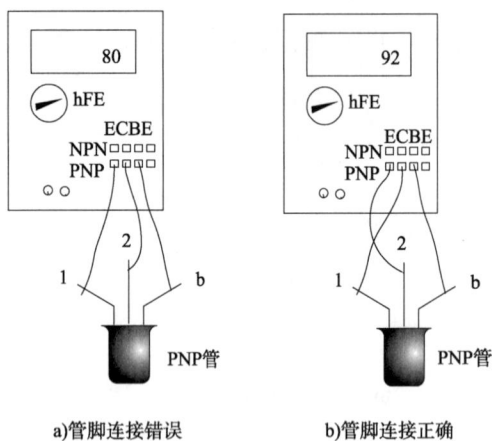

(2)方法二:利用万用表二极管挡,分别测量三极管两个 PN 结的正向电压值,一般三极管的两个 PN 结中,发射结的正向电压稍大于集电结的正向电压,利用这个特点,可判断三极管的发射极 e 和集电极 c。

3)判别三极管的好坏

测试时用万用表的二极管挡位分别测试三极管发射结、集电结的正、反偏是否正常,若正常,说明三极管是好的,否则说明三极管已损坏。如果在测量中找不到公共 b 极,则也说明三极管损坏。

a)管脚连接错误　　　b)管脚连接正确

图 8-8　三极管的发射极 e 和集电极 c 的判断

在实际应用中,小功率三极管多直接焊接在印刷电路板上,由于元件的安装密度大,拆卸比较麻烦,所以在检测时常常通过用万用表直流电压挡去测量被测三极管各引脚的电压值,来推断其工作是否正常,进而判断好坏。

(1)NPN 型管测量总结:

在图 8-9 中,V_{12} 和 V_{13} 都导通,都在 100～900,则 1 脚是 b 极,此管是 NPN 型管。V_{13} 略大于 V_{12},所以 3 脚是 e 极,2 脚是 c 极。

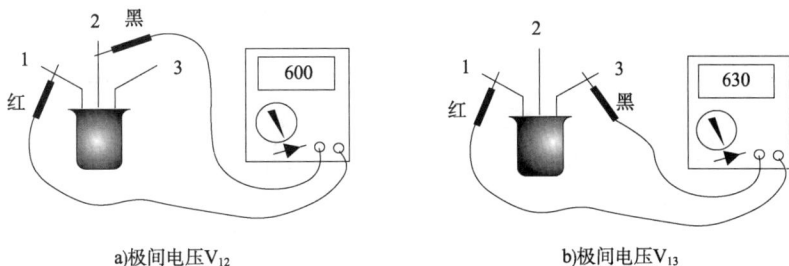

a)极间电压V$_{12}$　　　　　　　　　　b)极间电压V$_{13}$

图 8-9　万用表二极管挡判断三极管发射极 e 和集电极 c

交换表笔再测,V$_{21}$ 和 V$_{31}$ 都不导通,都不在万用表显示范围(显示 1),三极管是好的。

(2)PNP 型管测量总结:

如图 8-10 所示,V$_{21}$ 和 V$_{31}$ 都导通,都在 100 ~ 900,则 1 脚是 b 极,此管是 PNP 型管。V$_{21}$ 略大于 V$_{31}$,所以 2 脚是 e 极,3 脚是 c 极。

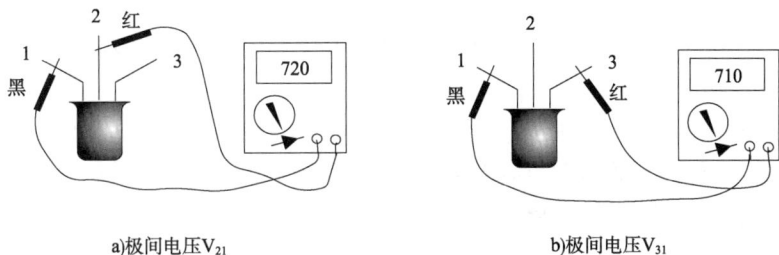

a)极间电压V$_{21}$　　　　　　　　　　b)极间电压V$_{31}$

图 8-10　万用表二极管挡判断三极管发射极 e 和集电极 c

交换表笔再测,V12 和 V13 都不导通,都不在万用表显示范围(显示 1),三极管是好的。

4)测量放大系数 β

万用表调到 hFE 挡位,并使两表笔分开,根据被测三极管的类型把三个电极对应插入测试插孔,即可读出管子的放大倍数,如图 8-11 所示。

3. 指针万用表测三极管极性、类型和好坏

1)确定基极和类型

无论是 NPN 型还是 PNP 型三极管,它们都包含有两个 PN 结。因此,可以根据 PN 结的正向电阻小、反向电阻大的特点,用万用表的欧姆挡(R × 100 或 R × 1k)来判别。

测试时任意假设一个极是基极,用万用表任一表笔与假设的基极相接,另一表笔分别与其余两个电极依次相接,如图 8-12 所示。若测得电阻都很大(或很小),再将两表笔对调测量,若电阻都很小(或很大),则上述假设的基极是正确的。如果测得的电阻是一大一小,则假设的基极不对,可假设另一管脚为基极再测试,直到符合上面的结果为止。

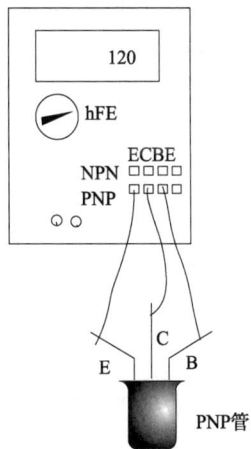

注意:指针万用表红表笔所连接的是表内电池的负极,黑表笔则连接着表内电池的正极。

图 8-11　测量三极管放大系数 β

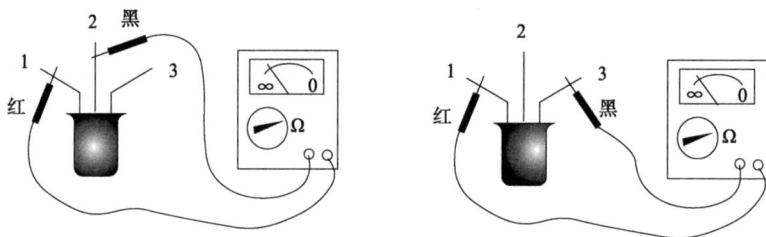

图 8-12　确定三极管的基极和类型

基极确定后,用万用表的黑表笔接基极,红表笔分别和另外两个电极相接,若测得电阻都很小,则为 NPN 型管;反之,则为 PNP 型管。

2)集电极和发射极的判别

(1)方法一:对于有测三极管 hFE 插孔的指针表,测出基极和类型后,将挡位旋至 hFE 基极插入所对应类型的孔中,把其余管脚分别插入 c、e 孔,测一下 hFE 值,再将 c、e 孔中的管脚对调,再测一遍 hFE 值,测得 hFE 值比较大的一次,则说明各管脚插入的位置是正确的。

(2)方法二:利用三极管的发射结正向电阻略大于集电结正向电阻的特点,通过测量比较,可判定 e、c 两极。

具体测量过程(以 PNP 为例):将万用表置于 R × 100 或 R × 1k 挡,红表笔接基极 b,用黑表笔分别接触另外两个管脚时,所测得的两个电阻值会是一个大一些,另一个小一些。在阻值小的一次测量中,黑表笔所接管脚为集电极;在阻值较大的一次测量中,黑表笔所接管脚为发射极。

(3)方法三:对于 NPN 型三极管基极确定后,在剩下的电极中假设一个极是集电极,用万用表黑表笔与假设的集电极相连,同时在黑表笔和 c 极之间接一个 100kΩ 电阻或者用手捏住黑表笔与基极(但不能将黑表笔与基极接触),用万用表红表笔与另一电极相接,如图 8-13a)所示,观察电阻值;之后再假设另一个极是集电极,按上述方法重测一次,如图 8-13b)所示。最后比较两次测得的电阻值,电阻值较小(指针偏转大)的那一次假设的集电极正确,在图 8-13 中,第一次假设正确,此时黑表笔所接的管脚是集电极,红表笔接的是发射极。

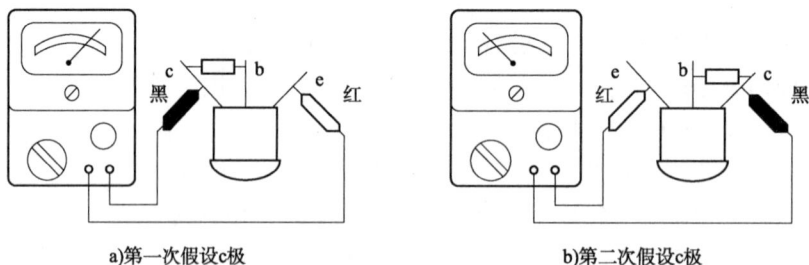

a)第一次假设c极　　　　　　　　　　b)第二次假设c极

图 8-13　判别 NPN 型三极管的集电极和发射极

对于 PNP 型三极管,仍以电阻小的一次为准,此时红表笔接的是集电极,黑表笔接的是发射极。

3)好坏的粗略判别

根据三极管内 PN 结的单向导电特性,可用万用表欧姆挡(R × 100 或 R × 1k)分别测量

b、e 极间和 b、c 极间 PN 结的正、反向电阻。如果测得正、反向电阻相差较大,说明三极管的两个 PN 结基本上是好的;如果测得正、反向电阻都很大,说明三极管的内部已经断路;如果测得正、反向电阻都很小或为零,说明三极管极间短路或击穿。

然后再用万用表欧姆挡(R×1k)测 c、e 极间的正、反向电阻。如果测得正、反向电阻都很大,说明三极管 c、e 间未漏电;如果测得正、反向电阻都很小或为零,说明三极管极间短路或击穿。

4)测量放大能力 β

目前,有些型号的万用表具有测量三极管 hFE 的刻度线及其测试插座,可以很方便地测量三极管的放大倍数。先将万用表功能开关拨至 hFE 挡的 ADJ 位置,把红、黑表笔短接,调整调零旋钮,使万用表指针指示为零,然后将量程开关拨到 hFE 位置,并使两短接的表笔分开,把被测三极管插入测试插座,即可从 hFE 刻度线上读出管子的放大倍数。

二、任务实施

1. 准备工作

(1)掌握理论知识。

(2)认真研读技术要求和注意事项。

(3)准备实训器材:指针式万用表或数字万用表、三极管等。

2. 技术要求与注意事项

(1)用数字万用表判断时,可将三极管看成是两个背靠背的 PN 结,按照判断二极管的方法,可以判断出其中一极为公共正极或公共负极,此极即为基极 b。基极确定后,在通过测量 b 极和其他两极的导通性来判断是 NPN 型管还是 PNP 型管。

(2)用指针式万用表判断时,可以根据 PN 结的正向电阻小、反向电阻大的特点,用万用表的欧姆挡(R×100 或 R×1k)来判别。

(3)指针万用表欧调到姆挡时,红表笔是(表内电源)负极、黑表笔是(表内电源)正极。二极管的好坏通常用万用表欧姆挡来测试二极管的正、反向电阻进行判断。

(4)数字万用表调到二极管挡时,红表笔是(表内电源)正极、黑表笔是(表内电源)负极。二极管的好坏通常用万用表二极管挡来测试二极管的正、反向值从而进行判断。

3. 操作步骤

1)用数字万用表判别三极管的极性和类型

(1)三极管的三只管脚分别为 1、2、3,数字万用表调到二极管挡。

(2)判别 b 极:先假设三极管的一只管脚为 b 极(在此假设 1 为 b 极),用万用表的任一表笔接假设的 b 极(1 脚),另一表笔分别接其余两个电极(2 脚和 3 脚),如图 8-14 所示;若测得两个值都不在万用表显示范围(或都导通,都在 100~900),再将两表笔对调测量,如图 8-15 所示,若都导通,都在 100~900(或都不在万用表显示范围),则上述假设的 b 极是正确的,若测得的值一个在 100~900,另一个不在万用表显示范围(显示 1),则假设的 b 极不对,可假设另一管脚为基极再测试,直到符合上面的结果为止。

(3)判别类型:基极确定后,用万用表的红表笔接基极、黑表笔分别和另外两个电极相接,若都导通,即都在 100~900,则为 NPN 型管;反之,则为 PNP 型管。

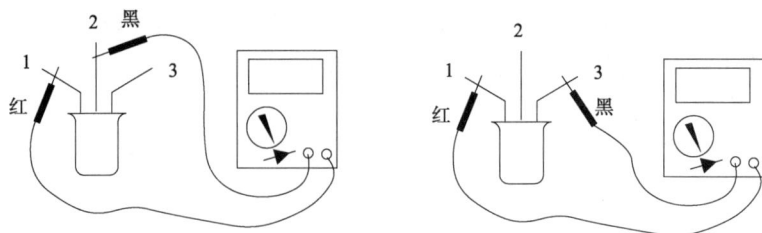

图 8-14　三极管的 b 极和类型的判别 1

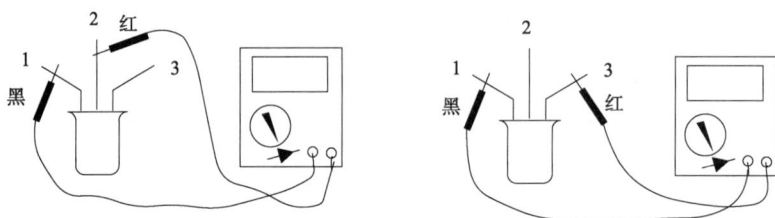

图 8-15　三极管的 b 极和类型的判别 2

（4）判别 e 极和 c 极：对于 NPN 管，令红表笔接其 b 极，黑表笔分别接另两个脚上，两次测得的极间电压中，电压略高的一极为 e 极，电压低一些的一极为 c 极，如图 8-9 所示。如果是 PNP 管，则令黑表笔接 b 极，红表笔分别接另两个脚上，判断方法和 NPN 管一样。图 8-9 中，V_{13} 略大于 V_{12}，3 脚是 e 极、2 脚是 c 极。

2）用指针式万用表判别三极管的极性和类型

（1）三极管的三只管脚分别为 1、2、3，指针式万用表调到电阻挡。

（2）判别 b 极：任意假设一个极是基极，用指针式万用表任一表笔与假设的基极相接，另一表笔分别与其余两个电极依次相接，如图 8-12 所示。若测得电阻都很大（或很小），再将两表笔对调测量，若电阻都很小（或很大），则上述假设的基极是正确的。如果测得的电阻是一大一小，则假设的基极不对，可假设另一管脚为基极再测试，直到符合上面的结果为止。

（3）判别类型：基极确定后，用指针式万用表的黑表笔接基极、红表笔分别和另外两个电极相接，若测得电阻都很小，则为 NPN 型管；反之，则为 PNP 型管。

（4）判别 e 极和 c 极（以 PNP 为例）：将指针式万用表置于 R×100 或 R×1k 挡，红表笔接基极 b，用黑表笔分别接触另外两个管脚时，所测得的两个电阻值会是一个大一些、一个小一些。在阻值小的一次测量中，黑表笔所接管脚为集电极；在阻值较大的一次测量中，黑表笔所接管脚为发射极。

3）判别三极管的好坏

（1）使用数字万用表检测：测试单个三极管时，用万用表的二极管的挡位分别测试三极管发射结、集电结的正、反偏是否正常，正常的三极管是好的，否则三极管已损坏；检测电路板上的三极管时，可通过用数字万用表直流电压挡去测量被测三极管各引脚的电压值，来判断其好坏。

（2）使用指针式万用表检测：用欧姆挡（R×100 或 R×1k）分别测量 b、e 极间和 b、c 极间 PN 结的正、反向电阻。如果测得正、反向电阻相差较大，说明三极管的两个 PN 结基本上是好的；如果测得正、反向电阻都很大，说明三极管的内部已经断路；如果测得正、反向电阻都很小或为零，说明三极管极间短路或击穿。

然后再用万用表欧姆挡(R×1k)测 c、e 极间的正、反向电阻。如果测得正、反向电阻都很大,说明三极管 c、e 间未漏电;如果测得正、反向电阻都很小或为零,说明三极管极间短路或击穿。

4)测量三极管的放大系数

(1)万用表调到 hFE 挡位,并使两表笔分开,如图 8-11 所示。

(2)根据被测三极管的类型把三个电极对应插入测试插孔。

(3)读出万用表上三极管的放大倍数。

三、技能考核标准

技能考核标准见表 8-2。

技 能 考 核 标 准　　　　　　　　　　　　　　　表 8-2

序号	项　　目	操 作 内 容	规定分	评 分 标 准	得分
1	判别三极管的极性和类型	根据三极管的极性和类型的判别步骤,用指针式万用表或数字万用表判别三极管的极性和类型	50分	1.操作过程中,步骤是否正确,是否违反注意事项; 2.能否正确使用万用表,并准确读取万用表数值; 3.能否根据测量结果正确判别三极管的极性和类型; 4.测量完毕是否断开表笔连接,收起实验器材	
2	判别三极管的好坏	根据判别三极管好坏的步骤,用指针式万用表或数字万用表判别三极管的好坏	30分	1.操作过程中,步骤是否正确,是否违反注意事项; 2.能否正确使用万用表,并准确读取万用表数值; 3.能否根据测量结果正确判别三极管的好坏; 4.测量完毕是否断开表笔连接,收起实验器材	
3	测量三极管的放大系数	根据三极管放大系数的测量步骤,用指针式万用表或数字万用表测量三极管的放大系数	20分	1.操作过程中,步骤是否正确,是否违反注意事项; 2.能否正确使用万用表,并准确读取万用表数值; 3.能否根据测量结果正确说出三极管的放大系数; 4.测量完毕是否断开表笔连接,收起实验器材	
	总分		100分		

四、学习拓展

三极管的管型及管脚的判别是电子技术初学者的一项基本功,在前面学习的基础上,为了帮助读者迅速掌握测判方法,笔者给大家介绍四句口诀:"三颠倒,找基极;PN 结,定管型;顺箭头,偏转大;测不准,动嘴巴。"下面逐句进行解释。

1. 三颠倒,找基极

三极管是含有两个 PN 结的半导体器件,根据两个 PN 结连接方式不同,可以分为 NPN 型和 PNP 型两种不同导电类型的三极管。

测试三极管要使用万用电表的欧姆挡,并选择 R×100 或 R×1k 挡位。红表笔所连接的是表内电池的负极,黑表笔则连接着表内电池的正极。

假定不知道被测三极管是 NPN 型还是 PNP 型,也分不清各管脚是什么电极。测试的第一步是判断哪个管脚是基极。这时,任取两个电极(如这两个电极为 1、2),用万用表两支表笔颠倒测量它的正、反向电阻,观察表针的偏转角度;接着,再取 1、3 两个电极和 2、3 两个电极,分别颠倒测量它们的正、反向电阻,观察表针的偏转角度。在这三次颠倒测量中,必然有两次测量结果相近:即颠倒测量中表针一次偏转大,一次偏转小;剩下一次必然是颠倒测量前后指针偏转角度都很小,这一次未测的那只管脚就是要寻找的基极。

2. PN 结,定管型

找出三极管的基极后,就可以根据基极与另外两个电极之间 PN 结的方向来确定管子的导电类型。将万用表的黑表笔接触基极,红表笔接触另外两个电极中的任一电极,若表头指针偏转角度很大,则说明被测三极管为 NPN 型管;若表头指针偏转角度很小,则被测管即为 PNP 型。

3. 顺箭头,偏转大

找出了基极 b,另外两个电极哪个是集电极 c、哪个是发射极 e 呢? 这时,可以用测穿透电流 I_{CEO} 的方法确定集电极 c 和发射极 e。

(1)对于 NPN 型三极管,根据这个原理,用万用表的黑、红表笔颠倒测量两极间的正、反向电阻 R_{ce} 和 R_{ec},虽然两次测量中万用表指针偏转角度都很小,但仔细观察,总会有一次偏转角度稍大,此时电流的流向一定是:黑表笔→c 极→b 极→e 极→红表笔,电流流向正好与三极管符号中的箭头方向一致顺箭头,所以此时黑表笔所接的一定是集电极 c,红表笔所接的一定是发射极 e。

(2)对于 PNP 型的三极管,道理也类似于 NPN 型,其电流流向一定是:黑表笔→e 极→b极→c 极→红表笔,其电流流向也与三极管符号中的箭头方向一致,所以此时黑表笔所接的一定是发射极 e,红表笔所接的一定是集电极 c。

4. 测不出,动嘴巴

若在"顺箭头,偏转大"的测量过程中,若由于颠倒前后的两次测量指针偏转均太小难以区分时,就要"动嘴巴"了。具体方法是:在"顺箭头,偏转大"的两次测量中,用两只手分别捏住两表笔与管脚的结合部,用嘴巴含住(或用舌头抵住)基电极 b,仍用"顺箭头,偏转大"的判别方法即可区分开集电极 c 与发射极 e。其中,人体起到直流偏置电阻的作用,目的是使效果更加明显。

五、思考与练习

(一)填空题

(1)三极管是由两个_____构成的一种半导体器件。

(2)写出三极管的极性简称:基极_____、发射极_____和集电极_____。

(3)发射区与基区分界处的 PN 结叫作_____,_____分界处 PN 结叫作集电结。

(4)三极管有_____个结、_____个区和_____个引出电极。

(5)按三极管内部结构的不同可以分为_____和_____两类。

(6)按三极管工作频率可分为_____和_____两种。

(7)如果三极管标记不清或找不到手册时,则判别三极管类型和管脚的方法主要有_____和_____。

(8)对 NPN 型管,基极是公共_____极,对 PNP 型管则是公共_____极。

(二)单项选择题

(1)三极管是一种(　　)的半导体器件。

　　A.电压控制　　　　　　　　　　B.电流控制

　　C.既是电压又是电流控制　　　　D.以上都对

(2)三极管图形符号中的箭头表示发射结在正向电压下的电流方向,对于 PNP 型三极管发射箭头(　　),NPN 型三极管的发射极箭头则(　　)。

　　A.向里,向里　　B.向外,向外　　C.向里,向外　　　D.向外,向里

(3)右图所示的三极管外形封装图,属于选项中的(　　)。

　　A.小功率低频三极管

　　B.中功率低频三极管

　　C.大功率高频三极管

　　D.大功率低频三极管

(4)三极管 3AX52B 的命名中,A 字母代表(　　)。

　　A.NPN 型硅材料　　　　　　　B.PNP 型锗材料

　　C.低频小功率　　　　　　　　D.规格号

(三)判断题

(1)三极管是两个反向串联的 PN 结,所以可以两只二极管来代替三极管。　　(　　)

(2)3DG130C 是 NPN 硅高频小功率三极管的 C 挡,3AX52B 是 PNP 型锗低频小功率三极管的 B 挡。　　(　　)

(3)半导体三极管也称为晶体三极管,也是一个非常重要的电力电子元件,它最主要的功能是电流放大和开关作用。　　(　　)

(4)目前我国制造的硅管多为 PNP 型,锗管多为 NPN 型。　　(　　)

(5)判断出基极是公共正极还是公共负极,即可知道被测三极管是 NPN 或 PNP 型三极管。　　(　　)

(6)数字万用表调到二极管挡时,红表笔是(表内电源)正极,黑表笔是(表内电源)负极。　　(　　)

(7)二极管的好坏通常用万用表二极管挡来测试二极管的正、反向值从而进行判断。(　　)

(四)简答题

(1)已知三极管基极,如何判断发射极和集电极?

(2)请简要写出判别三极管好坏的方法和步骤。

任务 9　三极管的特性认知及检测

学习目标

❖ *知识目标*

1. 能够说出三极管处于放大状态的外部条件；
2. 能够说出三极管电流放大的实质；
3. 能够叙述三极管处于各种状态的条件；
4. 能够说出开关电路中主要元件的作用；
5. 能够对照电路图分析三极管开关的工作原理。

❖ *能力目标*

1. 能够根据其管脚电位，判断三极管的电极、管型及所用材料；
2. 能够在放大电路图中，找出输入和输出回路路径；
3. 能够根据实验数据(I_e、I_b 和 I_c 三者之间的关系)验证三极管电流分配和放大作用；
4. 能够根据三极管各个电极上的电位值，判断三极管的工作状态。

建议课时

8 课时。

任务描述

认识了三极管基本结构后，再对三极管的作用、特性和工作状态深入了解，可加深对三极管的整体认知，加深对其在汽车上应用的理解程度。本任务为认识三极管的特性，并进行三极管的特性验证和工作状态判别。

一、理论知识准备

(一)三极管处于放大状态的条件

下面以 NPN 型三极管为例，说明三极管的放大条件。

1. 内部条件

(1)发射区的掺杂浓度要远远大于基区的掺杂浓度。

(2)基区必须很薄，它的厚度要比基区中少数载流子的扩散长度小得多，一般只有几微米。

三极管的电流分配如图 9-1 所示，三极管实际上是一个电流分配器，它将发射极电流中的一小部分分配给基极，而大部分分配给集电极，这种电流分配关系是由三极管的内部结构决定的。

三极管就像是一个通过基极电流来控制的电阻，基极电流控制了三极管的集电极电流，这种控制需要外界提供电能。

2.外部条件

为了实现放大作用,还必须具备一定的外部条件,这就是要给三极管的发射结正偏(U_P>U_N)、给集电结反偏($U_P<U_N$)。对于 NPN 型三极管来说,$U_c>U_b>U_e$,对于 PNP 型三极管来说,$U_c<U_b<U_e$。图 9-2 所示是 NPN 型三极管的实际电路接法。

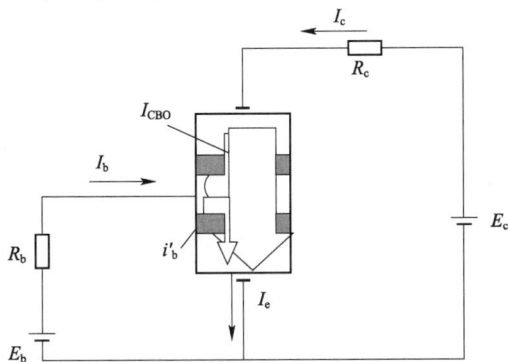

图 9-1　三极管中的电流分配　　　　　　图 9-2　三极管放大电路的电源接法

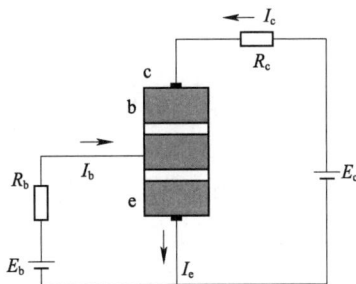

例 9-1　用万用表测得放大电路中某三极管电极 1、2、3 的电位分别为 $U_1=2V$、$U_2=6V$、$U_3=2.7V$,判断三极管的电极、管型及所用材料。

分析:从三极管放大的条件来看,发射结正偏、集电结反偏。

NPN 型三极管 $U_c>U_b>U_e$。

PNP 型三极管 $U_c<U_b<U_e$。

不管是 NPN 型三极管还是 PNP 型三极管,电位大小居中的都是 U_b。

又因为发射结正偏导通,导通电压硅三极管 0.7V、锗三极管 0.3V,所以与 U_b 相差 0.3V 或 0.7V 的是 U_e。剩下的是 U_c,并且可判断 0.7V 是硅三极管、0.3V 是锗三极管。

电流总是从高流向低,从 P 流向 N,所以 U_b 和 U_e 中,电位高端是 P 区、低端是 N 区,即 $U_b>U_e$ 的是 NPN 型、$U_b<U_e$ 的是 PNP 型。

根据上述分析,可判断:

大小居中的 $U_3=2.7V$ 是 b 极。

与 $U_b=2.7V$ 相差 0.7V 的 $U_1=2V$ 是 e 极。

剩下的 $U_2=6V$ 是 c 极。

U_b 与 U_e 相差 0.7V,所以是硅三极管。

$U_b>U_e$ 所以是 NPN 型。

(二)三极管的电流分配和放大作用

三极管具有电流放大作用,其含义是当基极有一个较小的电流变化时,集电极就产生一个较大的电流变化。为了更深刻的理解三极管的电流放大作用,将三极管组成如图 9-3 所示的电路来分析。

1.实验电路和过程分析

(1)输入回路路径:由 E_b 正极→R_b→R_P→三极管基极 b→三极管发射极 e→E_b 负极。

(2)输出回路路径:由 E_c 正极→R_c→三极管集电极 c→三极管发射极 e→E_c 负极。

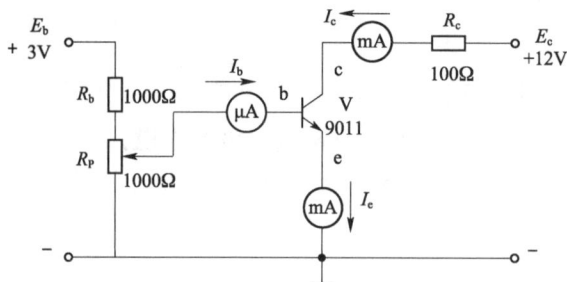

图 9-3 测试三极管特性的共射电路

由于这两个回路是以发射极为公共端,所以把这个电路叫作共发射极电路,简称共射电路。

(3)实验方法和数据:图中电源 E_b 使发射结正向偏置,E_c 使集电结反向偏置,这是实验电路工作情况的外部条件,这时三极管的三个电极就有电流通过。这三个电流分别称为基极电流 I_b、集电极电流 I_c 和发射极电流 I_e,电流的方向如图 9-3 箭头所示。调节变阻器 R_P,可改变基极电流 I_b 的大小。

调节变阻器 R_P,使 I_b 的读数分别为 0、10μA、20μA、30μA、40μA、50μA,观察集电极 I_c 和发射极 I_e 的变化,读出对应的电流值,实验数据见表 9-1。

三极管各极电流数据   表 9-1

I_b（μA）	0	10	20	30	40	50
I_b（mA）	0	0.01	0.02	0.03	0.04	0.05
I_c（mA）	0.01	0.56	1.14	1.74	2.34	2.91
I_e（mA）	0.01	0.57	1.16	1.77	2.38	2.96

2. 实验数据分析结论

(1)三极管各极电流的分配关系为:发射极电流等于集电极电流与基极电流之和。即

$$I_e = I_c + I_b \tag{9-1}$$

且 $I_c \gg I_b$,如忽略 I_b,则 $I_e \approx I_c$ 说明只要基极流过很小的电流 I_b,集电极就会流过比 I_b 大得多的电流 I_c。

(2)I_b 增大时,I_c 成正比例相应增大。集电极电流 I_c 与基极电流 I_b 的比值称为三极管的直流电流放大系数,以 $\bar{\beta}$ 表示。

$$\bar{\beta} = \frac{I_c}{I_b} \tag{9-2}$$

例 9-2 在表 9-2 中,当 $I_b = 0.03\text{mA}$ 时,$I_c = 1.74\text{mA}$,则

$$\bar{\beta} = \frac{I_c}{I_b} = \frac{1.74}{0.03} = 58$$

表 9-1 中 I_b 对应的 $\bar{\beta}$ 值计算结果见表 9-2,根据 I_b 和 I_c 数据计算 $\bar{\beta}$。

$I_b(\mathrm{mA})$	0	0.01	0.02	0.03	0.04	0.05
$I_c(\mathrm{mA})$	0.01	0.56	1.14	1.74	2.34	2.91
计算 $\bar{\beta}=\dfrac{I_c}{I_b}$	无放大作用	56	57	58	58	58

（3）当基极电流发生微小变化时，集电极电流将发生较大的变化。集电极电流的变化量 ΔI_c 与基极电流的变化量 ΔI_b 的比值，称为三极管的交流电流放大系数，用 β 表示。

$$\beta=\frac{\Delta I_c}{\Delta I_b} \tag{9-3}$$

例 9-3　在表 9-1 中，当 I_b 从 $0.03\mathrm{mA}$ 增至 $0.04\mathrm{mA}$ 时，I_b 的变化量是 $\Delta I_b=0.04-0.03=0.01\mathrm{mA}$，$I_c$ 的变化量是 $\Delta I_c=2.34-1.74=0.6\mathrm{mA}$，则

$$\beta=\frac{\Delta I_c}{\Delta I_b}=\frac{2.34-1.74}{0.04-0.03}=60$$

表 9-1 中 I_B 对应的 β 值计算结果见表 9-3。

根据 I_b 和 I_c 数据计算 β　　　　　　　　　　　　　　表 9-3

$I_b(\mathrm{mA})$	0	0.01	0.02	0.03	0.04	0.05
$I_c(\mathrm{mA})$	0.01	0.56	1.14	1.74	2.34	2.91
$\Delta I_b(\mathrm{mA})$	0.01	0.01	0.01	0.01	0.01	—
$\Delta I_c(\mathrm{mA})$	0.55	0.58	0.6	0.6	0.57	—
计算 $\beta=\dfrac{\Delta I_c}{\Delta I_b}$	55	58	60	60	57	—

因 $\bar{\beta}$ 与 β 数值很接近，且 $\bar{\beta}$ 便于测量，故一般不做区别，统称为三极管的电流放大系数，用 β 表示。以上结果表明三极管基极电流 I_b 的微小变化，将会引起集电极电流 I_c 的较大变化。且比值基本恒定，这种小电流对大电流的控制作用，就是三极管的电流放大作用。

（4）三极管的电流放大作用是三极管最基本和最重要的特性。但三极管电流放大的实质是以微小的电流控制较大电流，并不是真正把微小的电流放大了。所以三极管是一种以小控大、以弱控强的器件。

要使三极管具有电流放大作用，需满足一定的外部条件：使其基极电位高于发射电位而低于集电极电位，即发射结正向偏置、集电结反向偏置。

（三）三极管的主要参数

三极管的参数用来表示三极管的各种性能指标和应用范围，是评价三极管优劣和选用三极管的依据。下面介绍三极管的电流放大系数。

1. 交流电流放大系数 β

当 U_{ce} 为规定值时，集电极电流的变化量 ΔI_c 与基极电流的相应变化量 ΔI_b 的比值，叫作三极管的交流电流放大系数（也称交流电流放大系数），用 β 表示，即

$$\beta = \frac{\Delta I_c}{\Delta I_b} \qquad (9\text{-}4)$$

β 值的大小与三极管的工作电流有关。当 I_c 很小(如几十微安)或很大(即接近 I_{cm} 时)，β 值都比较小；但是当 I_c 在 1mA 以上相当大的范围内，小功率管的 β 值都比较大。通常，三极管的 β 在 20~200。β 值太小，电流放大作用差；β 值太大，会使三极管的性能不稳定。在使用时应注意：β 值可经过计算后从输出特定曲线的放大区求得，也可从手册中查得。

2. 直流电流放大系数 $\bar{\beta}$

当 U_{ce} 为规定值时，集电极电流 I_c 与基极电流 I_b 之比值，叫作三极管的直流电流放大系数，用 $\bar{\beta}$ 表示，即

$$\bar{\beta} = \frac{I_c}{I_b} \qquad (9\text{-}5)$$

由于 $\bar{\beta}$ 值与 β 值比较接近，且 $\bar{\beta}$ 便于测量，所以常用 $\bar{\beta}$ 的值来代替 β 值，并把 $\bar{\beta}$ 写成 β。这样，式(9-5)可表示为

$$I_c = \beta I_b \qquad (9\text{-}6)$$

又由于

$$I_e = I_b + I_c \qquad (9\text{-}7)$$

所以

$$I_e = I_b + I_c = (1+\beta)I_b \qquad (9\text{-}8)$$

可见，发射极电流 I_e 是基极电流 $(1+\beta)$ 倍，它清楚地表明了三极管的电流放大作用。

例 9-4　用万用表测得某放大电路中的三极管 $I_e = 10.2\text{mA}$，$I_c = 10\text{mA}$，求 I_b 和 β 值各为多少？

已知：$I_e = 10.2\text{mA}$、$I_c = 10\text{mA}$。

求：I_b、β 是多少？

解：根据 $I_e = I_b + I_c$，得：

$$I_b = I_e - I_c = 10.2 - 10 = 0.2\text{mA}$$

根据 $I_c = \beta I_b$，得：

$$\beta = \frac{I_c}{I_b} = \frac{10}{0.2} = 50$$

(四)三极管特性曲线

三极管的特性曲线包括输入特性曲线和输出特性曲线，它反映了三极管各极电流与极间电压的关系。

1. 输入特性曲线

输入特性曲线是指集-射电压 U_{ce} 一定时，基极电流随基-射电压 U_{be} 而变化的曲线。其函数关系为 $I_b = f(U_{be})$。三极管的输入特性曲线，如图 9-4a)所示。

因三极管的基极与发射极之间就是一个 PN 结，故这一曲线与二极管的正向特性相似。三极管正常放大时，工作在陡直的部分，电压 U_{be} 数值不大，变化也较小，可近似认为硅三极管为 0.7V、锗三极管为 0.3V。

2. 输出特性曲线

输出特性曲线是指基极电流 I_b 一定时，集电极电流 I_c 随集-射电压 U_{ce} 而变化的曲线。其

函数关系为 $I_c = f(U_{ce})$。三极管的输出特性曲线,如图9-4b)所示。

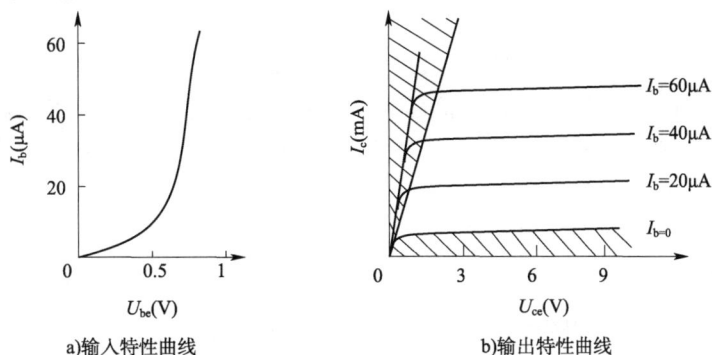

a)输入特性曲线　　　　　b)输出特性曲线

图9-4　三极管特性的伏安特性曲线

在 I_b 取不同值时,分别描绘曲线就得到一族曲线,每条曲线形状相似,随 I_b 的不同取值上下移动。不论 I_b 取值多少,当 U_{ce} 很小时, I_c 随 U_{ce} 的增加而迅速增加,此时 I_c 受 U_{ce} 控制。U_{ce} 增加到约8V以上时, I_c 基本保持恒定,曲线接近水平。这一阶段, I_c 的大小主要取决于 I_b, I_b 值越大, I_c 曲线越高。三极管在正常放大时,工作在曲线的水平部分。

（五）三极管的三种工作状态

根据三极管输出特性曲线的特点,可以将特性曲线划分为三种不同的区域,分别对应三种不同的工作状态,即截止状态、放大状态和饱和状态,如图9-5所示。

1. 截止状态

当发射结电压小于不导通区电压时,三极管就进入截止状态。截止区的特点是 $I_b = 0$,此时通过三极管集电极的电流很小,约为0,这个电流叫穿透电流 I_{ceo}。此时三极管相当于一个断开的开关。

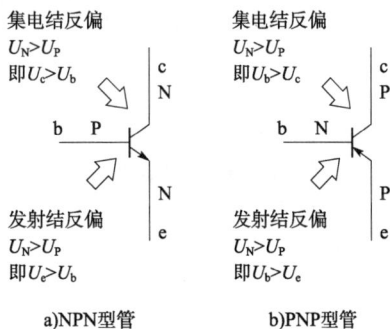

三极管工作于截止状态的电路条件是:发射结反偏、集电结反偏,如图9-6所示。

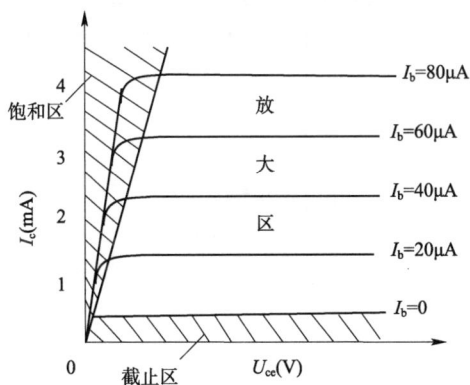

图9-5　三极管特性的三个工作区　　　　图9-6　三极管工作于截止状态的电路条件

对于NPN型管: $U_c > U_b$, $U_e > U_b$;对于PNP型管: $U_b > U_c$, $U_b > U_e$。

2. 放大状态

放大状态的特点是 I_c 受 I_b 控制,且随 I_b 成比例变化,即 $I_c = \beta I_b$。此时,三极管作为放大元件使用,集电极相当于一个受基极电流控制的恒流源。

三极管工作于放大状态的电路条件是:发射结正偏、集电结反偏,如图9-7所示。

对于 NPN 型管：$U_c > U_b > U_e$；对于 PNP 型管：$U_c < U_b < U_e$。

3. 饱和状态

饱和状态的特点各电极电流均很大，集电极电流已达到最大值，当基极电流进一步增大时，集电极电流几乎不再增大（基极电流已无法控制集电极电流），$I_c < \beta I_b$，集射极间的压降很小，三极管相当于一个接通的开关。完全饱和时的管压降称为饱和压降，硅三极管约 0.3V、锗三极管约 0.1V。

三极管工作于饱和状态的电路条件是：发射结、集电结均正向偏置，如图 9-8 所示。

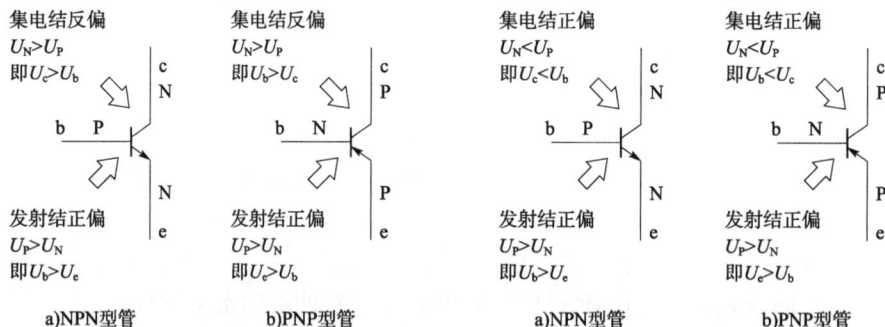

集电结反偏 $U_N > U_P$ 即 $U_c > U_b$

集电结反偏 $U_N > U_P$ 即 $U_b < U_c$

集电结正偏 $U_N < U_P$ 即 $U_c < U_b$

集电结正偏 $U_N < U_P$ 即 $U_b < U_c$

发射结正偏 $U_P > U_N$ 即 $U_b > U_e$

发射结正偏 $U_P > U_N$ 即 $U_e > U_b$

发射结正偏 $U_P > U_N$ 即 $U_b > U_e$

发射结正偏 $U_P > U_N$ 即 $U_e > U_b$

a)NPN型管　　　　b)PNP型管　　　　　　a)NPN型管　　　　b)PNP型管

图 9-7 三极管工作于放大状态的电路条件　　　图 9-8 三极管工作于饱和状态的电路条件

对于 NPN 型管：$U_b > U_c$，$U_b > U_e$；对于 PNP 型管：$U_c > U_b$，$U_e > U_b$。

三种工作状态都是三极管的正常工作状态。三极管作为放大使用时工作在放大状态，作为开关使用时工作在饱和状态和截止状态，如表 9-4 所示。

三极管正常工作状态总结 表 9-4

三极管状态	电路条件及各极电位	三极管特征	电流特征
截止状态	发射结反偏，集电结反偏 NPN：$U_c > U_b$，$U_e > U_b$ PNP：$U_b > U_c$，$U_b > U_e$	R_{ce} 很大，三极管 c-e 间相当于断开开关	$I_b = 0$；$I_c = 0$；$I_e = 0$ $I_e = I_b + I_c$ 没有电流放大作用
放大状态	发射结正偏，集电结反偏 NPN：$U_c > U_b > U_e$ PNP：$U_c < U_b < U_e$	R_{ce} 受 I_b 控制，I_b 越大 R_{ce} 越小； 三极管为电流放大元件	$I_c = \beta I_b$（I_b 控制 I_c） $I_e = I_b + I_c$ $I_e = (1 + \beta)I_b$ 有电流放大作用
饱和状态	发射结、集电结均正向偏置 NPN：$U_b > U_c$，$U_b > U_e$ PNP：$U_c > U_b$，$U_e > U_b$	R_{ce} 很小，三极管 c-e 间相当于闭合开关	I_b、I_c、I_e 均很大，I_b 已无法控制 I_c $I_e = I_b + I_c$ $I_b > I_{bs} = U_{cc}/(\beta R_c)$，即 $I_c < \beta I_b$ 没有电流放大作用

综上所述，根据三极管在工作时各个电极上的电位高低，就能判断此时三极管的工作状态。

例 9-5 试根据图 9-9 中三极管各电极上的电位值，判别它的工作状态。

解：图 9-9a）中发射结 P 区电位高出 N 区 0.7V，为正向偏置；集电结 N 区电位高出 P 区 4.7V，为反向偏置。所以该管处于放大状态。

图9-9b)中发射结 N 区电位高出 P 区 0.7V,为反
向偏置;集电结 N 区电位高出 P 区 3.3V,为反向偏置。
所以该管处于截止状态。

（六）三极管的开关特性

三极管具有饱和、放大、截止三种工作状态,如果
能有目的的控制加在三极管基极上的电压或电流,就
可以使三极管交替工作于饱和或截止状态,此时三极
管就处于开关状态。这可用图9-10的电路来加以验

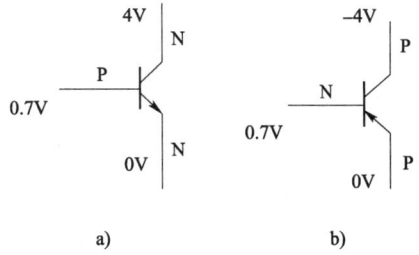

图9-9　三极管工作状态判断

证。在图9-10a)中,加在基极的电压是3V,此时小灯泡点亮;在图9-10b)中加在基极的电压
是0V,则此时小灯泡不会点亮。

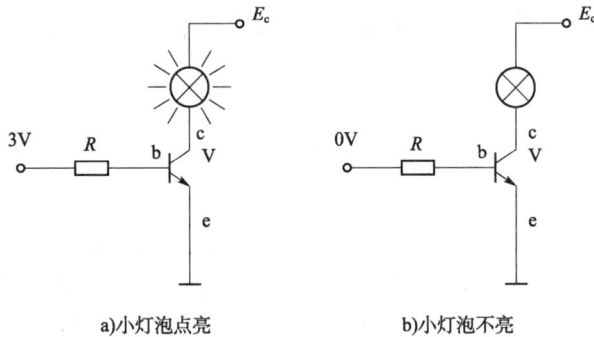

a)小灯泡点亮　　　　　　　　　b)小灯泡不亮

图9-10　三极管开关电路

由此可见,三极管具有开关作用。下面通过图9-11的电路来进一步说明三极管开关的
工作原理(假设电路中采用硅三极管)。

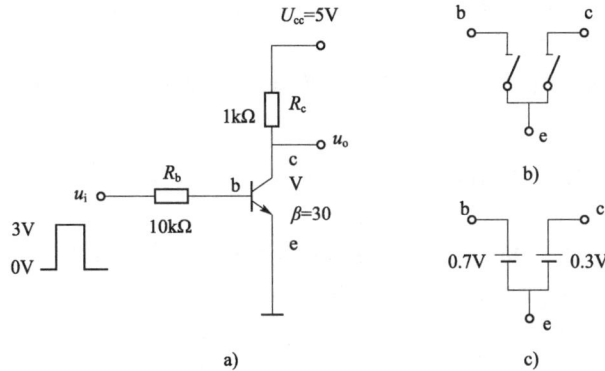

图9-11　三极管工作状态分析电路

1. 截止状态

即三极管的基极加0V输入电压时的工作状态。由三极管的输入特性可知,当发射结电
压 $U_{be} < 0.5$ 时,I_b 和 I_c 近似为零,三极管处于截止状态,相当于开关断开,如图9-11b)所示。
所以 $U_{be} < 0.5V$ 是三极管截止的条件。这时,如果增大 U_{be},管子将进入放大状态,这时有
$I_c = \beta I_b$ 的关系。但 I_c 的最大值是:$I_c = U_{cc}/R_c$,此时对应的基极电流为 $I_b = I_{bs} = U_{cc}/(\beta R_c)$,这
个状态称为临界饱和状态。

2. 饱和状态

当三极管进入临界饱和状态之后,再增加 I_b(即增加 U_i),此时 I_c 已不能增加,由三极管的输入、输出特性可知,此时 $U_{be} = 0.7V$、$U_{ce} = U_{CES} < 0.3V$,如图 9-11c)所示,现在三极管相当于开关的闭合状态。三极管饱和的条件是 $I_b > I_{bs} = U_{cc}/(\beta R_c)$,即 $I_c < \beta I_b$,这时 I_b 越大,三极管饱和程度就越深,抗干扰能力就越强。

(七)三极管开关电路应用

1. 最简单的三极管开关电路

图 9-12 是最简单的开关电路,电路用三极管基极电流 I_b 的通断控制集电极电流 I_c 的通断。

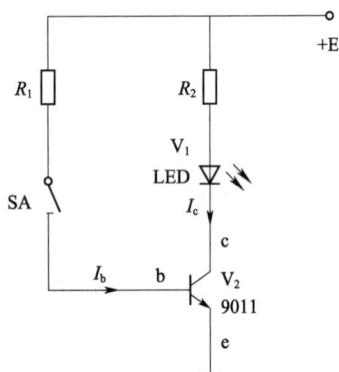

图 9-12 三极管开关电路

1)电路有两个回路

(1)控制回路路径:电源 E 的正极→电阻 R_1→开关 SA→三极管 V_2 基极→三极管 V_2 发射极→接地→电源 E 的负极。

(2)工作回路路径:电源 E 的正极→电阻 R_2→发光二极管 V_1→三极管 V_2 集电极→三极管 V_2 发射极→接地→电源 E 的负极。

2)电路中各元件的主要作用

(1)三极管 V_2 在工作回路中起开关作用。

(2)电源 E 的作用有两个:一是为工作回路提供电能、二是为控制回路提供电能。

(3)电阻 R_1 的作用,开关 SA 闭合时,为三极管提供合适的基极电流,保证三极管工作在饱和状态。

(4)电阻 R_2 的作用,为三极管集电极提供合适的直流电位,此电路中也有限流作用。

(5)开关 SA,接通或关断三极管控制电流。

(6)发光二极管 V_1(LED)的作用,显示工作回路的通断,也可看作是工作回路的负载。

3)工作原理

(1)开关 SA 闭合时,三极管控制回路接通,使三极管处于饱和状态,c 极和 e 极间相当于闭合的开关,工作回路接通,发光二极管亮。

(2)开关 SA 断开时,三极管控制回路不通,使三极管处于截止状态,c 极和 e 极间相当于断开的开关,工作回路不通,发光二极管灭。

2. 反相器

反相器是最基本的开关电路应用之一,如图 9-13 所示。

在图 9-13a)中,当三极管基极输入信号为低电平时,由于负电源 $-U_{cc}$ 的作用,使 $U_{be} < 0$,三极管发射结处于反向偏置,此时三极管截止,$I_c = 0$,$U_o = U_{cc}$,即输出高电平。

当三极管基极输入信号突变为高电平时,如果管子的参数 β 值和 R_c 的阻值选得适当,使:$I_b \geqslant I_{bs} = U_{cc}/(\beta R_c)$,就可使三极管进入饱和状态,若忽略三极管的饱和压降($U_{cc} = 0.3V$),则有:$U_o \approx 0$,即输出低电平。

输入和输出的波形如图 9-13b)所示,从中可看出输入与输出的波形相位相反。这就是反相器的工作特点。利用这一特点,可以构成各种脉冲单元电路。

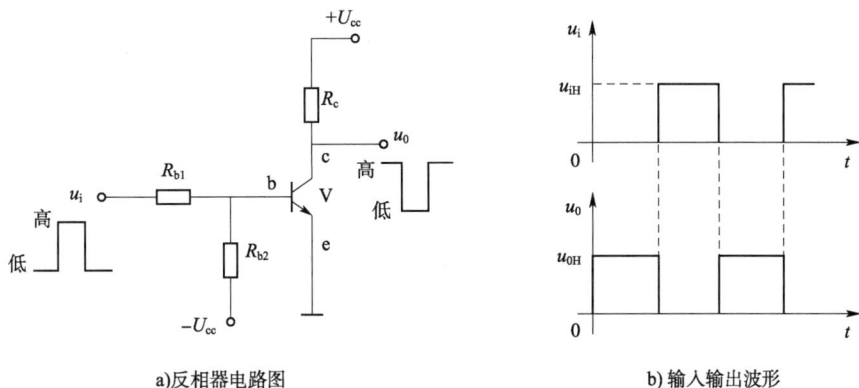

a)反相器电路图　　　　　　　　　　b)输入输出波形

图 9-13　反相器的电路结构及波形图

二、任务实施

1.准备工作

(1)掌握理论知识。

(2)认真研读技术要求和注意事项。

(3)准备实训器材:数字万用表、三极管、电源、电阻、变阻器、小灯泡和导线等。

2.技术要求与注意事项

(1)三极管的特性验证和工作状态判别中需用到电流表和数字万用表,注意电流表和数字万用表的用法和读数方法。

(2)注意不同实验中对不同电源的选取和对连接电路的检查。

3.操作步骤

1)三极管特性验证

(1)从实验器材中选取电源、电阻、变阻器、电流表、三极管和导线。

(2)按照图 9-3 电路图所示连接实物,检查无误后接入电源。

(3)调节变阻器 R_P,使 I_B 的读数分别为 0、10 μA、20 μA、30 μA、40 μA、50 μA,观察集电极 I_c 和发射极 I_e 的变化,读出对应的电流值,填入表 9-5。

(4)断开电源,回收实验器材。

(5)计算三极管放大倍数 β。

三极管特性验证实验数据　　　　　　　　　　　　表 9-5

测量项目	1 组	2 组	3 组	4 组	5 组	6 组
$I_b(\mu A)$	0	10	20	30	40	50
$I_b(mA)$	0	0.01	0.02	0.03	0.04	0.05
$I_c(mA)$						
$I_e(mA)$						
$\beta = \dfrac{I_c}{I_b}$						

2）三极管工作状态判别

（1）从实验器材中选取电源、电阻、电阻器、数字万用表、三极管和导线。

（2）按照图9-3电路图所示连接实物,检查无误后接入电源。

（3）调节变阻器 R_P,用数字万用表分别测量三极管电位 U_b、U_c 和 U_e,填入表9-6,并判别三极管的工作状态。

（4）断开电源,回收实验器材。

三极管不同工作状态的电压数据 表9-6

测 量 项 目	1组	2组	3组	4组	5组	6组
U_b(V)						
U_c(V)						
U_e(V)						
三极管工作状态						

3）三极管开关特性的验证

（1）从实验器材中选取电阻、三极管、小灯泡和电源。

（2）按图9-10连接实物电路,并检查确保电路连接正确。

（3）在三极管集电极侧和基极侧接入电源,观察小灯泡的亮暗。

（4）断开基极侧的电源,观察小灯泡的亮暗。

（5）断开电路,回收实验器材。

三、技能考核标准

技能考核标准见表9-7。

技 能 考 核 标 准 表9-7

序号	项　　目	操 作 内 容	规定分	评 分 标 准	得分
1	三极管特性验证	按照三极管特性的验证步骤,用电流表测量电路中三极管各极的电流大小,计算三极管的放大倍数,验证三极管的电流分配和放大作用	40分	1.操作过程中,步骤是否正确,是否违反注意事项; 2.能否正确连接电路,并准确读取电流表数值; 3.能否根据测量结果正确计算三极管的放大倍数; 4.测量完毕是否断开电路连接,收起实验器材	
2	三极管工作状态判别	按照三极管工作状态判别的步骤,用数字万用表分别测量电路中三极管各极的电压值,根据测量数据判别三极管的工作状态	40分	1.操作过程中,步骤是否正确,是否违反注意事项; 2.能否正确连接电路,并准确读取数字万用表数值; 3.能否根据测量结果正确判别三极管的工作状态; 4.测量完毕是否断开电路连接,收起实验器材	

续上表

序号	项　　目	操 作 内 容	规定分	评 分 标 准	得分
3	三极管开关特性验证	按照三极管开关特性的验证步骤,连接电路,控制三极管基极电压,用小灯泡的亮暗来验证三极管的开关特性	20 分	1. 操作过程中,步骤是否正确,是否违反注意事项; 2. 能否正确连接电路; 3. 能否根据小灯泡的亮暗验证三极管的开关特性; 4. 测量完毕是否断开电路连接,收起实验器材	
	总分		100 分		

四、思考与练习

(一)填空题

(1)三极管放大的条件是发射结_____,集电结_____。

(2)发射极电流等于_____电流与_____电流之和。

(3)三极管的三种不同工作状态分别是_____、_____和_____。

(4)三极管的_____作用是三极管最基本和最重要的特性。

(5)三极管作为开关使用时工作在_____状态和_____状态。

(6)三极管的特性曲线包括_____特性曲线和输出特性曲线,它反映了三极管_____与_____的关系。

(7)当发射结电压_____不导通区电压时,三极管就进入截止状态。

(8)当三极管进入_____状态之后,再增加 I_b(即增加 U_i),此时 I_c 已不能增加。

(9)三极管工作于放大状态时,NPN 型三极管电位关系为_____,PNP 型管为_____。

(10)以发射极为公共端的电路叫作_____,简称_____。

(二)单项选择题

(1)下列选项中,三极管工作在放大状态的是(　　)。

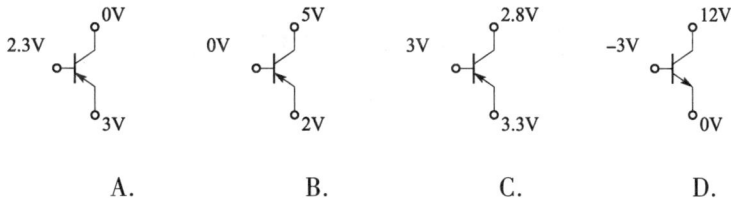

　　A.　　　　　　B.　　　　　　C.　　　　　　D.

(2)当晶体三极管工作于饱和状态时,其(　　)。

　　A. 发射结正偏,集电结正偏　　　　B. 发射结反偏,集电结反偏

　　C. 发射结正偏,集电结反偏　　　　D. 发射结反偏,集电结正偏

(3)测得晶体管三个电极的静态电流分别为 0.06mA、3.66mA 和 3.6mA,则该管的 β 为(　　)。

  A. 1   B. 40   C. 60   D. 61

(4) 对 PNP 型晶体管来说,当其工作于放大状态时,(　　)极的电位最低。

  A. 发射极   B. 基极   C. 集电极

(5) 测得晶体管三个电极对搭铁的电压分别为 $-2V$、$-8V$、$-2.2V$,则该管为(　　)。

  A. NPN 型锗管   B. NPN 型硅管

  C. PNP 型硅管   D. PNP 型锗管

(6) 有万用表测得 PNP 晶体管三个电极的电位分别是 $V_c = 6V$,$V_b = 0.7V$,$V_e = 1V$,则晶体管工作在(　　)状态。

  A. 放大   B. 截止   C. 饱和   D. 损坏

(三) 判断题

(1) 三极管实际上是一个电流分配器,它将发射极电流中的一小部分分配给基极,而大部分分配给发射极。   (　　)

(2) I_b 增大时,I_c 成正比例相应增大。   (　　)

(3) 当基极电流发生微小变化时,集电极电流将发生较大的变化。   (　　)

(4) 三极管电流放大的实质是真正把微小的电流放大了。   (　　)

(5) 基极电流控制了三极管的集电极电流,这种控制需要外界提供电能。   (　　)

(6) 三极管工作于截止状态的电路条件是:发射结、集电结均正向偏置。   (　　)

(7) 三极管正常放大时,电压 U_{be} 数值不大,变化也较小,可近似认为硅管为 0.3V,锗管为 0.7V。   (　　)

(8) β 值的大小与三极管的工作电流有关。   (　　)

(9) I_b 增大时,I_c 成正比例相应增大。   (　　)

(10) 三极管开关电路中,用三极管基极电流 I_b 的通断控制集电极电流 I_c 的通断。

                           (　　)

(四) 简答与计算

(1) 三极管的三种不同工作状态下,各极电位关系和电流特征分别是什么?

(2) 对于一个晶体管,若其基极电流为 7.5μA,集电极电流为 940μA,试问晶体管的发射极电流和 β 值分别为多少?

任务 10　IGBT 的认知

学习目标

❖ 知识目标

1. 能够说出 IGBT 的结构及基本特性;

2. 能够说出汽车上常用 IGBT 的项目;

3. 能够说出检测 IGBT 的步骤。

❖ **能力目标**

1. 能够画出 IGBT 的符号;
2. 能够通过实验验证各个项目的功能;
3. 能够根据 IGBT 的基本特性检测 IGBT。

建议课时

6 课时。

任务描述

　　IGBT(绝缘栅双极型晶体管)是一种三端功率半导体器件,其显著的特色是电流容量高、开关速度快。目前,IGBT 应用于许多场合,包括变速电动机驱动、电力系统应用、开关模式电源、家居应用(变速冰箱压缩机、洗衣机、空调,甚至包括采用开关功率放大器的音频系统)、汽车、通信系统、感应加热和其他许多应用领域。本任务为认识 IGBT 的结构、原理及应用,并对 IGBT 做相关检测。

一、理论知识准备

　　典型的 IGBT 模块是由许多元器件并联组成的,具有非常大的电流处理能力,百安培级别元器件的阻断电压可以高达 6000V。

　　(一)IGBT 的结构

　　IGBT 的结构,如图 10-1 所示。一方面,IGBT 可以视为是一个将 MOSFET(金属-氧化物半导体场效应晶体管)简单的门极驱动特性和一个大电流低饱和电压的双极型晶体管结合而成的器件;另一方面,也可以认为 IGBT 是一个加了 P 型衬底的 MOSFET,形成了晶体管的结构。

　　(二)IGBT 的符号和工作原理

　　对于 IGBT,由于存在电导调制效应,电流越大,导致电阻越小。因此,IGBT 是一种用晶体管和 MOS 场效晶体管组成的新型复合器件,它的图形符号如图 10-2 所示,等效电路如图 10-3 所示。

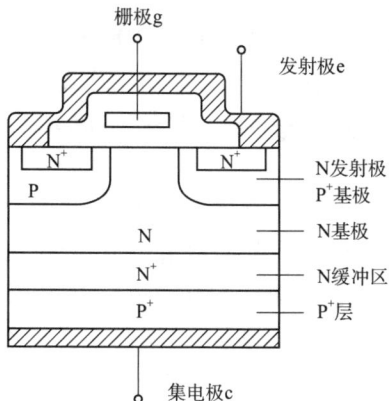

图 10-1　IGBT 结构示意图　　　图 10-2　IGBT 符号　　　图 10-3　IGBT 等效电路

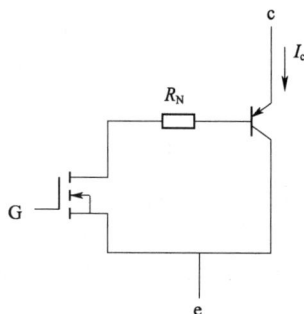

从等效电路可以看出,它由 N 沟道增强型 MOS 场效晶体管和 PNP 型晶体管复合而成,其中 R_N 为基区扩散电阻。TGBT 的输入特性和 N 沟道增强型 MOS 场效晶体管的转移特性相似,输出特性和晶体管的输出特性相似。不同的是,IGBT 的集电极电流 I_c 是受栅极、发射极间电压 U_{ge} 的控制。IGBT 是一种电压控制器件(又称为场控器件),它的驱动原理和 MOS 管很相似。它的开通和关断由栅极、发射极间电压 U_{ge} 决定,当 U_{ge} 为正,且大于开启电压 $U_{ge(th)}$ 时,MOS 管内形成导电沟道,并为 PNP 晶体管提供基极电流,进而使 IGBT 导通。当栅极、发射极间开路或加反向电压时,MOS 管内形成导电沟道消失,晶体管的基极电流被切断,IGBT 即关断,为全控型器件。

(三)IGBT 应用

1. IGBT 功率模块

在电驱动系统的应用中,常用到的是额定电压为 600 ~ 1200V、额定电流为 50 ~ 1000A 的 IGBT 功率模块。IGBT 模块包括多个 IGBT 和续流二极管芯片,通常是半桥或三相桥的结构。图 10-4 给出的是半桥式 IGBT 模块的截面图和实物照片。IGBT 和二极管芯片都被焊接在隔离衬底的金属表面上,后者则焊接在铜散热底座上。绝缘衬底把硅片从模块的基座中隔离出来,同时提供了优良的导热性。

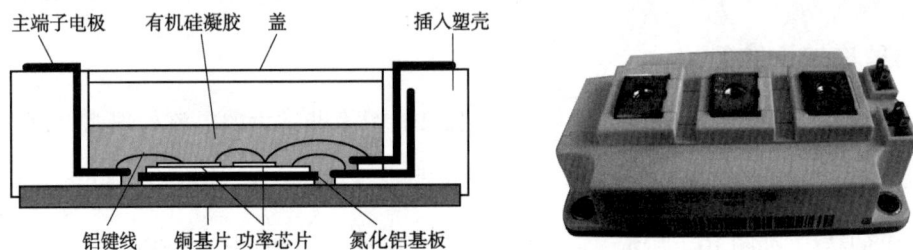

图 10-4　IGBT 模块的截面图和实物照片

功率模块常用的隔离衬底包括陶瓷材料如 Al_2O_3、AlN、BeO 和 SiC,通过铜瓷键合(DCB)或活性金属针焊(AMB)将铜膜键合到两边。这些衬底材料热传导性好、隔离电压高、热膨胀系数低,改善了局部的放电能力。IGBT 和二极管芯片的顶部通过细的铝焊线与外部端子的电极相连,该模块被装在环氧树脂模壳中用硅凝胶固定,用于提供机械支撑及防止污染。

此外,栅极电阻、电流传感器或者温度传感器等无源器件也可以集成到模块中。更进一步,驱动、保护和检测电路也都能被集成到功率模块中,使之变成一个智能功率模块。由于硅芯片、铝连接线、铜金属薄膜、陶瓷基板、焊点及铜底板的热膨胀系数的差异,造成 IGBT 功率模块在生产和工作时产生热应力。

在电动机控制应用中,IGBT 模块的结温上下波动,有可能导致热机械疲劳,最终导致 IGBT 模块的损坏。最近,人们开发出了各种类型的压力触点功率模块,以解决可靠性问题。

在汽车动力传动系统的应用中,IGBT 模块的选择基本上是基于电压、电流、SOA(安全工作区)、开关速度和可靠性的考虑。在任何情况下,IGBT 模块的电压、电流和结温都不能超过最大额定值。大多数电动、混合动力或燃料电池汽车工作在 150 ~ 300V 的直流电源母线上,然而需要考虑由寄生电感和 di/dt 引起的瞬态过电压。通常在这样的应用中使用

600V 的 IGBT 模块,以提供足够的设计余量。电流额定值的选择要确保 IGBT 和功率模块续流二极管的总功耗不会导致结温超过其最大额定值。此外,出于 SOA 考虑,负载电流和二极管反向恢复电流总和不应超过 IGBT 的最大额定电流。对于汽车驱动系统的应用,模块的选择应基于峰值负载电流,这个峰值负载电流会高出平均电流数倍,以应对不经常发生但在实际应用中会遇到的情况(如发动机起动和再生制动)。

2. 点火装置的 IGBT

集成了集电极—栅极钳位二极管的分立 IGBT(自钳位 IGBT)广泛应用于内燃机汽车的点火线圈驱动器中。与传统的达林顿双极型功率晶体管相比,IGBT 作为点火开关器件有许多优点,如驱动电路设计简单、内置电池反向保护和更好的 SOA。

由于 IGBT 是一种复合器件,它既具有 MOS 场效晶体管驱动功率小、开关效率高的优点,又具有晶体管的导通压降小、耐压高的优点,因而发展非常迅速。目前,已取代 GTR、GTO,成为中、大功率电力电子设备的主导器件。为了便于散热和安装,大于 50A 的 IGBT 一般做成模块式,目前已有将驱动电路、保护电路与 IGBT 集成在一个模块中的产品,称为智能功率模块。

IGBT 模块具有节能、安装维修方便、散热稳定等特点。当前市场上销售的多为此类模块化产品,一般所说的 IGBT 也指 IGBT 模块。随着节能环保等理念的推进,此类产品在市场上将会越来越多。

正式商用的 IGBT 器件的电压和电流容量还很有限,远远不能满足电力电子应用技术发展的需求;高压领域的许多应用中,要求器件的电压等级达到 10kV 以上,目前只能通过 IGBT高压串联等技术来实现高压应用。国外的一些厂家如瑞士 ABB 公司采用软穿通原则研制出了 8kV 的 IGBT 器件,德国的 EUPEC 生产的 6500V/600A 高压大功率 IGBT 器件已经获得实际应用,日本东芝也已涉足该领域。与此同时,各大半导体生产厂商不断开发 IGBT 的高耐压、大电流、高速、低饱和压降、高可靠性、低成本技术,主要采用 $1\mu m$ 以下制作工艺,研制开发取得一些新进展。2013 年 9 月 12 日,我国自主研发的高压大功率 3300V/50A IG-BT 芯片及由此芯片封装的大功率 1200A/3300V IGBT 模块通过专家鉴定,自此有了完全自主的 IGBT"中国芯"。

二、任务实施

1. 准备工作

(1)掌握理论知识。

(2)认真研读技术要求和注意事项。

(3)准备实训器材:指针式万用表、IGBT 模块等。

2. 技术要求与注意事项

(1)IGBT 检测时首选指针式万用表,以免因数字万用表内部电池电压太低,不能使IGBT 导通而影响检测结果。

(2)判断 IGBT 好坏时,一定要将万用表拨在 $R \times 10k\Omega$ 挡,因 $R \times 1k\Omega$ 挡以下万用表内部电池电压太低,不能使 IGBT 导通,因而无法判断 IGBT 的好坏。此方法同样也可以用于检测功率场效应晶体管(P-MOSFET)的好坏。

3．操作步骤

1）判断极性

（1）从实验器材中选取指针式万用表和 IGBT 模块，将万用表拨在 R×1kΩ 挡。

（2）用万用表表笔分别接触 IGBT 模块的三个极，测量时，若某一极与其他两极阻值都为无穷大，调换表笔后该极与其他两极的阻值仍为无穷大，则判断此极为栅极 g。

（3）测量其余两极时，若测得阻值为无穷大，调换表笔后测量阻值较小。在测量阻值较小的一次中，红表笔接的为集电极 c、黑表笔接的为发射极 e。

（4）测量完毕，回收实验器材。

2）判断好坏

（1）从实验器材中选取指针式万用表和 IGBT 模块，将万用表拨在 R×10kΩ 挡。

（2）用黑表笔接 IGBT 的集电极 c，红表笔接 IGBT 的发射极 e，此时万用表的指针在零位。

（3）用手指同时触一下栅极 g 和集电极 c，这时 IGBT 被触发导通，万用表的指针摆向阻值较小的方向，并能停住在某一位置。

（4）再用手指同时触一下栅极 g 和发射极 e，这时 IGBT 被阻断，万用表的指针回零。此时即可判断 IGBT 是好的。

（5）测量完毕，回收实验器材。

三、技能考核标准

技能考核标准见表 10-1。

技能考核标准　　　　　　　　　　　　　　　　　表 10-1

序号	项　　目	操 作 内 容	规定分	评 分 标 准	得分
1	IGBT 的极性判断	按照判断 IGBT 极性的步骤，用指针式万用表表笔分别测量 IGBT 模块各极间的电阻大小，根据测量结果判断 IGBT 的极性	50 分	1.操作过程中，步骤是否正确，是否违反注意事项； 2.能否正确使用万用表，并准确读取万用表数值； 3.能否根据测量结果正确判断 IGBT 的极性； 4.测量完毕是否断开表笔连接，收起实验器材	
2	IGBT 的好坏判断	按照判断 IGBT 好坏的步骤，用指针式万用表表笔分别检测 IGBT 模块各极间的电阻，观察万用表指针偏转情况，并判断 IGBT 的好坏	50 分	1.操作过程中，步骤是否正确，是否违反注意事项； 2.能否正确使用万用表，并准确读取万用表数值； 3.能否根据测量结果正确判断 IGBT 的好坏； 4.测量完毕是否断开表笔连接，收起实验器材	
	总分		100 分		

四、思考与练习

(一)填空题

(1)IGBT中文名是_____。

(2)IGBT模块包括多个IGBT和续流二极管芯片,通常是_____或_____的结构。

(3)判断IGBT好坏时,一定要将万用表拨在_____挡。

(二)单项选择题

(1)在电驱动系统的应用中,常用到的是额定电压为(　　),额定电流为50~1000A的IGBT功率模块。

　　　A.0~600V　　　　　B.600~1200V　　　　C.1.2~10kV　　　　D.10kV以上

(2)下列选项中,不属于IGBT作为点火开关器件优点的是(　　)。

　　　A.驱动电路设计简单　　　　　　　B.内置电池反向保护

　　　C.更好的SOA　　　　　　　　　　D.导通压降大

(三)判断题

(1)IGBT是一种三端功率半导体器件,其显著的特色是电流容量高,开关速度快。
　　　　　　　　　　　　　　　　　　　　　　　　　　　　　　　(　　)

(2)IGBT的开通和关断由栅极、发射极间电压U_{ge}决定。　　　　　　　(　　)

(3)IGBT功率模块常用的隔离衬底材料热传导性好、隔离电压高、热膨胀系数低,改善了局部的放电能力。　　　　　　　　　　　　　　　　　　　　　(　　)

(4)IGBT是一种电压控制器件(又称为场控器件),它的驱动原理和MOS管不同。
　　　　　　　　　　　　　　　　　　　　　　　　　　　　　　　(　　)

(5)功率模块常用的隔离衬底包括陶瓷材料如Al_2O_3、AlN、BeO和SiC。(　　)

(6)当栅极、发射极间开路或加反向电压时,MOS管内形成导电沟道消失,晶体管的基极电流被切断,IGBT即关断,为全控型器件。　　　　　　　　　　　　(　　)

(四)简答题

(1)请简述IGBT极性和好坏的检测方法。

(2)IGBT有哪些突出优点?

项目三
典型电路

本项目主要介绍新能源汽车上的几个典型电路,包括以下 5 个任务:

任务 11　整流电路认知及检测

任务 12　逆变电路认知及检测

任务 13　稳压电路认知及检测

任务 14　滤波电路认知及检测

任务 15　直流斩波电路认知及检测

通过以上 5 个任务,你将学习到关于新能源汽车上相关电路的基础知识、特点应用及检测方法。

任务 11　整流电路认知及检测

一、理论知识准备

(一) 直流稳压电源的组成

常用的直流稳压电源一般由电源变压器、整流电路、滤波电路和稳压电路组成,如图 11-1 所示。

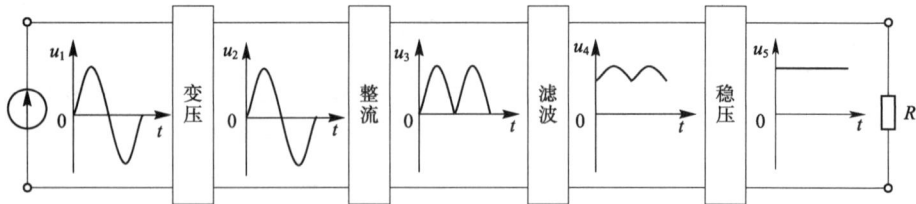

图 11-1　直流稳压电源的组成示意图

电源变压器也称整流变压器,它的作用是把 220V 电网电压变换成所需要的交流电压。整流电路是利用二极管的单向导电性将交流电变换成单向脉动的直流电;滤波电路的作用是将脉动电压中的脉动成分滤掉,使输出电压成为比较平滑的直流电压;稳压电路的作用是使输出的直流电压保持恒定。

(二)单相半波整流电路

单相半波整流电路的作用是将交流电压变换成单向脉动的直流电压,如图11-2所示。

图11-2 整流电路的作用

1. 电路的组成

图11-3是单相半波整流电路。它是最简单的整流电路,由整流变压器 T、二极管 V 以及负载电阻 R_L 组成。

2. 各元器件的作用

(1)电源变压器 T:将220V 交流电压变换为整流电路所要求的低压交流电压值。

(2)整流二极管 V:利用二极管的单向导电性进行整流。

(3)负载 R_L:是某一个具体的电子电路或其他性质的负载。

3. 工作原理

为了突出主要问题,设二极管均为理想二极管,即正向电阻为零、反向电阻无穷大、管压降为零。设变压器二次电压为

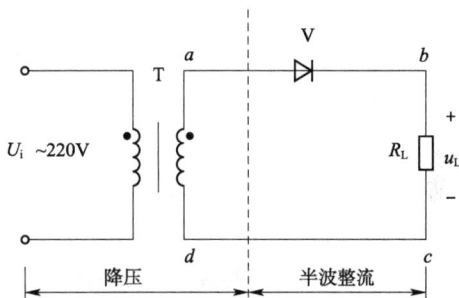

图11-3 单相半波电路的组成

$$u_2(t) = \sqrt{2}U_2\sin\omega t \tag{11-1}$$

图11-4 为单相半波整流电路。

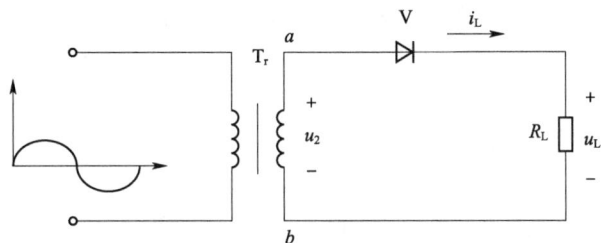

图11-4 单相半波整流电路

当 u_2 为正半周时,二极管正向导通,则负载上的电压 u_L、流过负载的电流 i_L 和流过二极管的电流 i_V 分别为

$$u_L = u_2 \tag{11-2}$$

$$i_L = i_V \tag{11-3}$$

当 u_2 为负半周时,二极管反向截止,则负载上的电压 u_L、流过负载上的电压 i_L 和流过二极管的电流 i_V 分别为

$$u_L = 0 \tag{11-4}$$

$$i_L = i_V = 0 \tag{11-5}$$

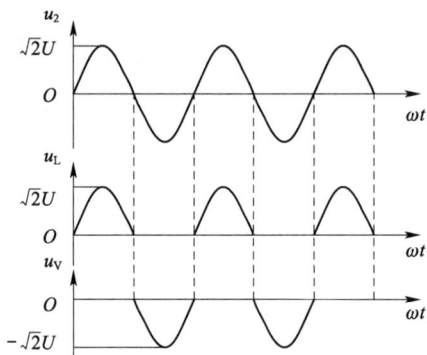

图 11-5　单相半波整流波形图

整流波形如图 11-5 所示。由于这种电路只在交流的半个周期才导通,也只有在正半周时才有电流流过负载,故称为单相半波整流电路。

4. 输出电压和输出电流

设在一个周期内,整流输出电压的平均值为 $\bar{u}_L$,流过负载的电流平均值为 $\bar{i}_L$,则 $\bar{u}_L$、$\bar{i}_L$ 分别为

$$\bar{u}_L = \frac{1}{T}\int_0^{\frac{T}{2}}\sqrt{2}U_2\sin\omega t\,dt = \frac{\sqrt{2}}{\pi}U_2 = 0.45U_2$$

(11-6)

$$\bar{i}_L = \frac{\bar{u}_L}{R_L} = 0.45\frac{U_2}{R_L}$$

(11-7)

通过二极管的正向电流平均值等于通过负载的电流,即

$$\bar{i}_V = \bar{i}_L$$

(11-8)

二极管截止时所承受的最大反向电压等于变压器二次电压的幅值,即

$$U_{VM} = \sqrt{2}U_2 = 3.14\bar{u}_L$$

(11-9)

半波整流电路的优点是结构简单,使用的元件少。但是也存在明显的缺点:只利用了电源的半个周期,所以电源的利用率较低,而且输出电压脉动较大。故半波整流只用在对脉动要求不高、输出电流较小(几十毫安以下)的直流设备中。

(三) 单相桥式整流电路

1. 电路组成

为了克服半波整流的缺点,通常采用桥式整流电路。桥式整流的电路,如图 11-6 所示,电路由整流变压器 T、四只二极管 $V_1 \sim V_4$ 及负载电阻 R_L 组成,采用四只二极管,接成电桥式的形式。

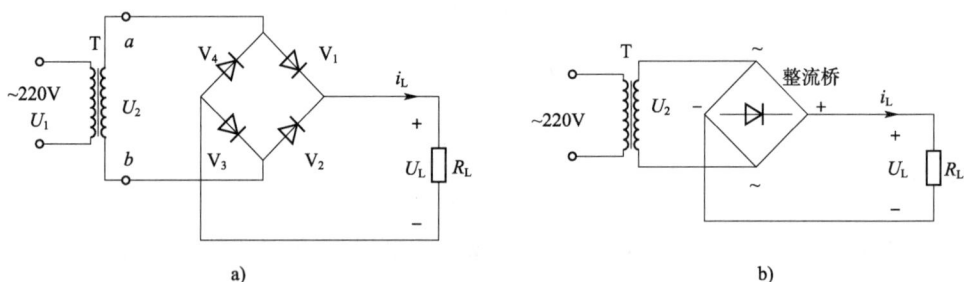

图 11-6　桥式整流电路及简化电路图

2. 工作原理

如图 11-6a) 所示,当 u_2 为正半周时,V_1 和 V_3 正向导通,V_2 和 V_4 反向截止,此时电流路径为:$a \to V_1 \to R_L \to V_3 \to b$。

当 u_2 为负半周时,V_1 和 V_3 反向截止,V_2 和 V_4 正向导通,此时电流路径为:$b \to V_2 \to R_L \to V_4 \to a$。

无论正半周还是负半周,流过负载的电流方向始终一致,其波形如图 11-7 所示。由此

可见,桥式整流电路中,V_1、V_3 和 V_2、V_4 轮流导通,流过负载的是两个半波的电流,而且电流方向相同,故称为全波整流。从桥式整流的波形图可看出其输出直流电压的脉动程度比半波整流低。

图 11-7 桥式整流电路波形图

3．输出电压和输出电流

显然,全波整流输出的直流电压为半波整流的二倍。由于两组二极管轮流工作,所以通过各个二极管的电流为负载电流的一半。有关计算公式如下:

负载两端的直流电压平均值

$$\overline{u}_L = 0.9U_2 \tag{11-10}$$

通过负载的直流电流平均值

$$\overline{i}_L = \frac{\overline{u}_L}{R_L} = 0.9\frac{U_2}{R_L} \tag{11-11}$$

通过每只二极管的正向平均值

$$\overline{i}_V = \frac{1}{2}\overline{i}_L \tag{11-12}$$

每个二极管承受的最大反向电压

$$U_{VM} = \sqrt{2}U_2 = 1.57U_L \tag{11-13}$$

必须注意,桥式整流电路的四个二极管的正负极不能接反。交流电源和直流负载也不许接错。否则,可能发生电源短路,不仅会烧坏整流管,甚至会烧坏电源和变压器。

桥式整流电路的优点是电源利用率高,输出电压提高了一倍。流过每个管子的电流仅为输出电流的一半,有利于电路的保护。

将桥式整流电路的四个二极管制作在一起,封装成一个器件就成为整流桥。在许多电源电路中都会用整流桥构成整流电路。如图 11-8 所示为常见的单相整流桥,图 11-9 是其电气符号。图中" ～ "是交流电压接引入脚," + "和" - "是直流电压输出引脚。

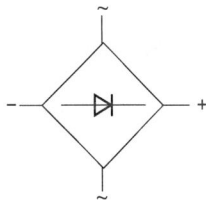

图 11-8 单相整流桥　　　　图 11-9 单相整流桥电气符号

单相整流电路只用三单相电线路中的一相电源,如果电流较大,将使三相负载严重不平衡,影响供电质量。故单相桥式整流电路仅适用于中小功率的整流。大功率整流(几千瓦以上)一般采用三相整流电路。三相整流不仅可以做到三相电源的负载平衡,而且输出的直流电压脉动更小。

(四) 整流二极管的选择

在选择整流二极管时,最主要考虑的两个参数是最大整流电流 I_{FM} 和最高反向工作电

压 U_{DRM}。

1. 最大整流电流 I_{FM}

二极管长期工作时,允许通过的最大正向平均电流叫作最大整流电流。选用二极管时,工作电流不能超过它的最大整流电流,以免烧坏。

2. 最高反向工作电压 U_{DRM}

二极管长期工作时,允许加到二极管两端的最高反向电压(峰值)叫作最高反向工作电压。通常取反向击穿电压值的 1/2 或 1/3。使用和选择二极管时,加在二极管上反向电压的峰值不允许超过这一数值,以保证二极管在使用中不致因反向电压过高而损坏。

一般根据二极管的电流 I_V 和二极管所承受的最大反向电压 U_{VM} 选择整流二极管,即二极管的最大整流电流 $I_{FM} \geqslant I_V$,二极管的反向工作峰电压 $U_{DRM} \geqslant 2U_{VM}$。

例 11-1 有一单相半波整流电路,已知负载电阻 $R_L = 750\Omega$,变压器二次电压 $U_2 = 20V$。试求 $\overline{u_L}$、$\overline{i_L}$ 及 U_{VM},并选用二极管。

解:

$$\overline{u_L} = 0.45U_2 = 0.45 \times 20 = 9V$$

$$\overline{i_L} = \frac{\overline{u_L}}{R_L} = \frac{9}{750} = 0.012 = 12mA$$

$$U_{VM} = \sqrt{2}U_2 = \sqrt{2} \times 20 = 28.2V$$

查二极管表格,二极管选用 2AP4(16mA,50V)。为了使用安全,二极管的反向工作峰值电压 U_{DRM} 要选得比 U_{VM} 大一倍左右。

例 11-2 已知负载电阻 $R_L = 80\Omega$,负载电压 $\overline{u_L} = 110V$,现采用单相桥式整流电路。请为该电路选用二极管。

解:负载电流

$$\overline{i_L} = \frac{\overline{u_L}}{R_L} = \frac{110}{80} = 1.4A$$

每个二极管通过的平均电流

$$\overline{i_V} = \frac{1}{2}\overline{i_L} = 0.7A$$

每个二极管承受的最大反向电压

$$U_{VM} = \sqrt{2}\,\overline{u_2} = 1.57\overline{u_L} = 1.57 \times 110 = 172.7V$$

因此,可选用 2CZ11C 晶体二极管,其最大整流电流为 1A,反向工作峰值电压为 300V。

例 11-3 试分析图 11-6 所示桥式整流电路中的二极管 V_2 或 V_4 断开时负载电压的波形。如果 V_2 或 V_4 接反,后果如何?如果 V_2 或 V_4 击穿或短路,后果又如何?

解:当 V_2 或 V_4 断开后,电路为单相半波整流。正半周时,V_1 和 V_3 导通,负载中有电流过,负载电压 $u_L = u_2$;负半周时,V_1 和 V_3 截止,负载中无电流通过,负载两端无电压,$u_L = 0$。

如果 V_2 或 V_4 接反,则正半周时,二极管 V_1、V_2 或 V_3、V_4 导通,电流经 V_1、V_2 或 V_3、V_4 而造成电流短路,电流很大,因此变压器及 V_1、V_2 或 V_3、V_4 将被烧坏。

如果 V_2 或 V_4 因击穿烧坏而短路,则正半周时,情况与 V_2 或 V_4 接反类似,电源及 V_1 或 V_3 也将因电流过大而烧坏。

（五）汽车用整流器

在任务 7 中我们已经学习过汽车用整流二极管的相关知识,它是汽车用整流器中的关键元件,下面来看汽车用整流二极是如何构成汽车用整流器的。

三只正极二极管的外壳压装或焊在正元件板上,共同组成发电机的正极,成为发电机的"电枢"接线柱 B,三只负极二极管的外壳压装或焊在负元件板上,和发电机外壳一起,成为发电机的负极,如图 11-10 所示。

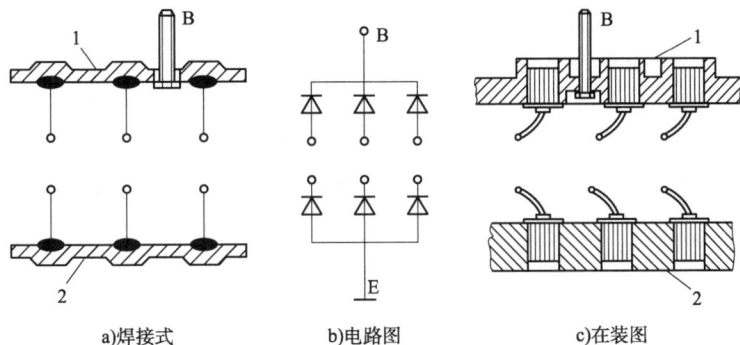

a)焊接式   b)电路图   c)在装图

图 11-10　汽车整流二极管安装示意图

1-正整流板;2-负整流板

汽车整流器组件的外形分长方形、马蹄形、半圆形和圆形等多种,如图 11-11 所示。

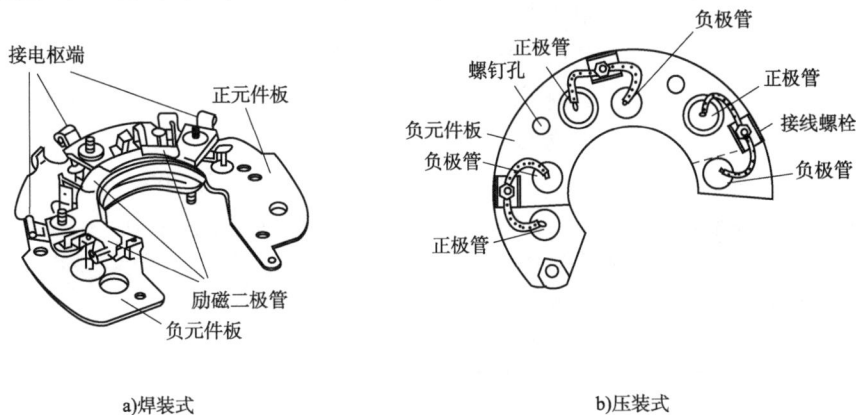

a)焊装式   b)压装式

图 11-11　汽车发电机用整流器组件

二、任务实施

1.准备工作

(1)掌握理论知识。

(2)认真研读技术要求和注意事项。

(3)准备实训器材:电工实验台,万用表一只,示波器一台,变压器一个,150Ω、2kΩ 电阻各一只,1N4007 二极管四只,插接卡导线二十个,长导线两根,十字交线插座一只。

2.技术要求与注意事项

(1)整流电路是利用二极管的单向导电性将交流电变换成单向脉动的直流电。

(2)单相半波整流中,负载两端的电压 U_L 为变压器次级电压有效值 U_2 的 0.45 倍。

（3）单相桥式整流中,负载两端的电压 U_L 为变压器次级电压有效值 U_2 的 0.9 倍。

（4）本实验电路电源电压是 220V,操作中注意个人及设备安全,连接或拆除电路的过程中,不能带电操作。

（5）注意电路的连接方式,整流二极管不能接反,否则将烧坏设备。

（6）接通电源前必须检查电路,电路暂时不用或更换元件时需关断电源。

3. 操作步骤

1）单相半波整流电路检测

（1）从实验器材中选取变压器、电阻、二极管、示波器和导线。

（2）按照图 11-12 电路图所示,连接实物电路,并检查连接是否有误。

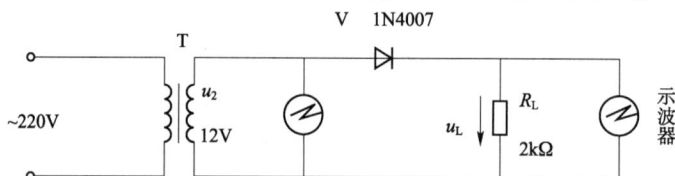

图 11-12　单相半波整流电路

（3）闭合实验台开关,把实验台面板上交流电源调到 220V 作为电路电源,调完后关闭实验台电源开关。

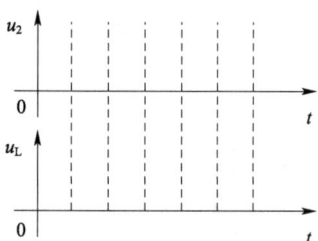

图 11-13　单相半波整流输入输出波形

（4）把电路电源端子插入实验台交流电源插孔,闭合实验台电源开关。

（5）用示波器观察变压器次级电压 u_2 及负载电压 u_L 波形,并将波形画在图 11-13 的坐标上。画波形图时将 u_2 和 u_L 波形周期按虚线对齐。

（6）按表 11-1 要求用万用表交流 200V 挡测量变压器次级电压 u_2,用直流 20V 挡,测量负载电压 u_L,测量值填入表 11-1 中。

（7）测量结束,断开电路,回收实验器材。

单相半波整流电路测量值　　　　　　　　　　　　表 11-1

电压（V）	u_2	u_L	计算 u_L/u_2
$R_L = 2k\Omega$ 时,测量值			
$R_L = 150\Omega$ 时,测量值			

2）单相桥式整流电路检测

（1）从实验器材中选取变压器、电阻、二极管、示波器和导线。

（2）按照图 11-14 电路图所示,连接实物电路,并检查连接是否有误。

（3）闭合实验台开关,把试验台面板上交流电源调到 220V 作为电路电源,调完后关闭实验台电源开关。

（4）把电路电源端子插入实验台交流电源插孔,闭合实验台电源开关。

（5）用示波器观察变压器次级电压 u_2 及负载电压 u_L 波形,并将波形画在图 11-15 的坐标上。画波形图是将 u_2 和 u_L 波形周期按虚线对齐。

（6）按表 11-2 要求用万用表交流 200V 挡测量变压器次级电压 u_2,用直流 20V 挡测量负

载电压 u_L，测量值填入表 11-2 中。

（7）测量结束，断开电路，回收实验器材。

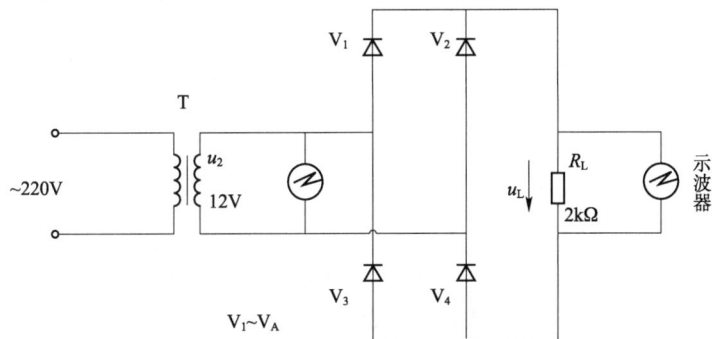

图 11-14　单相桥式整流电路

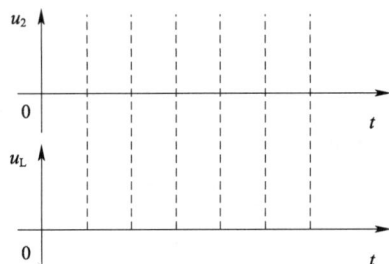

图 11-15　单相桥式整流输入输出波形

单相桥式整流电路测量值　　　　　　　　　　　　　　表 11-2

电压（V）	u_2	u_L	计算 u_L/u_2
$R_L = 2k\Omega$ 时，测量值			
$R_L = 150\Omega$ 时，测量值			

三、技能考核标准

技能考核标准见表 11-3。

技 能 考 核 标 准　　　　　　　　　　　　　　表 11-3

序号	项　目	操作内容	规定分	评 分 标 准	得分
1	单相半波整流电路检测	按照单相半波整流电路检测的步骤，连接电路，用示波器观察并记录电路的输入输出波形，并用万用表测量变压器次级电压和负载电压，验证它们之间的关系	50分	1. 操作过程中，步骤是否正确，是否违反注意事项； 2. 能否正确使用示波器和万用表，并准确调试示波器波形和读取万用表数值； 3. 能否根据测量结果正确计算出变压器次级电压和负载电压间的比值关系； 4. 测量完毕是否断开电路连接，收起实验器材	
2	单相桥式整流电路检测	按照单相桥式整流电路检测的步骤，连接电路，用示波器观察并记录电路的输入输出波形，并用万用表测量变压器次级电压和负载电压，验证它们之间的关系	50分		
	总分		100分		

四、思考与练习

(一)填空题

(1)常用的直流稳压电源一般由_____、_____、滤波电路和稳压电路组成。

(2)单相半波整流电路的作用是将交流电压变换成单向脉动的_____。

(3)单相桥式整流电路采用了_____只二极管,接成_____的形式。

(4)单相半波整流电路是最简单的整流电路,由_____、_____及_____组成。

(5)全波整流输出的直流电压为半波整流的_____倍。

(6)单相桥式整流中,负载两端的电压是变压器次级电压有效值的_____倍。

(7)从桥式整流的波形图可看出其输出直流电压的脉动程度比半波整流的_____。

(8)在单相桥式整流电路中,如果任意一个二极管反接,则_____,如果任意一个二极管脱焊,则成为_____。

(二)单项选择题

(1)单相半波整流电路中,利用单向导电性进行整流的部件是(　　)。

    A. 变压器　　　　　　B. 整流二极管　　　　　C. 稳压二极管　　　　　D. 负载电阻

(2)如下图所示全波整流电路,当 u_2 为负半周时,V_1 和 V_3 反向截止,V_2 和 V_4 正向导通,此时电流路径为(　　)。

    A. $a \rightarrow V_1 \rightarrow R_L \rightarrow V_3 \rightarrow b$　　　　　　　　　　B. $a \rightarrow V_4 \rightarrow R_L \rightarrow V_2 \rightarrow b$

    C. $b \rightarrow V_2 \rightarrow R_L \rightarrow V_4 \rightarrow a$　　　　　　　　　　D. $b \rightarrow V_3 \rightarrow R_L \rightarrow V_1 \rightarrow a$

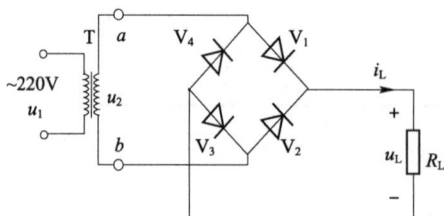

(3)利用二极管的单向导电性将交流电变换成单向脉动的直流电的电路是(　　)。

    A. 整流电路　　　　　　　　　　　　　　B. 滤波电路

    C. 稳压电路　　　　　　　　　　　　　　D. 逆变电路

(4)如下图所示电路图中 $u_i = 10\sin\omega t(\text{V})$(忽略导通压降),用示波器观察 u_o 的波形正确的是(　　)。

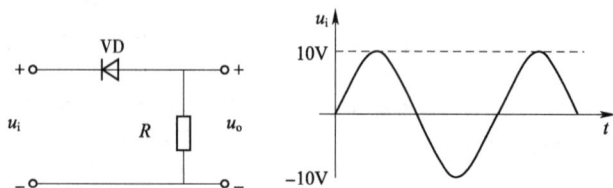

A.　　　　　　　　　　　　　　B.

C.　　　　　　　　　　　　　　D.

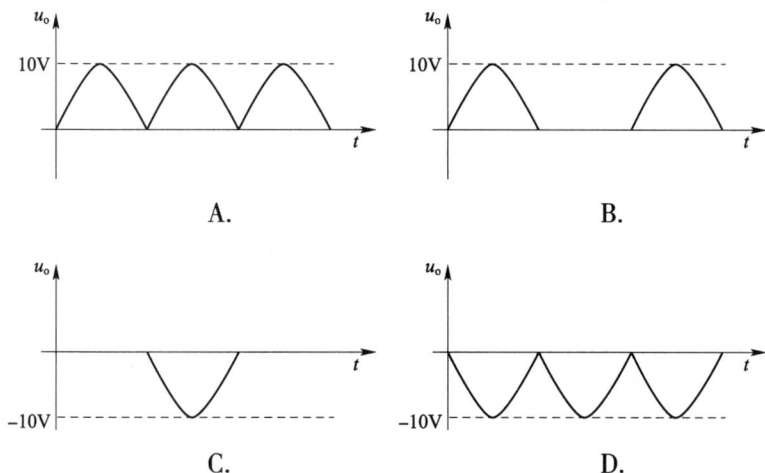

(5)有三个整流电路 A、B、C,变压器副边电压、负载电压的波形如下图所示,符合该波形的电路是(　　　)。

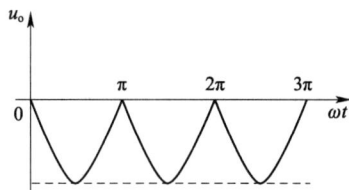

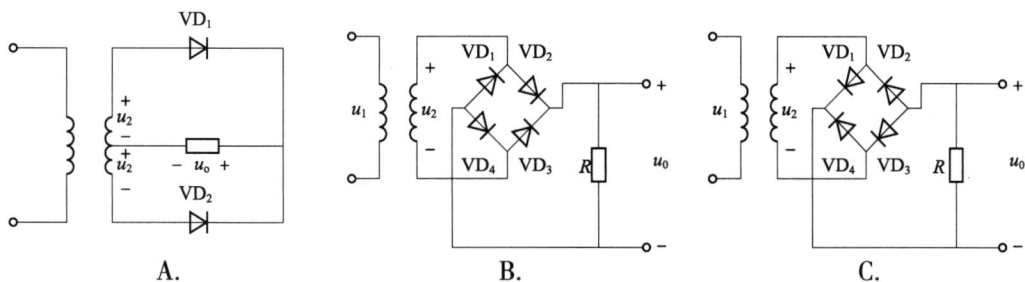

A.　　　　　　　　　　B.　　　　　　　　　　C.

(三)判断题

(1)整流电路是利用二极管的单向导电性将交流电变换成单向脉动的直流电。(　　　)

(2)电源变压器的作用是将 220V 交流电压变换为整流电路所要求的低压交流电压值。
(　　　)

(3)桥式整流电路的四个二极管的正负极可以接反。(　　　)

(4)单相桥式整流电路中无论正半周还是负半周,流过负载的电流方向始终一致。
(　　　)

(5)单相全波整流电路只在交流的半个周期才导通,也只有在正半周时才有电流流过负载。
(　　　)

(6)单相半波整流电路通过二极管的正向电流平均值等于通过负载的电流。(　　　)

(7)半波整流电路电源的利用率较低,而且输出电压脉动较大。(　　　)

(8)汽车硅整流发电机用二极管与其他二极管工作原理和外形结构都基本相同。

(　　)

(四)简答与计算

(1)叙述单相半波整流电路的工作原理。

(2)叙述单相桥式整流电路的工作原理。

(3)有一直流负载,需要直流电压 $V_L = 60V$,直流电流 $I_L = 4A$。如果采用桥式整流,求电源变压器次级电压 V_2 并选择整流二极管。

任务 12　逆变电路认知及检测

学习目标

❖ **知识目标**

　1.能够说出逆变电路的组成、作用和工作原理;

　2.能够说出逆变电路的特点。

❖ **能力目标**

　1.能够画出逆变电路的电路图;

　2.能够按照电路图进行实物电路搭建,利用仪表检测逆变电路。

建议课时

　8课时。

任务描述

　本任务为认识逆变电路的基本知识,进行逆变电路搭建,并检测电路电压及其波形。

一、理论知识准备

在已有的各种电源中,蓄电池、干电池、太阳能电池等都是直流电源,当需要这些电源向交流负载供电时,就需要逆变电路。另外,交流电机调速用变频器、不间断电源、感应加热电源等电力电子装置的使用非常广泛,其电路的核心部分都是逆变电路。逆变电路的基本作用是在控制电路的控制下将中间直流电路输出的直流电源转换为频率和电压都任意可调的交流电源。

(一)逆变电路的用途和分类

1.逆变电路的用途

(1)可以做成变频变压电源(VVVF),主要用于交流电动机调速。

(2)可以做成恒频恒压电源(CVCF),其典型代表为不间断电源(UPS)、航空机载电源、机车照明,通信等辅助电源也要用 CVCF 电源。

（3）可以做成感应加热电源，例如中频电源、高频电源等，如图12-1所示。

a)变频电源　　　　　　　　　　b)UPS　　　　　　　　　　c)高频电源

图12-1　逆变电路的用途

2. 逆变电路的分类

为了满足不同用电设备对交流电源性能参数的不同要求，现已发展了多种逆变电路，并大致可按以下方式分类。

1）按输出电能的去向分

按输出电能的去向，可分为有源逆变电路和无源逆变电路。

（1）变流装置如果工作在逆变状态，其交流侧接在交流电网上，电网成为负载，在运行中将直流电能变换为交流电能并回送到电网中，这样的逆变称为有源逆变。主要应用于直流电动机的可逆调速、绕线型异步电动机的串级调速、高压直流输电和太阳能发电等方面。

（2）如果逆变状态下的变流装置，其交流侧接至交流负载，在运行中将直流电能变换为某一频率或可调频率的交流电能供给负载，这样的逆变则称为无源逆变或变频电路。它在交流电动机变频调速、感应加热、UPS等方面应用十分广泛，是构成电力电子技术的重要内容。在感应加热方面的应用，如图12-2所示。

图12-2　高频感应加热

2）按直流电源性质分

（1）电压型：输入端并接有大电容，输入直流电源为恒压源，逆变器将直流电压变换成交流电压。

（2）电流型：输入端串接有大电感，输入直流电源为恒流源，逆变器将输入的直流电流变换为交流电流输出。

3）按电流波形分

按电流波形，可分为正弦逆变电路和非正弦逆变电路。前者开关器件中的电流为正弦波，其开关损耗较小，宜工作于较高频率。后者开关器件电流为非正弦波，因其开关损耗较大，故工作频率较正弦逆变电路低。

4）按电路结构特点分

按电路结构特点，可分为半桥式逆变电路和全桥式逆变电路等。

(二)逆变电路的工作原理

1. 主要功能

将直流电逆变成某一频率或可变频率的交流电供给负载。

2. 工作原理

如图 12-3a)所示,开关 T_1、T_4 闭合,T_2、T_3 断开,此时 $u_0 = U_d$;开关 T_1、T_4 断开,T_2、T_3 闭合,此时 $u_0 = -U_d$。

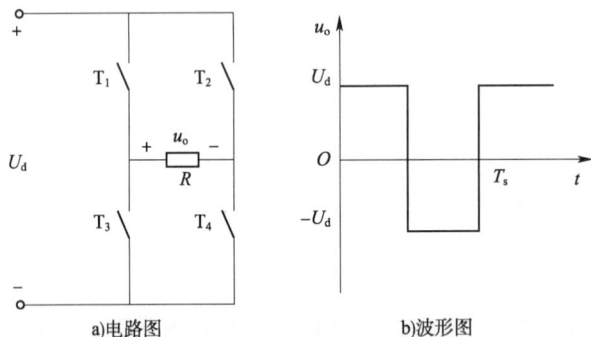

图 12-3 单相桥式逆变电路工作原理

当以频率 f_s 交替切换开关 T_1、T_4 和 T_2、T_3 时,则在电阻 R 上获得如图 12-3b)所示的交变电压波形,其周期 $T_s = 1/f_s$,这样,就将直流电压 E 变成了交流电压 u_0。u_0 含有各次谐波,如果想得到正弦波电压,则可通过滤波器滤波获得。

图 12-3a)中主电路开关 $T_1 \sim T_4$,实际是各种半导体开关器件的一种理想模型。逆变电路中常用的开关器件有快速晶闸管、可关断晶闸管(GTO)、功率晶体管(GTR)、功率场效应晶体管(MOSFET)和绝缘栅晶体管(IGBT)。

(三)电压型逆变电路

按直流电源性质不同逆变电路分为两种:电压型逆变电路(或电压源型逆变电路)、电流型逆变电路(或电流源型逆变电路)。

1. 电压型逆变电路的特点

(1)直流侧为电压源或并联大电容,直流侧电压基本无脉动。

(2)输出电压为矩形波,输出电流因负载阻抗不同而不同。

(3)阻感负载时需提供无功能量。为了给交流侧向直流侧反馈的无功能量提供通道,逆变桥各臂并联反馈二极管。

2. 单相电压型逆变电路

单相电压型逆变电路结构,如图 12-4 所示。

(1)工作原理:V_1 和 V_2 两个 IGBT 的栅极信号各半周正偏、半周反偏,彼此互补。u_0 为矩形波,幅值为 $U_m = \dfrac{U_d}{2}$。i_0 波形随负载而异,感性负载时,如图 12-4b)所示,V_1 或 V_2 通时,i_0 和 u_0 同方向,直流侧向负载提供能量;VD_1 或 VD_2 通时,i_0 和 u_0 反向,电感中贮存的电能向直流侧反馈。VD_1、VD_2 称为反馈二极管,还能使 i_0 连续,又称续流二极管。

(2)优点:简单,使用器件少。

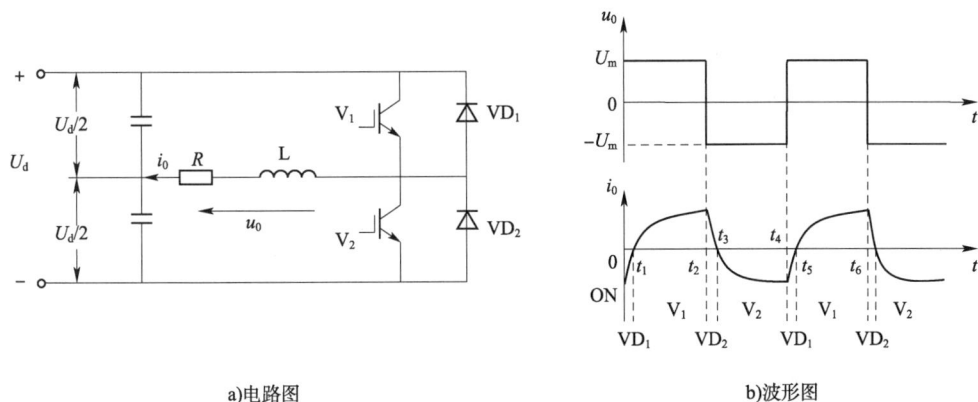

a)电路图   b)波形图

图 12-4 单相半桥电压型逆变电路及其工作波形

（3）缺点：交流电压幅值 $U_d/2$，直流侧需两电容器串联，要控制两者电压均衡，用于几千瓦以下的小功率逆变电源。

单相全桥、三相桥式都可看成由若干个半桥逆变电路组成。

3. 全桥逆变电路

电路结构及工作情况，如图 12-5a）所示，主要由两个半桥电路组成。1 和 4 一对、2 和 3 另一对，成对桥臂同时导通，交替各导通 180°。u_0 波形同图 12-5b）所示。半桥电路的 u_0，幅值高出一倍 $U_m = U_d$。i_0 波形和图 12-4b）中的 i_0 相同，幅值增加一倍，是单相逆变电路中应用最多的。

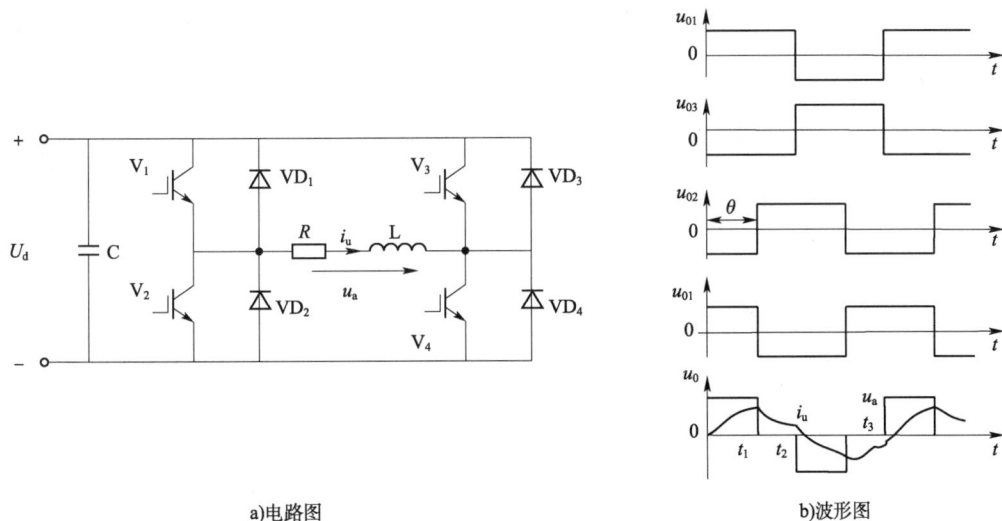

a)电路图   b)波形图

图 12-5 单相全桥逆变电路的移相调压方式

1）输出电压定量分析

u_0 可以表示成傅里叶级数

$$U_0 = \frac{4U_d}{\pi}\left(\sin\omega t + \frac{1}{3}\sin3\omega t + \frac{1}{5}\sin5\omega t + \Lambda\right) \tag{12-1}$$

基波幅值

$$U_{OLm} = \frac{4U_d}{\pi} = 1.27U_d \tag{12-2}$$

基波有效值

$$U_{OL} = \frac{2\sqrt{2}U_d}{\pi} = 0.9U_d \tag{12-3}$$

u_0 为正负各 180° 时,要改变输出电压有效值只能由改变 U_d 来实现。

2)移相调压方式

采用移相方式调节逆变电路的输出电压,称为移相调压。其电路图和波形,如图 12-5 所示。

各栅极信号为 180° 正偏,180° 反偏,且 V_1 和 V_2 互补,V_3 和 V_4 互补关系不变。V_3 的基极信号只比 V_1 落后 $q(0 < q < 180°)$,V_3、V_4 的栅极信号分别比 V_2、V_1 的信号前移 $180° - q$,u_0 成为正负各为 q 的脉冲,改变 q 即可调节输出电压有效值。

4. 带中心抽头变压器的逆变电路

交替驱动两个 IGBT,经变压器耦合给负载加上矩形波交流电压。两个二极管的作用也是提供无功能量的反馈通道,U_d 和负载相同,变压器匝比为 1:1:1 时,u_0 和 i_0 波形及幅值与全桥逆变电路完全相同。与全桥电路的比较:比全桥电路少用一半开关器件,器件承受的电压为 $2U_d$,比全桥电路高一倍,而且必须有一个变压器,如图 12-6 所示。

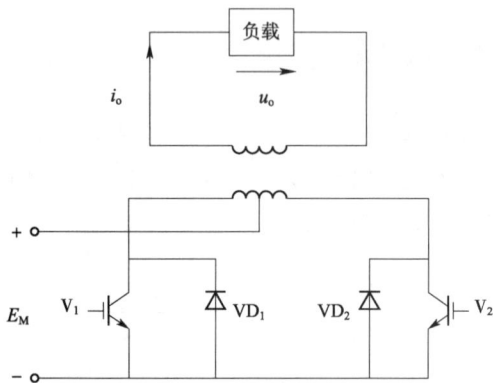

图 12-6 带中心抽头变压器的逆变电路

5. 三相电压型逆变电路

三个单相逆变电路可组合成一个三相逆变电路。应用最广的是三相桥式逆变电路,可看成由三个半桥逆变电路组成,如图 12-7 所示。

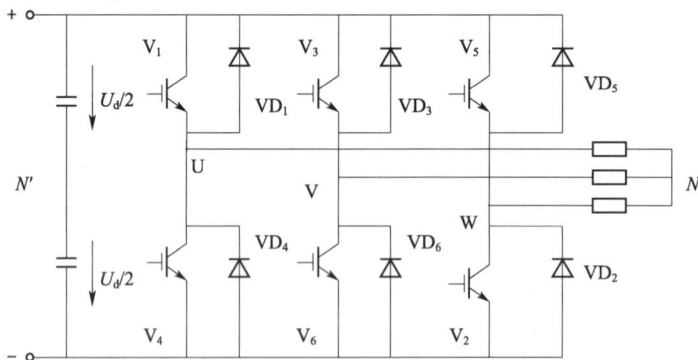

图 12-7 三相电压型桥式逆变电路

1)180° 导电方式

每个桥臂导电 180°,同一相上下两臂交替导电,各相开始导电的角度差 120°,任一瞬间有三个桥臂同时导通,每次换流都是在同一相上下两臂之间进行,也称为纵向换流。

2）波形分析

电压型三相桥式逆变电路的工作波形，如图 12-8 所示。

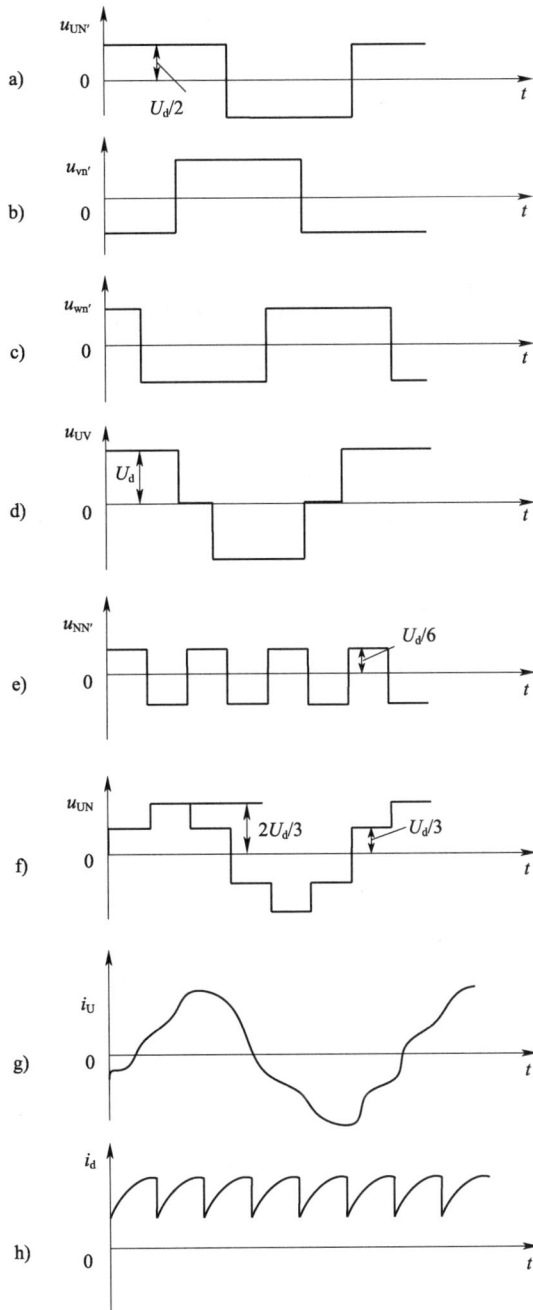

图 12-8　电压型三相桥式逆变电路的工作波形

负载各相到电源中点 N' 的电压：U 相，1 通，$u_{UN'} = \dfrac{U_d}{2}$；4 通，$u_{UN'} = -\dfrac{U_d}{2}$。

负载线电压

$$u_{UV} = u_{UN'} - u_{VN'}$$
$$u_{VW} = u_{VN'} - u_{WN'} \qquad (12\text{-}4)$$
$$u_{WU} = u_{WN'} - u_{UN'}$$

负载相电压

$$u_{UN} = u_{UN'} - u_{NN'}$$
$$u_{VN} = u_{VN'} - u_{NN'} \qquad (12\text{-}5)$$
$$u_{WN} = u_{WN'} - u_{NN'}$$

负载中点和电源中点间电压

$$u_{NN'} = \frac{1}{3}(u_{UN'} + u_{VN'} + u_{WN'}) - \frac{1}{3}(u_{UN} + u_{VN} + u_{WN}) \qquad (12\text{-}6)$$

负载三相对称时有 $u_{UN} + u_{VN} + u_{WN} = 0$，于是

$$u_{NN'} = \frac{1}{3}(u_{UN'} + u_{VN'} + u_{WN'}) \qquad (12\text{-}7)$$

利用式（12-5）和式（12-7）可绘出 u_{UN}、u_{VN} 和 u_{WN} 的波形。负载已知时，可由 u_{UN} 波形求出 i_U 波形，一相上下两桥臂间的换流过程和半桥电路相似，桥臂 1、3、5 的电流相加可得直流侧电流 i_d 的波形，i_d 每 60°脉动一次，直流电压基本无脉动，因此逆变器从直流侧向交流侧传送的功率是脉动的，这是电压型逆变电路的一个特点。

3）输出电压定量分析

（1）输出线电压。

输出线电压有效值为

$$U_{UV} = 0.816U_d \qquad (12\text{-}8)$$

基波幅值为

$$U_{UVLm} = \frac{2\sqrt{3}U_d}{\pi} = 1.1U_d \qquad (12\text{-}9)$$

基波有效值为

$$U_{UVL} = \frac{U_{UVLm}}{\sqrt{2}} = \frac{\sqrt{6}}{\pi}U_d = 0.78U_d \qquad (12\text{-}10)$$

（2）负载相电压。

负载相电压有效值

$$U_{UN} = 0.471U_d \qquad (12\text{-}11)$$

基波幅值

$$U_{UNLm} = \frac{2U_d}{\pi} = 0.637U_d \qquad (12\text{-}12)$$

基波有效值

$$U_{UNL} = \frac{U_{UNLm}}{\sqrt{2}} = 0.45U_d \qquad (12\text{-}13)$$

防止同一相上下两桥臂开关器件直通，采取"先断后通"的方法。

逆变电路就是将直流电能变换为交流电能的变换电路。可用于构成各种交流电源，在

工业中得到广泛应用。生产中最常见的交流电源是由发电厂供电的公共电网(我国采用线电压均方根值为380V,频率为50Hz供电制)。由公共电网向交流负载供电是最普通的供电方式,但随着生产的发展,相当多的用电设备对电源质量和参数有特殊要求,以致难以由公共电网直接供电。为了满足这些要求,之前曾经有过电动机—发电机组和离子器件逆变电路。但由于它们的技术经济指标均不如用电力电子器件组成的逆变电路,因而已经或正在被后者所取代。

二、任务实施

1. 准备工作

(1)掌握理论知识。

(2)认真研读技术要求和注意事项。

(3)准备实训器材:12V电源,电工实验台,万用表1只,示波器1台,IGBT模块4个,IGBT驱动模块,1kΩ电阻1只,LED二极管灯2只,插接卡导线若干,长导线2根。

2. 技术要求与注意事项

(1)连接或拆除电路的过程中,不能带电操作。

(2)注意电路元件的连接方式,电压表要选择合适的量程。

(3)接通电源前必须检查电路,电路暂时不用或更换元件时需关断电源。

3. 操作步骤

1)半桥逆变电路测量

(1)从实训器材中选取电源、万用表、示波器、IGBT模块、IGBT驱动模块、电阻、LED二极管灯和导线。

(2)按照图12-9所示,连接半桥电路,并检查电路连接是否有误。

(3)电路检查无误后,闭合电源开关,观察发光二极管D_1和D_2状态。

(4)用万用表测量A、B两点间的电压值,记录在表12-1中。

(5)用示波器检测A、B两点间的电压波形,并在图12-10中画出波形。

(6)测量结束,断开电路连接,实训器材整理归位。

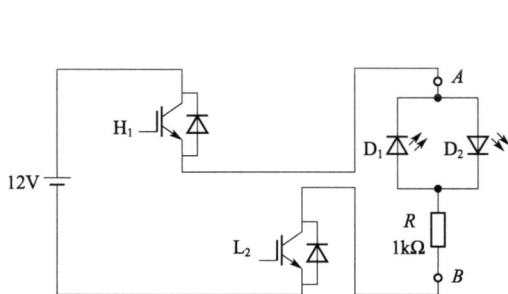

图12-9　半桥逆变电路图1

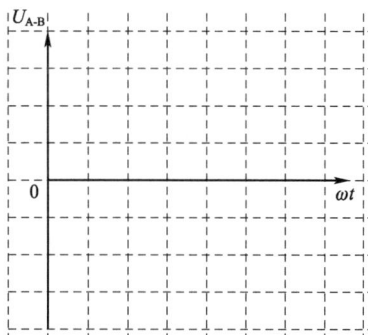

图12-10　波形图1

(7)再按照图12-11所示,连接另一半桥电路,并检查电路连接是否有误。

(8)重复(3)(4)(5)(6)步骤,在图12-12中画出电压波形。

半桥逆变电路测量结果   表 12-1

项　目	半桥逆变电路图 1	半桥逆变电路图 2
D_1 和 D_2 现象		
$u_{A\text{-}B}$(V)		

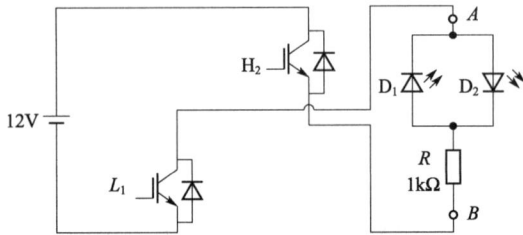

图 12-11　半桥逆变电路图 2

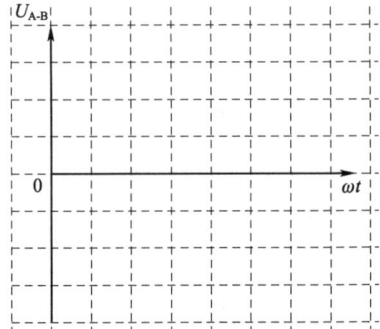

图 12-12　波形图 2

2）全桥逆变电路测量

(1)从实训器材中选取电源、万用表、示波器、IGBT 模块、IGBT 驱动模块、电阻、LED 二极管灯和导线。

(2)按照图 12-13 所示,连接全桥电路,并检查电路连接是否有误。

(3)电路检查无误后,闭合电源开关,观察发光二极管 D_1 和 D_2 状态。

(4)用万用表测量 A、B 两点间的电压值,记录在表 12-2 中。

(5)用示波器检测 A、B 两点间的电压波形,并在图 12-14 中画出波形。

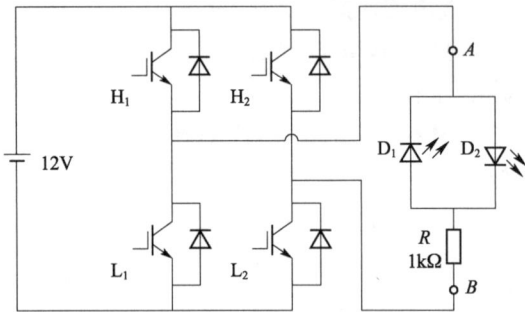

图 12-13　全桥逆变电路图

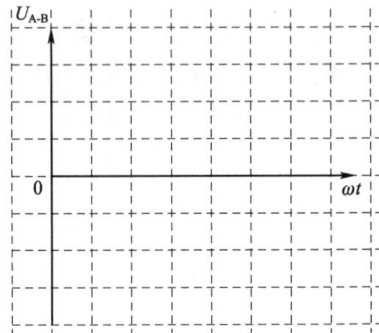

图 12-14　波形图 3

全桥逆变电路测量结果   表 12-2

项　目	频率调节旋钮不转	频率调节旋钮顺时针转	频率调节旋钮逆时针转
D_1 和 D_2 现象			
$u_{A\text{-}B}$(V)			

(6)调节频率旋钮,按上述方法检测和记录频率旋钮顺时针和逆时针转动时,A、B 两点之间的电压值和波形图,在图 12-15 和图 12-16 中画出波形,并完成表 12-2。

(7)测量结束,断开电路连接,实训器材整理归位。

图 12-15 波形图 4（频率旋钮顺时针转）

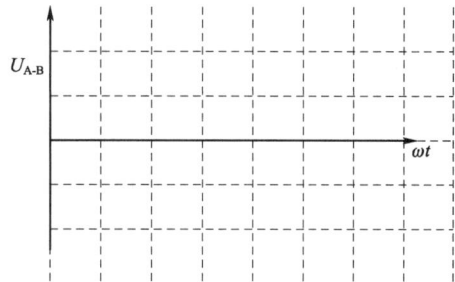

图 12-16 波形图 5（频率旋钮逆时针转）

三、技能考核标准

技能考核标准见表 12-3。

技 能 考 核 标 准   表 12-3

序号	项 目	操 作 内 容	规定分	评 分 标 准	得分
1	半桥逆变电路测量	按照半桥逆变电路的测量步骤，连接所需电路，观察实验现象，并用万用表测量负载电压，用示波器检测电压波形	50 分	1. 操作过程中，步骤是否正确，是否违反注意事项； 2. 能否正确使用示波器和万用表，并准确调试示波器波形和读取万用表数值； 3. 能否根据测量结果正确绘制电压波形图； 4. 测量完毕是否断开电路连接，整理实验器材	
2	全桥逆变电路测量	按照全桥逆变电路的测量步骤，连接所需电路，观察实验现象，并用万用表测量负载电压，用示波器检测电压波形；调节频率旋钮后重复上述测量过程	50 分		
	总分		100 分		

四、学习拓展

1. 电流型单相桥式逆变电路

1）电路工作过程

如图 12-17a）所示，当 T_1、T_4 导通，T_2、T_3 关断时，$I_0 = I_d$；反之，$I_0 = -I_d$。

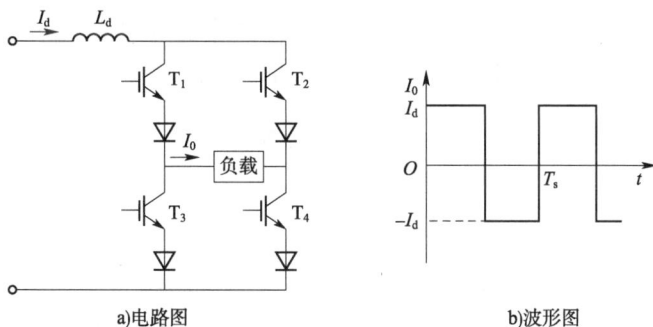

a)电路图   b)波形图

图 12-17 电流型单相桥式逆变电路

当以频率 f 交替切换开关管 T_1、T_4 和 T_2、T_3 时，则在负载上获得如图 12-17b）所示的电流波形。

输出电流波形为矩形波,与电路负载性质无关,而输出电压波形由负载性质决定。

主电路开关管采用自关断器件时,如果其反向不能承受高电压,则需在各开关器件支路串入二极管。

2)电流波形参数计算

将图 12-17b)所示的电流波形 i_0 展开成傅氏级数,有

$$i_0 = \frac{4I_d}{\pi}\left(\sin\omega t + \frac{1}{3}\sin 3\omega t + \frac{1}{5}\sin 5\omega t + \cdots\right) \quad (12\text{-}14)$$

其中基波幅值 I_{01m} 和基波有效值 I_{01} 分别为

$$I_{01m} = \frac{4I_d}{\pi} \approx 1.27I_d \quad (12\text{-}15)$$

$$I_{01} = \frac{4I_d}{\pi\sqrt{2}} \approx 0.9I_d \quad (12\text{-}16)$$

2. 电流型三相桥式逆变电路

如图 12-18 所示为电流型三相桥式逆变电路及其波形图,该电路导电方式为120°导通、横向换流方式,任意瞬间只有两个桥臂导通。导通顺序为 $1 \to T_2 \to T_3 \to T_4 \to T_5 \to T_6$,依次间隔60°,每个桥臂导通120°。这样,每个时刻上桥臂组和下桥臂组中都各有一个臂导通。

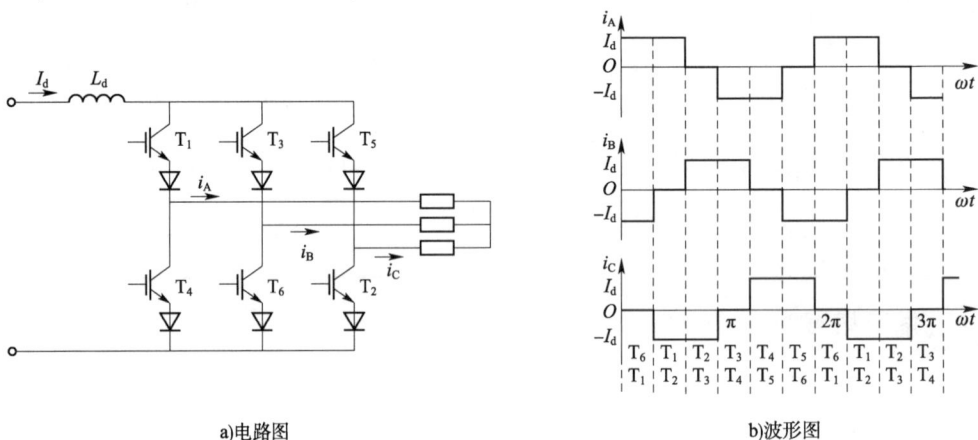

a)电路图   b)波形图

图 12-18 电流型三相桥式逆变电路

电路输出电流波形与负载性质无关,输出电压波形由负载的性质决定。

输出电流的基波有效值 I_{01} 和直流电流 I_d 的关系式为:

$$I_{01} = \frac{\sqrt{6}}{\pi}I_d \approx 0.78I_d \quad (12\text{-}17)$$

五、思考与练习

(一)填空题

(1)逆变电路的基本作用是将_____转换为频率和电压都任意可调的_____。

(2)逆变电路按输出电能的去向分可分为_____和_____。

(3)逆变电路按直流电源性质分可分为_____和_____。

（4）逆变电路按输出相数分可分为_____和_____。

（5）采用移相方式调节逆变电路的输出电压,称为_____。

（6）带中心抽头变压器的逆变电路比全桥电路少用一半开关器件,器件承受的电压比全桥电路_____,而且必须有一个_____。

（7）单相电压型逆变电路中二极管的作用是_____和_____。

（8）180°导电方式三相电压型逆变电路中,为了防止同一相上下两桥臂的开关器件同时导通而引起直流侧电源短路,要求采用_____的方法。

（二）单项选择题

（1）当需要直流电源向交流负载供电时,就需要(   )。

    A. 整流电路　　　　　B.稳压电路　　　　　C.滤波电路　　　　　D.逆变电路

（2）交流电动机调速用变频器、不间断电源、感应加热电源等电力电子装置使用非常广泛,其电路的核心部分都是(   )。

    A. 整流电路　　　　　B.稳压电路　　　　　C.斩波电路　　　　　D.逆变电路

（3）电流型逆变电路特点有(   )。

    A. 直流侧接大电感　　　　　　　　B. 交流侧电流接正弦波

    C. 直流侧电压无脉动　　　　　　　　D. 直流侧电流有脉动

（4）电压型单相半桥逆变器有(   )个导电臂。

    A.1　　　　　　　　B.2　　　　　　　　C.3　　　　　　　　D.4

（5）电压型单相半桥逆变器的每个导电臂由一个电力晶体管和一个二极管(   )组成。

    A. 串联　　　　　　B. 反串联　　　　　　C. 并联　　　　　　D. 反并联

（6）电压型单相半桥逆变器的直流接有两个相互串联的(   )。

    A. 容量足够小的电容　　　　　　B. 小电感

    C. 容量足够大的电容　　　　　　D. 大电感

（三）判断题

（1）变流装置如果工作在逆变状态,其交流侧接在交流电网上,电网成为负载,在运行中将直流电能变换为交流电能并回送到电网中去,这样的逆变称为有源逆变。（　　　）

（2）逆变电路就是将直流电能变换为交流电能的变换电路。（　　　）

（3）单相全桥、三相桥式都可看成由若干个半桥逆变电路组成。（　　　）

（4）逆变电路的基本作用是在控制电路的控制下将中间交流电路输出的交流电源转换为频率和电压都任意可调的直流电源。（　　　）

（5）电压型逆变电路一般采用半控型器件,换流方式为器件换流。（　　　）

（6）无源逆变指的是不需要逆变电源的逆变电路。（　　　）

（7）无源逆变装置是把逆变后的交流能量送回电网。（　　　）

（8）电压型逆变电路,为了反馈感性负载上的无功能量,必须在电力开关器件上反并联反馈二极管。（　　　）

（四）简答题

（1）电压型逆变电路的特点有哪些?

（2）无源逆变电路和有源逆变电路有何不同？

（3）电压型逆变电路中反馈二极管的作用是什么？为什么电流型逆变电路中没有反馈二极管？

任务 13　稳压电路认知及检测

学习目标

❖ **知识目标**

1. 能够说出稳压二极管的稳压特性；
2. 能够说出硅稳压管工作原理；
3. 能够说出直流稳压电路的组成、类别和工作原理；
4. 能够说出三端集成稳压器的作用；
5. 能够识记 W7800 和 W7900 系列集成稳压器的输入端、输出端和公共端位置。

❖ **能力目标**

1. 能够画出稳压电路的电路图；
2. 能够看图连接硅稳压管稳压电路并用仪表进行检测；
3. 能够看图连接三端集成稳压电路；
4. 能够按照电路图，用实物搭建电路并用仪表进行功能检测或验证。

建议课时

8 课时。

任务描述

经整流和滤波后的电压往往会随交流电源电压的波动和负载的变化而变化。电压的不稳定有时会产生测量和计算的误差，引起控制装置的工作不稳定，甚至根本无法正常工作。特别是精密电子测量仪器、自动控制、计算装置及晶闸管的触发电路等都要求有很稳定的直流电流供电。因此，还需采用稳压电路。本任务为认识稳压电路的作用、分类、组成和工作原理，并完成不同稳压电路的相关检测，验证稳压电路的作用。

一、理论知识准备

稳压电路（稳压器）是为电路或负载提供稳定的输出电压的一种电子设备，如图 13-1所示。

稳压电路的输出电压大小基本上与电网电压、负载及环境温度的变化无关。理想的稳压器是输出阻抗为零的恒压源。实际上，它是内阻很小的电压源。其内阻越小，稳压性能越好。

图 13-1　稳压电路和作用

稳压电路是整个电子系统的一个组成部分,也可以是一个独立的电子部件。

（一）稳压二极管

1. 符号和外形封装

稳压电路中一个很重要的稳压元件就是稳压二极管。

稳压二极管是一种具有稳压作用的特殊二极管。它的外形与普通二极管基本相同,电路符号及外形如图 13-2 所示。

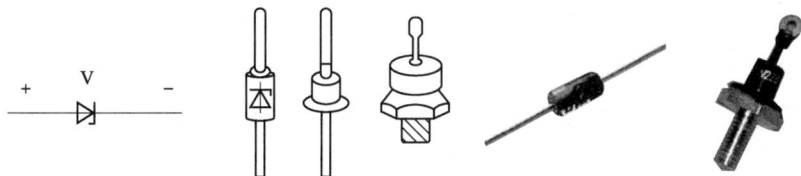

图 13-2　稳压二极管符号及外形

2. 稳压原理

稳压二极管与普通二极管一样,也是由一个 PN 结构成,不同的是制造工艺上有所差别,工作区域不同。

当稳压二极管两端加反向电压,且小于反向击穿电压时,只有极小的漏电流通过稳压管。当反向电压达到某一电压 U_v 时,稳压二极管反向击穿导通,电流急剧增加,但稳压管两端电压几乎不变。可利用它的反向击穿电流变化很大而反向击穿电压基本不变的特性,达到稳压的目的。稳压二极管的工作特性曲线,如图 13-3 所示。

3. 与普通二极管对比

由图 13-3 可以看出:

（1）稳压二极管的正向特性与普通二极管相同,呈导通状态。

（2）反向特性曲线比普通二极管陡峭。在反向

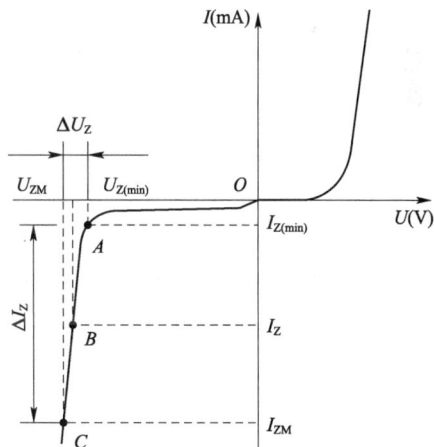

图 13-3　稳压二极管的特性曲线

电压较小时,稳压二极管只有极其微小的反相电流呈截止状态。当反向电压达到某一数值 U_Z 时,稳压二极管突然导通,电压即使增加很少,也会引起较大电流。这种现象称为击穿,U_Z 叫击穿电压(即稳压管的稳定电压)。在反向击穿区,稳压二极管的电流在很大范围内变化,稳压二极管两端的电压却基本不变,这正是稳压二极管的特别之处(普通二极管在反向击穿区会损坏),此时只要流过稳压二极管的电流不超过规定值,稳压二极管就不会被损坏。

由于稳压二极管是工作在反向击穿状态,所以把它接到电路中时,应该反接,即稳压二极管的正极应接在稳定电压的负极,稳压管的负极应接在稳定电压的正极。

普通二极管与稳压二极管的对比分析,如表 13-1 所示。

稳压二极管和普通二极管比较　　　　　　　　　　表 13-1

项　目	普通二极管	稳压二极管
相同点	1. 稳压二极管外形与普通二极管基本相同; 2. 都是由一个 PN 结构成; 3. 稳压二极管的正向特性与普通二极管基本相同	
不同点	符号:	符号:
	不具有稳压作用	具有稳压作用
	在反向击穿区会损坏	工作在反向击穿区,接到电路中时,应该反接
	反向特性曲线没有稳压二极管陡峭	反向特性曲线比普通二极管陡峭

(二)硅稳压管稳压电路

硅稳压管稳压电路,如图 13-4 所示。经过桥式整流和电容滤波得到的脉动直流电,再经过限流电阻和稳压二极管组成的稳压电路接到负载电阻 R_L 上,这样负载电阻 R_L 上便得到一个比较稳定的电压。

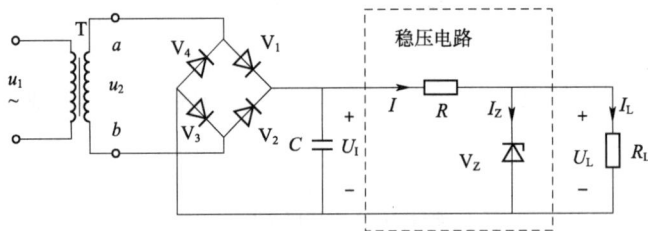

图 13-4　硅稳压管稳压电路

1. 稳压过程

(1)输入电压 U_1 不变,当负载电阻 R_L 减小时,流过负载电阻的电流 I_L 将增大,限流电阻 R 上的电流 I 也将增大,则 R 两端电压 $U_R = IR$ 也增大,因输入电压 U_1 不变,所以输出电压 $U_L = U_1 - IR$ 减小;当加在稳压管两端的电压减小时,流过稳压管的电流会明显减少,使限流电阻 R 上的电流 I 减小,则 R 两端电压 $U_R = IR$ 也减小,从而使得输出电压 $U_L = U_1 - IR$ 保持不变。

其稳压过程可表示如下:

$$R_L \downarrow \rightarrow I_L \uparrow \rightarrow IR \uparrow \rightarrow U_L \downarrow \rightarrow I_Z \downarrow \rightarrow I \downarrow \rightarrow IR \downarrow \rightarrow U_L \uparrow$$

当 R_L 增大时,上述的调节过程正好相反,同样能保持负载上的电压 U_L 基本不变。

(2)负载电阻 R_L 不变,当 U_1 升高时,U_L 也升高,必然引起流过稳压管电流 I_Z 的显著增大,则限流电阻 R 上的电流 I 也将增大,则 R 两端电压 $U_R = IR$ 也增大,以抵消由 U_1 的升高而带来的输出电压的增加,从而使负载电压 U_L 近似保持不变。

此稳压过程可表示为:

$$U_1 \uparrow \rightarrow U_L \uparrow \rightarrow I_Z \uparrow \rightarrow I \uparrow \rightarrow U_R \uparrow \rightarrow U_L \downarrow$$

当 U_L 降低时,必然引起 I_Z 减小,进而引起 I 的减少,从而使 U_L 上升。最终使输出电压 U_L 近似不变。

必须指出,不论是输入电压 U_I 改变,还是负载电阻 R_L 改变,都要引起稳压管电流 I_L 的变化,再通过限流电阻 R 上的电压变化来维持输出电压 U_L 近似不变。因此,这种稳压电路的稳压过程不仅与稳压管有关,而且和限流电阻 R 的大小有关。

2. 选择稳压电路元件的注意事项

(1)稳压管的稳压值应该等于输出电压的值,即 $U_Z = U_L$。

(2)稳压管的最大稳定电流应该等于最大输出电流的 2~3 倍。

(3)动态电阻尽可能小。

硅稳压管稳压电路结构简单,在负载电流变动较小时,稳压效果较好。但其输出电压只能等于稳压管的稳定电压,允许电流变化的幅度也受到稳压管稳定电流的限制。因此,这种电路只适用于功率较小和负载电流变化不大的场合。常用稳压管的型号及稳压值如表 13-2 所示。

常用稳压管的型号及稳压值   表 13-2

型号	IN4729	IN4730	IN4731	IN4732	IN4733	IN4736	IN4737
稳压值(V)	3.6	3.9	4.3	4.7	5.1	6.8	7.5

(三) 串联型稳压电路

1) 电路的一般形式

串联型稳压电路是一个反馈调节系统,由取样电路、基准电压电路、比较放大电路和调整电路四部分组成。电路结构的一般形式,如图 13-5 所示。

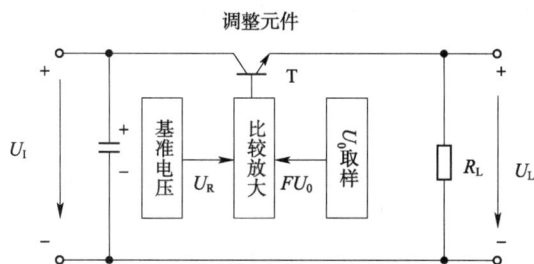

图 13-5 串联反馈式稳压电路一般形式

因调整管与负载接成射极输出器形式,为深度串联电压负反馈,故称为串联反馈式稳压电路。若因输入电压变化或负载变化而使 U_L 加大,比较放大电路使 U_{B1} 变小,从而使 U_L 降低。

2) 稳压原理

一种实际的串联型稳压电路,如图 13-6 所示。

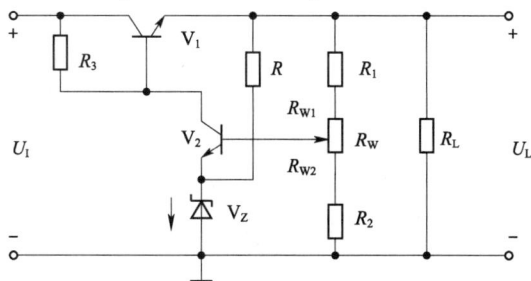

图 13-6 串联型稳压电路

在稳压电路的主回路中，调整管 V_1 与负载 R_L 串联，所以称为串联型稳压电路，V_2 是比较放大管，R_1、R_p 和 R_2 串联接在输出端，构成取样电路，而由限流电阻 R_Z 与稳压管 V_Z 组成的稳压电路直接接在比较放大管 V_2 的发射极上。它的稳压原理如下：

当输出电压 U_L 升高时，取样电压就增大，V_2 管的基极电位升高，但 V_2 管发射极电位被稳压，所以 V_2 的基极与发射极之间电压 U_{be2} 增大。V_2 管的导通程度增强，其基极电流 I_{be2} 增大，从而使 V_2 的集电极电流 I_{c2} 增大，则 V_2 的集电极电位 U_{c2} 降低。而调整管 V_1 因基极电位降低，使其导通程度下降，其基极电流 I_{be1} 减小，V_1 的集电极电流也减小，使得其集射电压增大，输出电压增大。

当输出电压降低时，调整过程正好相反。

在稳压电路的工作过程中，要求调整管始终处于放大状态。通过调整管的电流等于负载电流，因此必须选用适当的大功率管做调整管，并安装散热装置。为了防止短路或长期过载烧坏调整管，在直流稳压器中一般还设有短路保护和过载保护等环节。

3) 输出电压的确定和调节范围

稳压管 V_Z 两端的电压为 U_Z，V_2 的基极与发射极之间电压为 U_{be2}，输出电压为 U_L，它们之间存在如下关系：

$$U_Z + U_{be2} = \frac{R_{W2} + R_2}{R_1 + R_2 + R_W} U_L \tag{13-1}$$

由此可得，输出电压 U_L

$$U_L = \frac{R_1 + R_2 + R_W}{R_W + R_2}(U_Z + U_{be2}) \tag{13-2}$$

由于 U_{be2} 相对输出电压太小，有时计算中可忽略，得

$$U_L = \frac{R_1 + R_2 + R_W}{R_W + R_2} U_Z \tag{13-3}$$

例 13-1 在图 13-6 所示电路中，$U_I = 18V$，$U_Z = 4V$，$R_1 = R_2 = R_W = 4.7k\Omega$，求输出电压的调节范围。

解： R_W 接入电路的最大电阻为 R_{W1}，此时输出的最小电压 U_{Lmin} 为

$$U_{Lmin} = \frac{R_1 + R_2 + R_W}{R_{W1} + R_2} U_Z = \frac{4.7 + 4.7 + 4.7}{4.7 + 4.7} \times 4 = 6V$$

R_W 接入电路的最小电阻 R_{W2} 为零，此时输出的最大电压 U_{Lmax} 为

$$U_{Lmax} = \frac{R_1 + R_2 + R_W}{R_{W2} + R_2} U_Z = \frac{4.7 + 4.7 + 4.7}{4.7} \times 4 = 12V$$

所以，输出电压的调节范围为 6～12V。

(四) 三端集成稳压器

随着集成工艺的发展，稳压电路也制成了集成器件，串联型稳压电路就适合单片集成电路制造。它具有体积小、重量轻、使用方便、运行可靠和价格低等一系列优点，因而得到广泛应用。

目前，集成稳压电源的规格种类繁多，最简单的是三端集成稳压电路，它只有三个引线端：输入端(一般与整流滤波电路输出端相连)、输出端(与负载相连)和公共搭铁端。组成稳压电路的所有元件都集中在一块芯片上，使用安装很方便。只要按需要选定型号，再配上适当的散热片，就可接成稳压电路。如图 13-7 所示为三端集成稳压器。

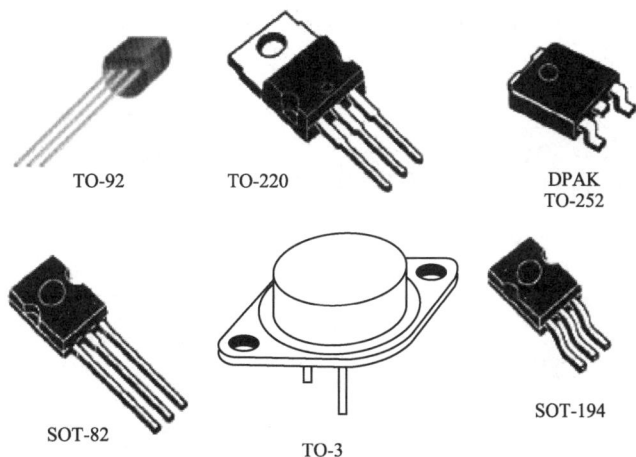

TO-92 TO-220 DPAK TO-252

SOT-82 TO-3 SOT-194

图 13-7　三端集成稳压器常见实物图

集成稳压器有 W78×× (正电压输出) 和 W79×× (负电压输出) 系列, 其中 W78×× 可提供 1.5A 电流和输出 5V、6V、8V、9V、10V、12V、15V、18V、24V 等各种档次的稳定电压。输出电压值由型号中的后两位数字表示。例如, W7805 表示输出电压为 +5V、W7905 表示输出电压为 −5V。在保证充分散热的条件下, 输出电流有 0.1A、0.5A 和 1.5A 三个档次, 最高输入电压为 35V, 最小输入、输出电压差为 2~3V, 输出电压变化率为 0.1%~0.2%。

使用三端集成稳压器, 应注意区分输入端与输出端, 假若接错, 会使调整管的发射结承受过高的反向电压而击穿。还应注意散热, 如果散热不良, 稳压器内部的过热保护装置会使稳压器终止工作, 如图 13-8 和图 13-9 所示。

3-输出端
2-公共端
1-输入端

图 13-8　W78×× 系列稳压器外形

3-输出端
2-输入端
1-公共端

图 13-9　W79×× 系列稳压器外形

图 13-10 是集成稳压基本应用电路, C_1、C_2 为高频旁路电容, 一般情况下, 可以不接 C_1, 但当三端集成稳压电路远离整流滤波电路时, 应接入一个 0.33μF 的电容, 以抑制纹波。

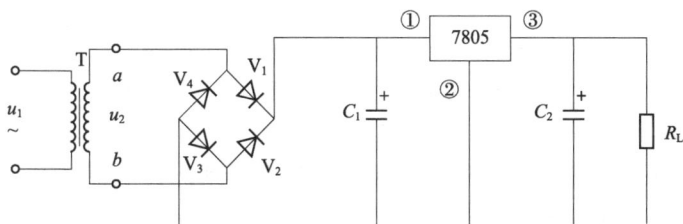

图 13-10　W7805 基本应用电路

图 13-11 是三端可调输出集成稳压电路,调节变阻器 R_2 可使 W7805 的公共端对地浮动,从而实现电源电压的调节。

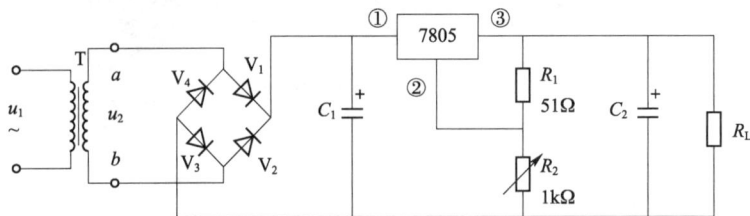

图 13-11　三端可调输出集成稳压电路

二、任务实施

1. 准备工作

(1)掌握理论知识。

(2)认真研读技术要求和注意事项。

(3)准备实训器材:电工实验台,万用表一只,2CW53 稳压二极管一只,W7805 三端集成稳压器,200Ω、500Ω 电阻各一只,开关一只,直流电压表一只,220μF 电容器一只,插接卡导线二十个,长导线两根。

2. 技术要求与注意事项

(1)稳压二极管在反向击穿时,反向电流在很大的范围变化时反向电压基本不变。

(2)三端稳压集成器 W7805 的①是不稳定的输入端、②是公共端、③是稳定的输出端。

(3)连接或拆除电路的过程中,不能带电操作。

(4)注意电路元件的连接方式,电压表要选择合适的量程。

(5)接通电源前必须检查电路,电路暂时不用或更换元件时需关断电源。

3. 操作步骤

1)稳压二极管基本稳压电路检测

(1)从实验器材中选取电阻、直流电压表、开关、稳压二极管和导线。

(2)按图 13-12 所示电路图,连接实物电路,并检查连接是否有误。

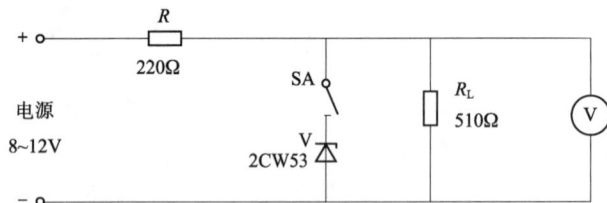

图 13-12　稳压二极管基本稳压电路

(3)闭合实验台开关,把试验台面板上直流电源调到 8 ~ 12V 作为电路电源,调完后关闭实验台电源开关。

(4)把电路电源端子插入实验台直流电源插孔,闭合实验台电源开关。

(5)断开 SA 开关,不接稳压电路。

(6)调节直流电源旋钮,使电源电压为 10V,测量负载额定电压值 $U_{L额}$,填入表 13-3 中。

(7)调节直流电源旋钮,使输出直流电压变动为 ±20% ,即使直流输出电压分别为 8V 和 12V,观察负载电压的变化,并读出对应的负载电压值 U'_L,并计算电压变化率,填入表 13-3 中。

不接稳压电路时电源电压变化率　　　　表 13-3

测　算　项　目	测　算　值	
电源电压调到 10V 时,测量负载额定电压 $U_{L额}$		
调整电源电压(10V)变动 ±20%	8V	12V
对应的负载电压 U'_L		
负载电压变化量 $\Delta U_L = U'_L - U_{L额}$		
负载电压变化率 $= \Delta U_L / U_{L额} \times 100\%$		

(8)闭合 SA 开关,接稳压电路,重复(6)、(7)步,把数据填入表 13-4 中。

接稳压电路时电源电压变化率　　　　表 13-4

测　算　项　目	测　算　值	
电源电压调到 10V 时,测量负载额定电压 $U_{L额}$		
调整电源电压(10V)变动 ±20%	8V	12V
对应的负载电压 U'_L		
负载电压变化量 $\Delta U_L = U'_L - U_{L额}$		
负载电压变化率 $= \Delta U_L / U_{L额} \times 100\%$		

2)三端集成稳压电路检测

(1)从实验器材中选取电阻、直流电压表、开关、三端集成稳压器、电容器和导线。

(2)按图 13-13 所示电路图,连接实物电路,并检查连接是否有误。

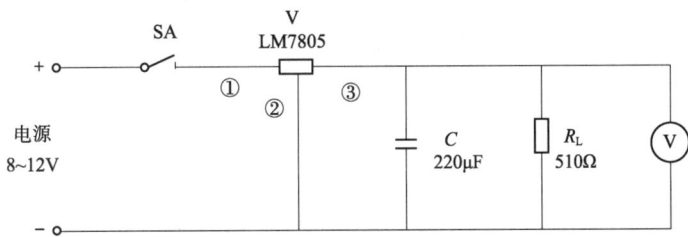

图 13-13　三端集成稳压电路

(3)闭合实验台开关,把试验台面板上直流电源调到 8 ~ 12V 作为电路电源,调完后关闭实验台电源开关。

(4)把电路电源端子插入实验台直流电源插孔,闭合实验台电源开关。

(5)闭合 SA 开关。

(6)调节直流电源旋钮,使电源电压为 10V,测量稳压器输出额定电压值 $U_{L额}$,填入表 13-5 中。

(7)调节直流电源旋钮,使输出直流电压变动为 ±20% ,即使直流输出电压分别为 8V 和 12V,观察负载电压的变化,并读出对应的负载电压值 U'_L,并计算电压变化率,填入表 13-5 中。

三端集成稳压电源电压变化率 · 表 13-5

测 算 项 目	测 算 值	
电源电压调到 10V 时,测量稳压器输出额定电压 $U_{L额}$		
调整电源电压(10V)变动 ±20%	8 V	12 V
对应的负载电压 U'_L		
负载电压变化量 $\Delta U_L = U'_L - U_{L额}$		
负载电压变化率 = $\Delta U_L / U_{L额} \times 100\%$		

三、技能考核标准

技能考核标准见表 13-6。

技 能 考 核 标 准 · 表 13-6

序号	项 目	操 作 内 容	规定分	评 分 标 准	得 分
1	稳压二极管基本稳压电路检测	按照稳压二极管基本稳压电路的检测步骤,依次测量不接入稳压电路和接入稳压电路时负载的电压值,并根据测量值计算负载电压变化率	60 分	1. 操作过程中,步骤是否正确,是否违反注意事项; 2. 能否正确连接电路,并准确读取电压表数值;	
2	三端集成稳压电路检测	按照三端集成稳压电路的检测步骤,测量三端集成稳压电路中稳压器的输出电压值,并根据测量结果,计算稳压器输出电压变化率	40 分	3. 能否根据测量结果正确计算出负载电压变化率; 4. 测量完毕是否断开电路连接,收起实验器材	
	总分		100 分		

四、思考与练习

(一)填空题

(1)稳压电路(稳压器)是为电路或负载提供_____的输出电压的一种电子设备。

(2)串联型稳压电路是一个反馈调节系统,包含有取样电路、基准电压电路、_____和_____四部分组成。

(3)稳压电路中,稳压管工作在_____状态。

(4)在反向击穿区,稳压二极管的电流在_____范围内变化,稳压二极管两端的电压却_____。

(5)稳压二极管的正向特性与普通二极管相同,呈_____状态。

(6)稳压二极管的正极应接在稳定电压的_____极;稳压管的负极应接在稳定电压的_____极。

(7)三端集成稳压器有三个引线端:_____端(一般与整流滤波电路输出端相连)、_____端(与负载相连)和_____端。

(8)W7805 表示输出电压为_____,W7905 表示输出电压为_____。

(9)稳压管的最大稳定电流应该等于最大输出电流的_____倍。

(10)为了防止短路或长期过载烧坏调整管,在直流稳压器中一般还设有_____保护和_____保护等环节。

(二)单项选择题

(1)硅稳压管稳压电路结构简单,在负载电流变动较小时,稳压效果较好,适用于( )的场合。

    A. 功率较小和负载电流变化不大   B. 功率较小和负载电流变化较大

    C. 功率较大和负载电流变化不大   D. 功率较大和负载电流变化较大

(2)稳压二极管的正常工作状态是( )。

    A. 导通状态   B. 截止状态   C. 反向击穿状态   D. 任意状态

(3)稳压管稳压电路中,若稳压管接反了会产生的后果是( )。

    A. 电路正常工作   B. 负载被烧毁   C. 烧坏稳压管   D. 无法判断

(4)W7800 系列集成稳压器输出( )。

    A. 正电压   B. 负电压   C. 正、负电压均可   D. 无法判断

(5)三端集成稳压器 W7815 的输出电压为( )。

    A. 5V   B. 12V   C. 15V   D. – 15V

(6)关于 CW7905 说法不正确的是( )。

    A. CW7905 是正电压稳压的三端固定输出式稳压器

    B. CW7905 的 1 引脚为公共端

    C. CW7905 表示电压为-5V,输出电流为 0.5A

    D. CW7905 中"C"表示国标,"W"表示稳压器

(7)为使放大电路的输入电阻增大,并具有稳定输出电压的作用,电路中应引入( )。

    A. 电流并联负反馈   B. 电流串联负反馈

    C. 电压并联负反馈   D. 电压串联负反馈

(8)串联型稳压电路中的放大环节所放大的对象是( )。

    A. 基准电压   B. 采样电压

    C. 负载电压   D. 基准电压与采样电压之差

(9)直流稳压电源中滤波电路的目的是( )。

    A. 将交流变为直流

    B. 将高频变为低频

    C. 将交、直流混合量中的交流成分滤掉

(三)判断题

(1)稳压二极管是一种具有稳压作用的特殊二极管。   ( )

(2)稳压器内阻越大,稳压性能越好。   ( )

(3)利用稳压二极管的反向击穿电流变化很大而反向击穿电压基本不变的特性,达到稳压的目的。   ( )

(4)硅稳压管稳压电路结构简单,在负载电流变动较大时,稳压效果较好。   ( )

(5)硅稳压管稳压电路的稳压过程不仅与稳压管有关,而且和限流电阻的大小有关。( )

(6)理想的稳压器内阻越小,稳压性能越好。   ( )

(7)稳压二极管反向特性曲线比普通二极管陡峭。   ( )

(8)当稳压管两端加反向电压,且小于反向击穿电压时,会有较多的漏电流通过稳压管。

    ( )

(9)稳压管的稳压值应该等于输出电压的值。 （　　）

(10)在稳压电路的工作过程中,要求调整管始终处于放大状态。 （　　）

(11)当输入电压 U_I 和负载电流 I_L 变化时,稳压电路的输出电压是绝对不变的。（　　）

(四)简答与计算

(1)简述稳压二极管和普通二极管的异同点。

(2)叙述硅稳压管稳压电路的工作原理。

(3)在下图所示电路中, $U_I = 18V$, $U_Z = 4V$, $R_1 = R_2 = R_W = 4.5k\Omega$,求输出电压的调节范围。

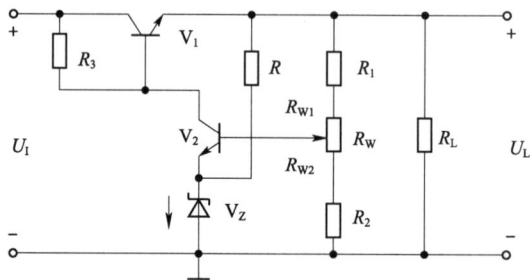

任务 14　滤波电路认知及检测

学习目标

❖ **知识目标**

1.能够描述滤波电路的工作原理;

2.能够说出电容滤波和电感滤波的特点;

3.能够区分常见复式滤波电路图。

❖ **能力目标**

1.能够正确连接电容滤波电路;

2.能够测量电容滤波电路并画出波形变化图;

3.能够正确连接电感滤波电路;

4.能够测量电感滤波电路并画出波形变化图。

建议课时

8 课时。

任务描述

整流电路虽然可以把交流电转换为直流电,但是它们的输出电压都含有较大的脉动成分,这远不能满足实际需求。在大多数的电子设备中,整流电路中都要接滤波器,以改善输出电压的脉动程度,使输出电压更加平滑。本任务为认识滤波电路的作用、组成和工作原理,并完成几种滤波电路的检测。

一、理论知识准备

滤波电路的作用是将脉动的直流电变成平滑的直流电,如图 14-1 所示。

图 14-1 滤波电路的作用

电容和电感是基本的滤波元件,主要利用电容器两端电压不能突变和流过电感器的电流不能突变的特点,将电容器和负载电阻并联或将电感器与负载电阻串联,即可达到使输出波形平滑的目的。

滤波电路大致可分为无源滤波和有源滤波电路。

无源滤波电路的结构简单,易于设计,但它的通带放大倍数及其截止频率都随负载而变化,因而不适用于信号处理要求高的场合。无源滤波电路通常用在功率电路中,比如直流电源整流后的滤波,或者大电流负载时采用 LC(电感、电容)电路滤波。后面讲到的电容滤波电路、电感滤波电路和复式滤波电路都属于无源滤波电路。

有源滤波电路的负载不影响滤波特性,因此常用于信号处理要求高的场合。有源滤波电路一般由 RC 网络和集成运放组成,因而必须在合适的直流电源供电的情况下才能使用,同时还可以进行放大。但电路的组成和设计也较复杂。有源滤波电路不适用于高电压大电流的场合,只适用于信号处理。

实际电路中常见的滤波器,如图 14-2 所示。

(一)电容滤波电路

1. 单相半波整流电容滤波电路的组成

在半波整流之后的负载两端并联上滤波电容 C,就组成了半波整流电容滤波电路,如图 14-3 所示。因此,负载两端电压等于电容 C 两端电压,即 $u_L = u_C$。

图 14-2 滤波器实物图

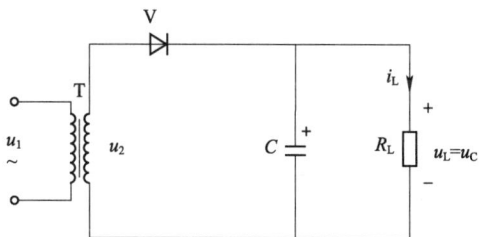

图 14-3 单相半波整流电容滤波电路

2. 单相半波整流电容滤波工作原理

(1) $u_2 > u_C$ 时,二极管导通,电流分两路,一路对负载电阻提供电流,另一路对电容器充电,u_C 随 u_2 增加,$u_L = u_C$,如图 14-4a)所示。

（2）$u_2 < u_C$ 时，二极管截止，电容 C 通过负载电阻放电，即电容 C 对负载电阻供电，u_C 按指数规律下降，$u_L = u_C$，如图 14-4b) 所示。

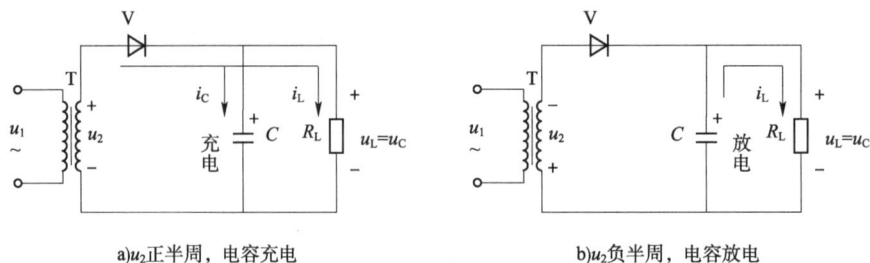

a)u_2正半周，电容充电   b)u_2负半周，电容放电

图 14-4   单相半波整流电容滤波电路工作原理

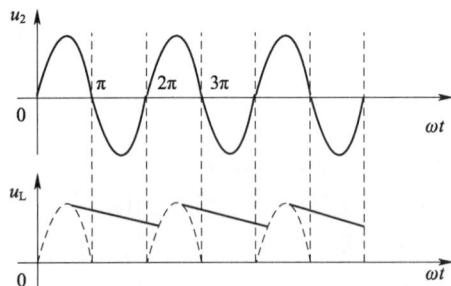

图 14-5   单相半波整流电容滤波电路波形图

充放电电压波形，如图 14-5 所示。由于二极管的正向导通电阻很小，所以电容充电很快，u_C 紧随 u_2 升高。当 R_L 较大时，电容放电较慢，负载两端的电压渐渐下降，甚至几乎保持不变。因此，输出电压不仅脉动程度减小，其平均值也得到提高。

3. 电容滤波的特点

（1）电容滤波后，输出的直流电压提高了，同时输出电压的脉动成分降低。

$$U_L = U_2（半波）\tag{14-1}$$

$$U_L = 1.2U_2（全波，桥式）\tag{14-2}$$

当负载 R_L 开路时

$$U_L = \sqrt{2}U_2 \tag{14-3}$$

（2）$R_L C$ 越大，输出电压波形越平滑。

在电容滤波电路中，时间常数为

$$\tau = R_L C \geqslant (3 \sim 5)\frac{T}{2} \tag{14-4}$$

式中，T 为交流电网电压的周期。一般滤波电容的电容值都比较大，达到几十微法至几千微法，故常选用电解电容。在使用时一定要注意电容的极性，不能接反。否则，漏电电流非常大，甚至会引起电容爆炸。还要注意滤波电容的耐压值应大于输出电压的最大值，其耐压值一般取输出电压最大值的 1.5 倍左右。

（3）滤波电容考虑的主要参数：电容值、极性、耐压值。

（4）电容滤波适用于负载电阻较大，负载电流小并且变化不大的场合。

（5）与无电容滤波比较，电容滤波电路的输出电压随负载电阻的变化有较大的变化，即外特性较差，或者说带负载能力较差。

（6）整流二极管的导通时间缩短，导通电流增大。所以，整流二极管在导电的短暂时间内，将流过很大的脉冲电流，为此在实际运用中，应选择 I_F 较大的整流二极管。一般选择 $I_F \geqslant (2 \sim 3)\dfrac{U_L}{R_L}$。

（7）在半波整流中，二极管的反向电压升高；在桥式整流中，二极管的反向电压不变。

二极管截止时所承受的最高反向电压 U_{VM}，如表 14-1 所示。

二极管截止时所承受的最高反向电压表　　　　表 14-1

电　　路	无电容滤波	有电容滤波
单相半波整流	$U_{VM} = \sqrt{2}U_2$	$U_{VM} = 2\sqrt{2}U_2$
单相桥式整流	$U_{VM} = \sqrt{2}U_2$	$U_{VM} = \sqrt{2}U_2$

电容滤波电路结构简单,使用方便,但是当要求输出电压的脉动成分非常小,则要求电容的容量很大,这样不但不经济,甚至不可能。当要求输出电流较大或输出电流变化较大时,电容滤波也不适用。

例 14-1　一单相桥式电容滤波整流电路,已知交流电源频率 $f = 50\text{Hz}$,负载电阻 $R_L = 200\Omega$,要求输出电压 $U_L = 30\text{V}$。请为该电路选用二极管及滤波电容。

解:(1)选择整流二极管
流过二极管的电流为

$$I_V = \frac{1}{2}I_L = \frac{1}{2} \times \frac{U_L}{R_L} = \frac{1}{2} \times \frac{30}{200} = 75\text{mA}$$

由 $U_L = 1.2U_2$ 得变压器副边电压为

$$U_2 = \frac{U_L}{1.2} = \frac{30}{1.2} = 25\text{V}$$

二极管所承受的最高反向电压为

$$U_{VM} = \sqrt{2}U_2 = \sqrt{2} \times 25 \approx 35\text{V}$$

因此,可选用二极管 2CP11(100mA,50V)。

(2)选择滤波电容
由 $\tau = R_L C \geq (3 \sim 5)\dfrac{T}{2}$,得

$$C \geq \frac{5T}{2R_L} = \frac{5\dfrac{1}{f}}{2R_L} = 250\mu\text{F}$$

选用 $C \geq 250\mu\text{F}$、耐压为 50V 的极性电容。

(二)电感滤波电路
电感滤波电路如图 14-6 所示,滤波电感 L 与负载电阻 R_L 串联,利用通过电感的电流不能突变的特性来实现滤波。

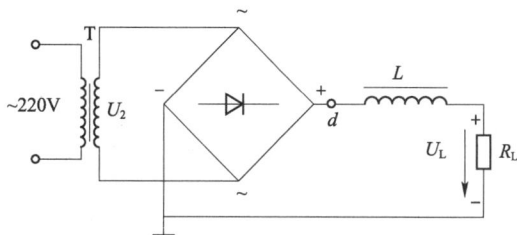

图 14-6　单相桥式整流电感滤波电路

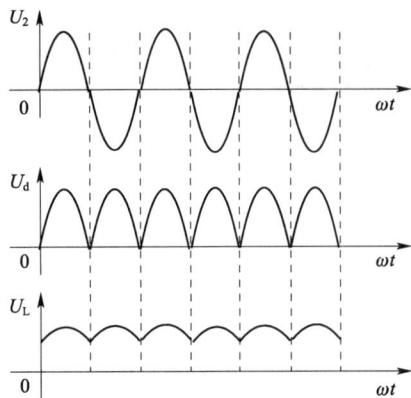

图 14-7　单相桥式整流电感滤波波形

当电感电流增大时,电感产生的自感电动势阻止电流的增加;而电流减小时,自感电动势则阻止电流的减小。因此,当脉动电流从电感线圈中通过时,将会变得平滑。不仅如此,当负载变化引起输出电流变化时,电感线圈也能抑制负载电流的变化,单相桥式整流电感滤波波形如图 14-7 所示。所以,电感滤波适用于一些大功率整流设备和负载电流变化大的场合。

显然,L 越大,滤波效果越好。但电感量较大时(几亨至几十亨),电感器的铁芯粗大笨重、线圈匝数较多,成本较高。因此,在小型电子设备中很少采用电感滤波。

(三)复式滤波电路

为了进一步提高滤波效果,可用电容和电感组成复式滤波器。常见的有 LC 滤波电路、LC-π 型滤波电路和 RC-π 型滤波电路。

1. LC 滤波电路

如图 14-8 所示的 LC 滤波电路中,电容与负载 R_L 并联后,再与电感 L 串联,一般电容 C 较大,输出电压的脉动成分将比仅有电容或电感滤波时要小。由桥式整流电路特点得知,输出的直流电压 $U_L = 0.9U_2$。

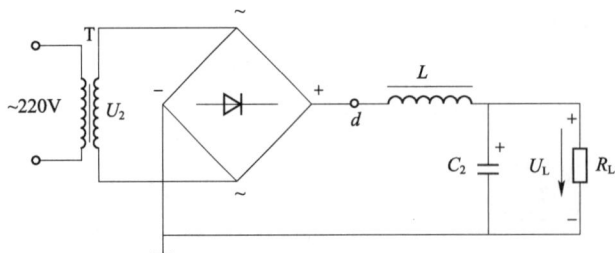

图 14-8　LC 滤波电路

2. LC-π 型滤波电路

如图 14-9 所示的 LC-π 型滤波电路中,含有脉动成分的直流电先经过电容 C_1 的第一级滤波,使整流输出电压的脉动成分降低,再利用电感对交变电流的阻碍作用,进一步降低电压的脉动程度,最后经过 C_2 的滤波作用,负载即可得到脉动程度很小的直流电。

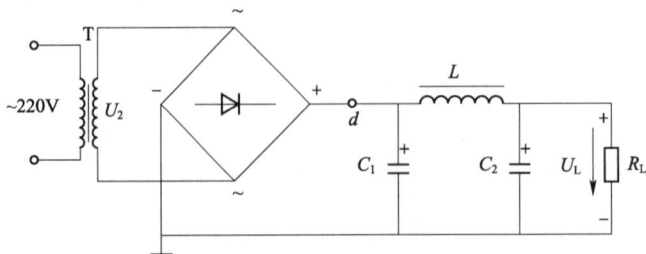

图 14-9　LC-π 型滤波电路

由于 LC-π 型滤波电路采用了多个滤波元件,所以滤波效果非常好。如果需要大电流输出,或输出电流变化范围较大,可采用 LC-π 型滤波。

3. RC-π 型滤波电路

由于 LC-π 型滤波电路中电感线圈的体积大而笨重,成本又高,所以有时候用电阻代替 LC-π 型滤波电路中的电感线圈,这样就构成了 RC-π 型滤波电路,如图 14-10 所示。虽然电阻本身并无滤波作用,但是当它和电容配合之后,就使脉动电压的交流较多地降落在电阻两端,而较少地降落在负载上,从而起到了滤波的作用。R 越大,滤波效果越好。但 R 太大,将使电流压降增加,所以这种滤波电路主要适用于负载电流较小,而又要求输出电压脉动极小的场合。

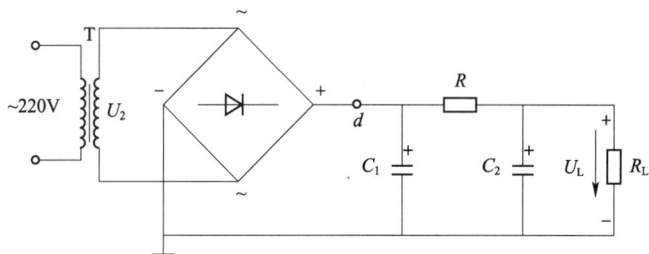

图 14-10　RC-π 型滤波电路

(四)有源滤波

上述电感、电容和电阻所组成的无源滤波器,对于小功率或较大电流和较高电压的大功率电源设备均可使用,但其体积和重量一般较大。在小型电子设备中,为了减小电源体积、减轻设备重量,均可采用有源器件组成的有源滤波器。

如图 14-11 所示,它是由 C_1、R、C_2 组成的 π 型 RC 滤波电路与有源器件晶体管 T 组成的射极输出器连接而成的电路。

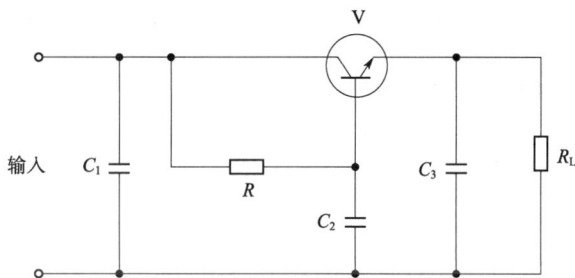

图 14-11　有源滤波电路

由图可知,流过 R 的电流为

$$I_R = \frac{I_e}{1+\beta} = \frac{IRL}{1+\beta}$$

(14-5)

流过电阻 R 的电流仅为负载电流的 $1/(1+\beta)$,所以可以采用较大的 R,与 C_2 配合以获得较好的滤波效果,以使 C_2 两端的电压的脉动成分减小,输出电压和 C_2 两端的电压基本相等,因此输出电压的脉动成分也得到了削减。

从 R_L 负载电阻两端看,基极回路的滤波元件 R、C_2 折合到射极回路,相当于 R 减小了 $(1+\beta)$ 倍,而 C_2 增大了 $(1+\beta)$ 倍。这样所需的电容 C_2 只是一般 RC-π 型滤波器所需电容的

$1/\beta$,比如晶体管的直流放大系数 $\beta = 50$,如果用一般 RC-π 型滤波器所需电容容量为 1000μF,而采用电子滤波器(有源滤波),那么电容只需要 20μF 就满足要求了。采用此电路可以选择较大的电阻和较小的电容而达到同样的滤波效果,因此被广泛地用于一些小型电子设备的电源之中。

二、任务实施

1. 准备工作

(1)掌握理论知识。

(2)认真研读技术要求和注意事项。

(3)准备实训器材:电工实验台,万用表一只,示波器一台,变压器一个,150Ω、2kΩ 电阻各一只,1N4007 二极管一只,开关两只,47μF 和 470μF 电容器各一只,180mH 电感一个,整流桥一个,插接卡导线 20 个,长导线两根,十字交叉插座一只。

2. 技术要求与注意事项

(1)滤波的作用是将脉动的直流电变成平滑的直流电,通常是利用电容和电感的能量存储功能来实现的。

(2)滤波电容和负载并联,滤波电感和负载串联。

(3)本次实验电路所用的电源是 220V,注意个人及设备安全,连接或拆除电路的过程中,不能带电操作。

(4)注意电路元件的连接方式,整流桥、二极管和滤波电容不能接反,否则将烧坏电路设备。

(5)电压表要选择合适的量程,与被测电阻并联。

(6)连接和调试示波器时请教师帮助。

(7)接通电源前必须检查电路,电路暂时不用或更换元件时需关断电源。

3. 操作步骤

1)单相半波整流电容滤波电路的检测

(1)从实验器材中选取变压器、二极管、电容、电阻、示波器、万用表和导线。

(2)按图 14-12 所示电路图,连接实物电路,并检查连接是否有误。

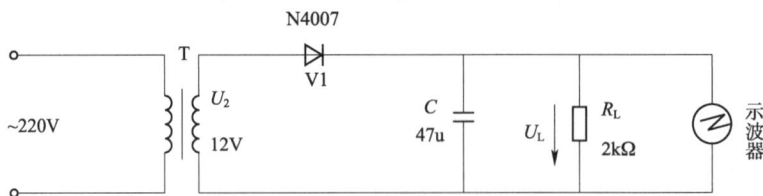

图 14-12 单相半波整流电容滤波电路

(3)闭合实验台开关,把试验台面板上交流电源调到 220V 作为电路电源,调完后关闭实验台电源开关。

(4)把电路电源端子插入实验台交流电源插孔,闭合实验台电源开关。

(5)用万用表直流 20V 挡,测出负载分别是 150Ω 和 2kΩ、滤波电容分别为 47μF 和 470μF 是的输出电压 U_L,填入表 14-2 中。

单相半波整流电容滤波电路输出电压 U_L 检测值　　　　　表 14-2

电容 ＼ 负载电阻	$R_L = 150\Omega$	$R_L = 2k\Omega$
$C = 47\mu F$		
$C = 470\mu F$		

（6）用示波器观察负载分别是 150Ω 和 $2k\Omega$、滤波电容分别为 $47\mu F$ 和 $470\mu F$ 时的输出电压波形，并在图 14-13 的坐标中画出 $C = 47\mu F$、$R_L = 2k\Omega$ 时变压器次级电压 U_2 及负载电压 U_L 的波形，画波形时将 U_2 和 U_L 波形周期按虚线对齐。

（7）观察滤波电容及负载变化对输出电压的影响。

（8）实验结束，拆除电路，回收实验器材。

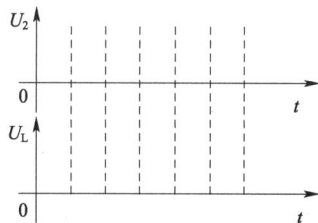

图 14-13　单相半波整流电容滤波输入输出波形

2）单相桥式整流复式滤波电路的检测

（1）从实验器材中选取变压器、整流桥、电感、电容、电阻、示波器、万用表、开关和导线。

（2）按图 14-14 所示电路图，连接实物电路，并检查连接是否有误。

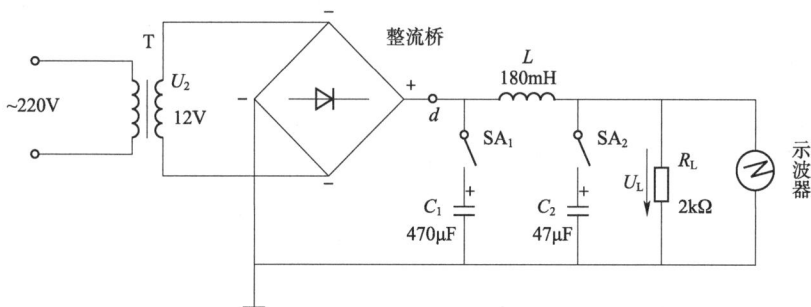

图 14-14　单相桥式整流复式滤波电路

（3）闭合实验台开关，把试验台面板上交流电源调到 220V 作为电路电源，调完后关闭实验台电源开关。

（4）把电路电源端子插入实验台交流电源插孔，闭合实验台电源开关。

（5）用万用表直流 20V 挡，测出负载分别是 150Ω 和 $2k\Omega$、滤波分别为电感滤波（SA_1 和 SA_2 均断开）、LC_2 滤波（SA_1 断开，SA_2 闭合）、$C_1 L$ 滤波（SA_1 闭合，SA_2 断开）和 CLC-π 型滤波（SA_1 和 SA_2 均闭合）时的输出电压 U_L，填入表 14-3 中。

单相桥式整流复式滤波电路输出电压 U_L 检测值　　　　　表 14-3

滤波类型 ＼ 负载电阻	$R_L = 150\Omega$	$R_L = 2k\Omega$
电感滤波（SA_1 和 SA_2 均断开）		
LC_2 滤波（SA_1 断开，SA_2 闭合）		
$C_1 L$ 滤波（SA_1 闭合，SA_2 断开）		
CLC-π 型滤波（SA_1 和 SA_2 均闭合）		

（6）用示波器观察负载分别是 150Ω 和 2kΩ、滤波分别为电感滤波（SA_1 和 SA_2 均断开）、LC_2 滤波（SA_1 断开，SA_2 闭合）、C_1L 滤波（SA_1 闭合，SA_2 断开）和 CLC-π 型滤波（SA_1 和 SA_2 均闭合）时的输出电压时的波形，并在图 14-15 的坐标中画出电感滤波（SA_1 和 SA_2 均断开），$R_L = 150Ω$ 时，变压器次级电压 U_2、滤波前电压 U_d 和负载电压 U_L 的波形，画波形时将 U_2、U_d 和 U_L 波形周期按虚线对齐。

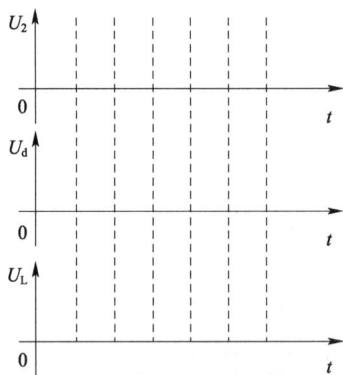

图 14-15　单相桥式整流电感滤波输入输出波形

三、技能考核标准

技能考核标准见表 14-4。

技 能 考 核 标 准 表 14-4

序号	项　目	操作内容	规定分	评分标准	得分
1	单相半波整流电容滤波电路的检测	按照单相半波整流电容滤波电路的检测步骤，用万用表测量电路中的输出电压，并画出变压器次级电压和负载电压的波形	50分	1. 操作过程中，步骤是否正确，是否违反注意事项； 2. 能否正确连接电路和使用万用表，并准确读取万用表数值； 3. 能否根据测量结果正确画出变压器次级电压和负载电压的波形； 4. 测量完毕是否断开电路连接，收起实验器材	
2	单相桥式整流复式滤波电路的检测	按照单相桥式整流复式滤波电路的检测步骤，用万用表测量电路中的输出电压，并画出变压器次级电压、滤波前电压和负载电压的波形	50分	1. 操作过程中，步骤是否正确，是否违反注意事项； 2. 能否正确连接电路和使用万用表，并准确读取万用表数值； 3. 能否根据测量结果正确画出变压器次级电压、滤波前电压和负载电压的波形； 4. 测量完毕是否断开电路连接，收起实验器材	
		总分	100分		

四、学习拓展

滤波是信号处理中的一项基本而重要的技术。利用滤波技术可以从各种信号中提取出所要的信号,滤除不需要的干扰信号,滤波器是信号的频域分析中的一个重要元器件。

滤波器分为模拟滤波器和数字滤波器,模拟滤波器用来处理模拟信号或连续的信号,数字滤波器用来处理离散的数字信号。

模拟滤波器可广泛应用于工业、商业和机关团体的配电网中,如电力系统、电解电镀企业、水处理设备、石化企业、大型商场及办公大楼、精密电子企业、机场/港口的供电系统、医疗机构等。

1. 通信行业

为了满足大规模数据中心机房的运行需要,通信配电系统中的 UPS 使用容量在大幅上升。据调查,通信低压配电系统主要的谐波源设备为 UPS、开关电源、变频空调等。其产生的谐波含量都较高,且这些谐波源设备的位移功率因数极高。通过使用有源滤波器可以提高通信系统及配电系统的稳定性,延长通信设备及电力设备的使用寿命,并且使配电系统更符合谐波环境的设计规范。

2. 半导体行业

大多数半导体行业的 3 次谐波非常严重,主要是由于企业中使用了大量的单相整流设备。3 次谐波属于零序谐波,具备在中性线汇集的特点,导致中性线压力过大,甚至出现打火现象,存在着极大的生产安全隐患。所以采用滤波器过滤掉多次谐波,消除安全隐患。

3. 半导体行业

由于生产的需要,石化行业中存在着大量泵类负载,并且不少泵类负载都配有变频器。变频器的大量应用使石化行业配电系统中的谐波含量大大增加。目前绝大部分变频器整流环节都是应用 6 脉冲将交流转化为直流,因此产生的谐波以 5 次、7 次、11 次为主。其主要危害表现为对电力设备的危害及在计量方面的偏差,使用有源滤波器可以很好地解决这方面的问题。

4. 化纤行业

为大幅提高熔化率、提高玻璃的熔化质量,以及延长炉龄、节省能源,在化纤行业常用到电助熔加热设备,借助电极把电直接送入燃料加热的玻璃池窑中。这些设备会产生大量的谐波,且三相谐波的频谱和幅值差别比较大。

5. 汽车制造业

焊机是汽车制造业中不可少的设备,由于焊机具有随机性、快速性及冲击性的特点,使大量使用焊机造成严重的电能质量问题,造成焊接质量不稳、自动化程度高的机器人由于电压不稳而不能工作,无功补偿系统无法正常使用等情况。使用滤波器就有助于解决类似问题,图 14-16 所示为汽车制造车间场景。

图 14-16　汽车焊装车间

此外,还有钢铁/中频加热行业、医院系统、语音图像处理等等都有滤波器的应用。

五、思考与练习

(一)填空题

(1)滤波电路的作用是将_____的直流电变成_____的直流电。

(2)在半波整流中,二极管的反向电压_____了;在桥式整流中,二极管的反向电压_____。

(3)滤波电容和负载_____联,滤波电感和负载_____联。

(4)常见的复式滤波电路有_____、_____和_____。

(5)滤波电容器的耐压值应_____输出电压的最大值,其耐压值一般取输出电压最大值的_____倍左右。

(6)在小型电子设备中,为了减小电源体积,减轻设备重量,均可采用有源器件组成的_____滤波器。

(7)设整流电路输入交流电压有效值为 U_2,则单相半波整流滤波电路的输出直流电压 $U_L =$ _____,单相桥式整流电容滤波器的输出直流电压 $U_L =$ _____,单相桥式整流电感滤波器的输出电压 $U_L =$ _____。

(8)电容滤波器输出电压的脉动 τ 与_____有关,τ 越大,输出电压脉动越_____,输出直流电压也就越_____。

(二)单项选择题

(1)下列(   )项不是滤波电容考虑的主要参数。

    A.电容值　　　　B.极性　　　　　　C.耐压值　　　　D.负载电阻值

(2)如果需要大电流输出,或输出电流变化范围较大,可采用(   )。

    A.LC 滤波电路　　　　　　　　B.LC-π 型滤波电路

    C.RC-π 型滤波电路　　　　　　D.以电路均可

(3)当电感电流增大时,电感产生的自感电动势阻止电流的(   );而电流减小时,自感电动势则阻止电流的(   )。

    A.增加,增加　　　　　　　　　B.减小,减小

    C.增加,减小　　　　　　　　　D.减小,增加

(4)在纯电感电路中,线圈电感越大,交流电频率越高,则对交流电流的阻碍作用(   )。

    A.越大　　　　B.越小　　　　　　C.不变　　　　D.无法确定

(5)在单相桥式整流电路中接入电容滤波器后,输出电压(   )。

    A.升高　　　　B.降低　　　　　　C.不变　　　　D.无法确定

(6)桥式整流电容滤波电路的变压器副边电压为20V,则电路的输出电压为(   )。

    A.9V　　　　　B.18V　　　　　　C.20V　　　　D.24V

(7)在单相桥式整流滤波电路中,若负载电压为60V,则变压器副边电压是(   )。

    A.42V　　　　　B.50V　　　　　　C.60V　　　　D.72V

(8)电容滤波器中,若输出电压为30V,则选择下列( )的滤波电容比较合适。

A.耐压值为30V   B.耐压值为50V

C.耐压值为100V   D.耐压值为150V

(三)判断题

(1)电容和电感是基本的滤波元件,主要利用电容器两端电压不能突变和流过电感器的电流不能突变的特点来达到使输出波形平滑的目的。   (   )

(2)电容滤波后,输出的直流电压提高了,同时输出电压的脉动成分降低。   (   )

(3)电感滤波适用于一些小功率整流设备和负载电流变化大的场合,在大型电子设备中很少。   (   )

(4)电容滤波电路中,电容 C 与负载 R_L 值越大,则滤波效果越好。   (   )

(5)一般滤波电容的电容值都比较大,达到几十微法至几千微法,故常选用电解电容器。

                                                                  (   )

(6)滤波电感与负载电阻并联,利用通过电感的电流不能突变的特性来实现滤波。

                                                                  (   )

(7)电容在使用时一定要注意极性,不能接反,否则漏电电流非常大,甚至会引起电容爆炸。   (   )

(8)电感滤波适用于一些大功率整流设备和负载电流变化大的场合。   (   )

(9)虽然 LC-π 型滤波电路采用了多个滤波元件,但滤波效果也不是很好。   (   )

(10)整流二极管在导电的短暂时间内,将流过很大的脉冲电流,为此在实际运用中,应选择最大整流电流较大的整流二极管。   (   )

(四)简答与计算

(1)叙述单相半波整流电容滤波电路的工作原理。

(2)叙述电容滤波的主要特征。

(3)叙述单相桥式整流电感滤波电路的工作原理。

(4)分别判断下图所示各电路能否作为滤波电路,简述理由。

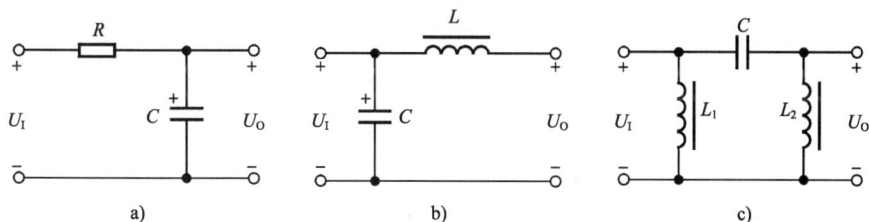

(5)有一电阻性负载,采用单相桥式整流滤波电路供电,要求输出电压为20V,电流为1A,请选择合适的整流二极管,并求电容器的耐压值。

任务 15　直流斩波电路认知及检测

学习目标

❖ 知识目标

1. 能够说出直流斩波电路的组成和工作原理;
2. 能够说出直流斩波电路的作用和分类;
3. 能够说出直流斩波电路的连接和检测方法。

❖ 能力目标

1. 根据题意求出输出的平均电流和电压;
2. 画出升压和降压直流斩波电路的电路图;
3. 能够按照电路图,用实物搭建电路并用仪表进行检测。

建议课时

8 课时。

任务描述

交流电时,可以通过变压器来改变输入和输出端的电压大小,那么电压恒定直流电是否也可以通过某个装置,让电压大小也发生变化呢?答案是肯定的,那就是直流斩波电路。本任务为认识直流斩波电路的基本知识,了解斩波电路的作用和原理,并进行相关电路的电压及其波形检测。

一、理论知识准备

直流斩波电路是一种将电压恒定的直流电变换为电压可调的直流电的电力电子变流装置,亦称直流斩波器或 DC/DC 变换器。用斩波器实现直流变换的基本思想是,通过对电力电子开关器件的快速通断控制,把恒定的直流电压或电流斩切成一系列的脉冲电压或电流,在一定滤波的条件下,在负载上可以获得平均值可小于或大于电源的电压或电流。如果改变开关器件通断的动作频率,或改变开关器件通断的时间比例,就可以改变这一脉冲序列的脉冲宽度,以实现输出电压、电流平均值的调节。

直流斩波电路的种类较多,根据其电路结构及功能分类,主要有以下 4 种基本类型:降压(Buck)斩波电路、升压(Boost)斩波电路、升降压(Buck-Boost)斩波电路、丘克(Cuk)斩波电路,其中前两种是最基本的电路,后两种是前两种基本电路的组合形式。

(一)最基本的直流斩波电路工作原理

1. 电路及波形图

最基本的直流斩波电路如图 15-1a)所示,图中 S 是可控开关,R 为纯电阻负载。当 S 闭合时,输出电压 $u_0 = E$;当 S 关断时,输出电压 $u_0 = 0$,输出波形如图 15-1b)所示。

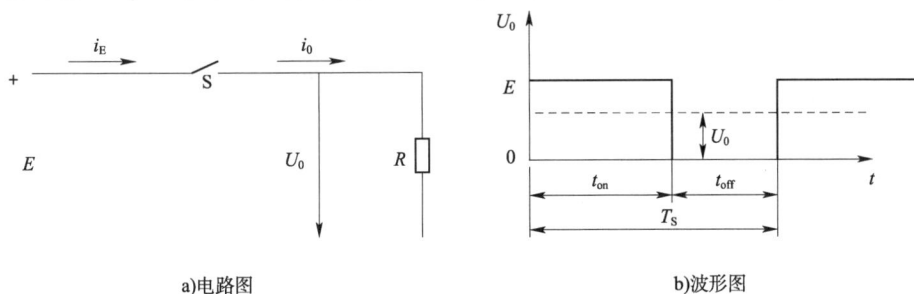

a)电路图   b)波形图

图 15-1　最简单直流斩波电路图和输出电压波形图

假设开关 S 通断的周期 T_S 不变,导通时间为 t_{on},关断时间为 t_{off},则输出电压的平均值 U_0 可表示为

$$U_0 = \frac{1}{T_S}\int_0^{t_{on}} u_0 \mathrm{d}t = \frac{1}{T_S}\int_0^{t_{on}} E\mathrm{d}t = \frac{t_{on}}{T_S}E = DE \tag{15-1}$$

由式(15-1)可知,在周期 T_S 不变的情况下,改变 t_{on} 就可以改变 U_0 的大小。将 S 的导通时间与开关周期之比定义为占空比(Duty ratio),用 D 表示。则

$$D = \frac{t_{on}}{T_S} \tag{15-2}$$

由于占空比 D 总是小于或等于1,所以输出电压 U_0 总是小于或等于输入电压 E。因此,改变 D 值就可以改变输出电压平均值的大小。而占空比的改变可以通过改变 t_{on} 或 T_S 来实现。

2.直流斩波电路的控制方式

(1)脉冲频率调制控制方式:即维持 t_{on} 不变,改变 T_S。

(2)脉宽调制控制方式:即维持 T_S 不变,改变 t_{on}。常把这种调制控制方式称为脉冲宽度调制 PWM。

(3)调频调宽混合控制方式:这种控制方式不但要改变 t_{on},也要改变 T_S。

(二)降压斩波电路

降压斩波电路又称 Buck 斩波电路,该电路的特点是输出电压比输入电压低,而输出电流则高于输入电流。也就是通过该电路的变换可以将直流电源电压转换为低于其值的输出直流电压,并实现电能的转换,如图 15-2 所示。

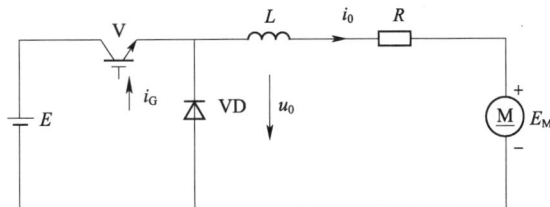

图 15-2　降压斩波电路图

1.电路组成

(1)V 是全控型器件 IGBT:若为晶闸管,须有辅助关断电路。

（2）VD 是续流二极管。

（3）L 为电感、E 为直流电源、R 为电阻。

（4）M 为负载：典型用途之一是拖动直流电动机，也可带蓄电池负载。

2. 工作原理

降压斩波电路波形图，如图 15-3 所示。

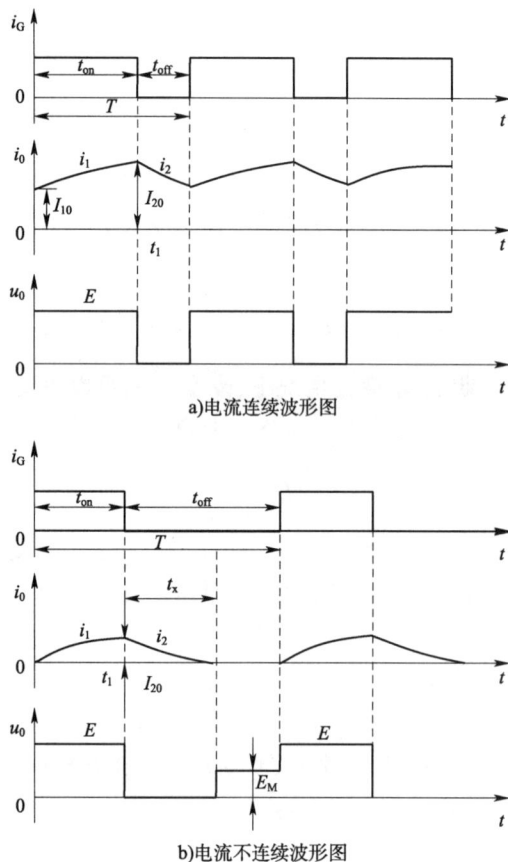

a)电流连续波形图

b)电流不连续波形图

图 15-3　降压斩波电路波形图

（1）$t = 0$ 时，驱动 V 导通，电源 E 向负载供电，负载电压 $u_0 = E$，负载电流 i_0 按指数曲线上升。

（2）$t = t_1$ 时，控制 V 关断，二极管 VD 续流，负载电压 u_0 近似为零，负载电流 i_0 呈指数曲线下降。

（3）通常串接较大电感 L 使负载电流连续且脉动小。

3. 数量关系

（1）电流连续，U_0 被降低。

输出电压平均值为

$$U_0 = \frac{t_{on}}{t_{on} + t_{off}} E = \frac{t_{on}}{T} E = DE \tag{15-3}$$

式中：t_{on}——V 导通的时间；

t_{off}——V 断开的时间；

D——导通占空比$(D < 1)$。

负载电流平均值为

$$I_0 = \frac{U_0 - E_M}{R} \tag{15-4}$$

(2)电流断续，U_0 被抬高，一般不希望出现。

例15-1 在图 15-3 所示的降压斩波电路中，已知 $E = 200V$，$R = 10\Omega$，L 值极大，$E_M = 30V$，$T = 50\mu s$，$t_{on} = 20\mu s$，计算输出电压平均值 U_0，输出电流平均值 I_0。

解：由于 L 值极大，故负载电流连续，于是输出电压平均值为：

$$U_0 = \frac{t_{on}}{T} E = \frac{20 \times 200}{50} = 80V$$

输出电流平均值为

$$I_0 = \frac{U_0 - E_M}{R} = \frac{80 - 30}{10} = 5A$$

(三)升压斩波电路

升压斩波电路又称 Boost 斩波电路，用于将直流电源电压变换为高于其值的直流输出电压，实现能量从低压侧电源向高压侧负载的传递，如图 15-4 所示。

1. 电路组成

(1)L 为电感，储能元件。

(2)C 为电容，保持输出电压。

(3)V 为开关器件 IGBT。

(4)VD 为续流二极管、E 为直流电源、R 为电阻。

2. 工作原理

升压斩波电路波形，如图 15-5 所示。

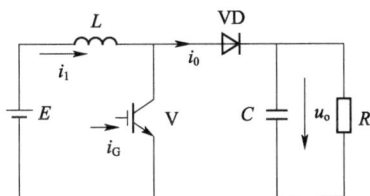

图 15-4　升压斩波电路图　　　　图 15-5　升压斩波电路波形图

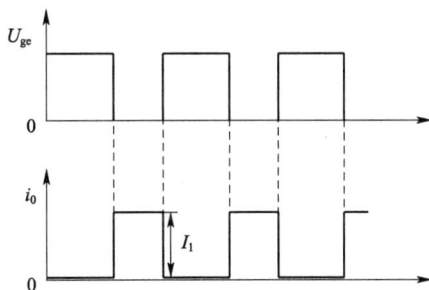

假设 L 和 C 值很大。

(1)V 处于导通时，电源 E 向电感 L 充电，电流恒定 I_1，电容 C 向负载 R 供电，输出电压 U_0 恒定。

(2)V 处于断开时，电源 E 和电感 L 同时向电容 C 充电，并向负载提供能量。

3. 数量关系

设 V 导通的时间为 t_{on}，此阶段 L 上积蓄的能量为 $EI_1 t_{on}$；设 V 断开的时间为 t_{off}，则此期

间电感 L 释放能量为 $(U_0 - E)I_1 t_{off}$。稳态时，一个周期 T 中 L 积蓄能量与释放能量相等

$$EI_1 t_{on} = (U_0 - E)I_1 t_{off} \tag{15-5}$$

化简得

$$U_0 = \frac{t_{on} + t_{off}}{t_{off}}E = \frac{T}{t_{off}}E \tag{15-6}$$

$\frac{T}{t_{off}} > 1$，输出电压高于电源电压，故为升压斩波电路。$\frac{T}{t_{off}}$ 为升压比；压比的倒数记作 β，即

$$\beta = \frac{t_{off}}{T} \tag{15-7}$$

β 和 D 的关系为

$$\beta + D = 1 \tag{15-8}$$

因此，式(15-6)可表示为

$$U_0 = \frac{1}{\beta}E = \frac{1}{1-D}E \tag{15-9}$$

电压升高的原因是，电感 L 储能使电压泵升的作用，电容 C 可将输出电压保持住。

如果忽略电路中的损耗，则由电源提供的能量仅由负载 R 消耗，即

$$EI_1 = U_0 I_0 \tag{15-10}$$

输出电流的平均值 I_0 为

$$I_0 = \frac{U_0}{R} = \frac{1}{\beta}\frac{E}{R} \tag{15-11}$$

电源电流的平均值 I_1 为

$$I_1 = \frac{U_0}{E}I_0 = \frac{1}{\beta^2}\frac{E}{R} \tag{15-12}$$

例 15-2 在图 15-4 所示的升压斩波电路中，已知 $E = 50V$，L 值和 C 值极大，$R = 20\ \Omega$，采用脉宽调制控制方式，当 $T = 40\mu s$，$t_{on} = 25\mu s$ 时，计算输出电压平均值 U_0，输出电流平均值 I_0。

解：输出电压平均值为

$$U_0 = \frac{T}{t_{off}}E = \frac{40}{40 - 25} \times 50 = 133.3V$$

输出电流平均值为

$$I_0 = \frac{U_0}{R} = \frac{133.3}{20} = 6.67A$$

4. 升压斩波电路典型应用

升压斩波电路可用于直流电动机传动，再生制动时把电能回馈给直流电源。直流电源的电压基本是恒定的，不必并联电容器。电动机电枢电流连续和断续两种工状态。电路图和波形，如图 15-6 所示。

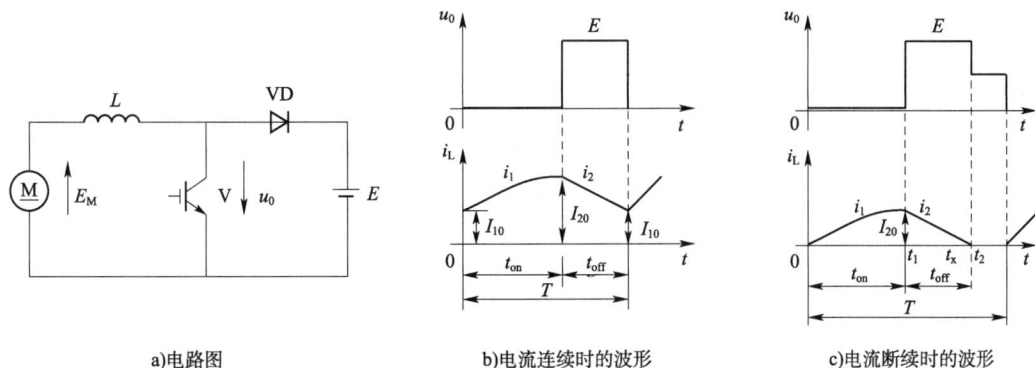

a)电路图　　　　　　　　b)电流连续时的波形　　　　　　　c)电流断续时的波形

图 15-6　用于直流电动机回馈能量的升压斩波电路及其波形

（四）直流斩波电路的应用

直流斩波电路被广泛应用于功率因数校正、电力传动、电池充电、软启动等多个工业领域。

1. 直流调压调速

在大多中小容量的直流调速控制系统中，一般采用调节直流电动机电枢电压达到调速目的。常用的调速方案有两种：一是采用可控整流电路（如晶闸管整流电路）得到可以调节的直流电压供给电动机；另一种则是用不可控整流电路得到恒定的直流电压，再通过直流斩波的方式进行调压。

2. 降压斩波电路供电的直流调压调速

降压斩波电路的电源端接不可调的直流电源 E，负载端接直流电动机，构成简单的直流调压调速系统。

二、任务实施

1. 准备工作

（1）掌握理论知识。

（2）认真研读技术要求和注意事项。

（3）准备实训器材：电工实验台主控制屏，电源，万用表 1 只，示波器 1 台，IGBT 模块、电感、电容、电阻、二极管各 1 个，插接卡导线若干。

2. 技术要求与注意事项

（1）连接或拆除电路的过程中，不能带电操作。

（2）注意电路元件的连接方式，电压表要选择合适的量程。

（3）接通电源前必须检查电路，电路暂时不用或更换元件时需关断电源。

（4）务必在断电后连接下一个电路。

（5）接线时要注意二极管 VD 和开关 VT 的正负极，不要接反。电感 L_1 不要接成 L_2，电容 U_1 不要接成 U_2。

（6）测电压、电流时要注意方向，否则示数会为负数。用示波器观察波形时也要注意探头的正负极。

（7）注意升降压电路的输出电压极性与输入电压极性间的关系。

（8）注意测量电流波形的方法。

3. 操作步骤

1）PWM 发生器的性能测试

（1）用示波器测量，PWM 波形发生器 VT 的 G 端孔与"地"之间的波形，记录下波形的频率。

（2）调节占空比调节旋钮，记录下占空比的调节范围。

（3）完成表 15-1。

PWM 发生器的性能测试   表 15-1

测 试 项 目	测 试 数 据
波形周期 $T(\mu s)$	
波形频率 f	
最小占空比 a	
最大占空比 b	

2）降压斩波电路测试

（1）按照图 15-7 所示，将面板上的器件接成降压斩波电路。将 PWM 波形发生器产生的触发信号接入 VT1 的 G 端，注意须将 VT 的 E 端和 PWM 波形发生器的"地"相连接。

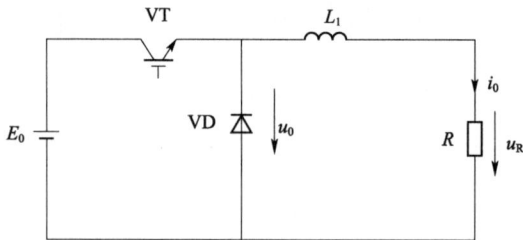

图 15-7 降压斩波电路测试电路

（2）调节占空比为最小值 a，用万用表记录此时电源电压 E_0 和负载电压 u_0 的数值，验证输出和输入的数量关系；同时用示波器观察记录负载电压 u_0 的波形和负载电流 i_0 的波形（电阻 R 两端的电压 u_R 的波形）。

（3）调节占空比为 0.5，用万用表记录此时电源电压 E_0 和负载电压 u_0 的数值，验证输出和输入的数量关系；同时用示波器观察记录负载电压 u_0 的波形和负载电流 i_0 的波形（电阻 R 两端的电压 u_R 的波形）。

（4）调节占空比为最大值 b，用万用表记录此时电源电压 E_0 和负载电压 u_0 的数值，验证输出和输入的数量关系；同时用示波器观察记录负载电压 u_0 的波形和负载电流 i_0 的波形（电阻 R 两端的电压 u_R 的波形）。

（5）完成表 15-2。

降压斩波电路测试数据   表 15-2

占空比 D	最小值 a	0.5	最大值 b
电源电压 $E_0(V)$			
负载电压 $u_0(V)$			

3）升压斩波电路测试

（1）按照图15-8所示，将面板上的器件接成降压斩波电路。将PWM波形发生器产生的触发信号接入VT_1的G端，注意须将VT的E端和PWM波形发生器的"地"相连接。

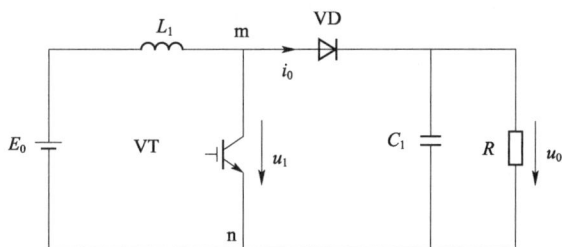

图15-8　升压斩波电路测试电路

（2）调节占空比为最小值a，用万用表记录此时电源电压E_0和负载电压u_0的数值，验证输出和输入的数量关系；同时用示波器观察记录负载电压u_0的波形和负载电流i_0的波形（电阻R两端的电压u_R的波形）。

（3）调节占空比为0.5，用万用表记录此时电源电压E_0和负载电压u_0的数值，验证输出和输入的数量关系；同时用示波器观察记录负载电压u_0的波形和负载电流i_0的波形（电阻R两端的电压u_R的波形）。

（4）调节占空比为最大值b，用万用表记录此时电源电压E_0和负载电压u_0的数值，验证输出和输入的数量关系；同时用示波器观察记录负载电压u_0的波形和负载电流i_0的波形（电阻R两端的电压u_R的波形）。

（5）完成表15-3。

升压斩波电路测试数据　　　　　　　　　　　　　表15-3

占空比D	最小值a	0.5	最大值b
电源电压E_0(V)			
负载电压u_0(V)			

三、技能考核标准

技能考核标准见表15-4。

技 能 考 核 标 准　　　　　　　　　　　　　表15-4

序号	项　　　目	操 作 内 容	规定分	评 分 标 准	得分
1	PWM发生器的性能测试	PWM发生器性能测试的步骤，用示波器检测相关波形，记录周期和频率；调节占空比大小，记录占空比可调范围	20分	1.操作过程中，步骤是否正确，是否违反注意事项； 2.能否正确使用示波器，并准确调试示波器波形和读取相关数值； 3.测量完毕是否断开设备连接，收起实验器材	

续上表

序号	项 目	操作内容	规定分	评分标准	得分
2	降压斩波电路测试	按照降压斩波电路的测试步骤,连接测试电路,调节占空比大小,用万用表记录电源电压和负载电压的数值,验证输出和输入的数量关系;同时用示波器观察记录负载电压的波形和负载电流的波形	40分	1.操作过程中,步骤是否正确,是否违反注意事项; 2.能否正确使用示波器和万用表,并准确调试示波器波形和读取万用表数值; 3.能否根据示波器检测结果,画出相关波形图; 4.测量完毕是否断开电路连接,收起实验器材	
3	升压斩波电路测试	按照升压斩波电路的测试步骤,连接测试电路,调节占空比大小,用万用表记录电源电压和负载电压的数值,验证输出和输入的数量关系;同时用示波器观察记录负载电压的波形和负载电流的波形	40分		
	总分		100分		

四、思考与练习

(一)填空题

(1)直流斩波器也叫作_____变换器。

(2)根据直流斩波电路结构及功能分类,主要有4种基本类型:_____斩波电路、_____斩波电路、_____斩波电路、_____斩波电路。

(3)电路导通时间与开关周期之比定义为_____,用_____表示。

(4)升压斩波电路又称_____,实现能量从_____侧电源向_____侧负载的传递。

(5)降压斩波电路就是通过该电路的变换可以将直流电源电压转换为_____于其值的输出直流电压,并实现_____的转换。

(6)降压斩波电路中,通常串接_____电感 L 使负载电流连续且脉动小。

(7)降压斩波电路中,若电流连续,U_0 被_____;若电流断续,U_0 被_____,一般不希望出现。

(8)降压斩波电路的电源端接不可调的_____,负载端接_____,构成简单的直流调压调速系统。

(9)_____电路可用于直流电动机传动,再生制动时把电能回馈给直流电源。

(二)单项选择题

(1)以下电路中,(   )的特点是输出电压比输入电压低,而输出电流则高于输入电流。

A. 降压(Buck)斩波电路　　　　　　B. 升压(Boost)斩波电路

C. 升降压(Buck-Boost)斩波电路　　D. 丘克(Cuk)斩波电路

(2)占空比总是(　　　)。

A. 小于1　　　　　B. 小于或等于1　　C. 大于1　　　　　D. 以上都有可能

(3)下列(　　　)项不是降压斩波电路的组成元件。

A. IGBT　　　　　　B. 续流二极管　　　C. 电感　　　　　　D. 电容

(4)降压斩波电路中,输出电压平均值被降低,此时电流是(　　　)。

A. 断续的　　　　　　　　　　　　B. 连续的

C. 时而断续,时而连续　　　　　　D. 以上都有可能

(三)判断题

(1)直流斩波电路是一种将电压恒定的直流电变换为电压可调的直流电的电力电子变流装置。 (　　　)

(2)改变占空比就可以改变输出电压平均值的大小。 (　　　)

(3)降压斩波电路又称 Buck 斩波电路,该电路的特点是输出电压比输入电压高,而输出电流则低于输入电流。 (　　　)

(4)PWM 控制方式就是脉宽调制控制方式。 (　　　)

(5)升压斩波电路中电压升高的原因是,电感 L 储能使电压泵升的作用,电容 C 可将输出电压保持住。 (　　　)

(6)用示波器观察波形时不需要注意探头的正负极。 (　　　)

(7)在大多中小容量的直流调速控制系统中,一般采用调节直流电动机电枢电压达到调速目的。 (　　　)

(四)简答与计算

(1)直流斩波电路的控制方式有哪些?

(2)直流斩波电路主要应用在哪些地方?

(3)分析下图所示斩波电路的基本工作原理。Q 是可以代替什么元件?

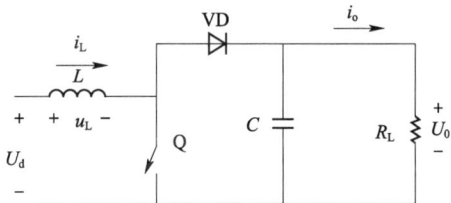

(4)在如下图所示的 Boost 变换电路中,已知 $E = 50V$,L 值和 C 值较大,$R = 20\Omega$,若采用脉宽调制方式,当 $T = 40\mu s$,$t_{on} = 20\mu s$ 时,计算输出电压平均值 U_0 和输出电流平均值 I_0。

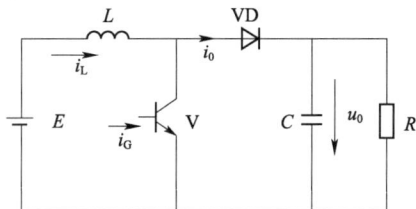

项目四
交　流　电

本项目主要介绍新能源汽车上相关的电力电子元件,包括以下 3 个任务:

任务 16　正弦交流电认知及检测

任务 17　三相交流电认知

任务 18　三相电的连接方式及检测

通过以上 3 个任务,你将学习到新能源汽车上应用的交流电的基础知识及检测方法。

任务 16　正弦交流电认知及检测

学习目标

❖ **知识目标**

1. 能够说出正弦交流电的概念；
2. 能够说出正弦交流电的三要素及其关系；
3. 能够根据三要素的关系进行简单计算；
4. 能够说出正弦交流电中电阻、电容和电感的特性；
5. 能说出 RLC 串联电路的性质。

❖ **能力目标**

1. 能够根据已知条件，画出正弦交流电的波形；
2. 能够用不同的方法表示正弦交流电；
3. 能够对交流电路进行相关检测。

建议课时

12 课时。

任务描述

大小和方向都随时间做周期性变化的电动势、电压和电流分别称为交变电动势、交变电压和交变电流，三者统称为交流电。交流电在生产和生活中得到了广泛的应用，新能源汽车也离不开交流电，认识交流电至关重要。本任务为认识正弦单相交流电的相关知识，并完成正弦单相交流电路电压、电流等的检测任务。

一、理论知识准备

交流电分为正弦交流电和非正弦交流电两大类。正弦交流电是随时间按正弦规律变化的，非正弦交流不按正弦规律变化。如图 16-1 所示为电路波形，本任务只讨论正弦交流电及其电路。

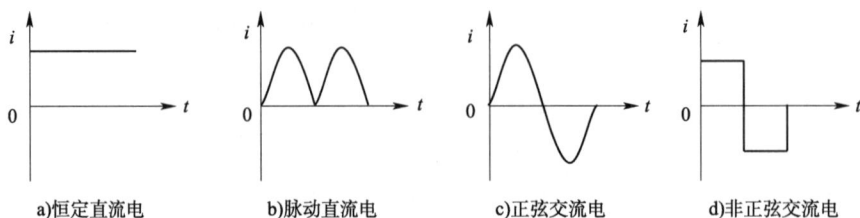

a)恒定直流电　　　b)脉动直流电　　　c)正弦交流电　　　d)非正弦交流电

图 16-1　直流电和交流电的波形图

正弦交流电和直流电相比主要有三个优点:第一,交流电可用变压器来改变其电压的大小,便于远距离输电和向用户提供各种不同等级的电压;第二,交流电机比相同功率的直流电机构造简单、成本低、工作可靠;第三,交流电也可经过整流装置转换为汽车、电镀、电子设备等需要的直流电。

(一)正弦交流电的周期、频率和角频率

交流电每重复一次变化所需要的时间称为周期,用字母 T 表示,单位是 s。交流电 1s 内重复变化的次数称为频率,用字母 f 表示,单位 Hz。根据周期和频率的定义可知,周期和频率互为倒数,即:

$$f = \frac{1}{T} \quad 或 \quad T = \frac{1}{f} \tag{16-1}$$

我国工农业及生活中使用的交流电频率为 50Hz(习惯上称为工频),其周期为 0.02s。所谓角频率(即电角速度)是指交流电 1s 内变化的电角度,用字母 ω 表示,单位 rad/s。如果交流电 1s 内变化了 f 次,则电角度正好变化了 2π 弧度,也就是说该交流电的角频率 $\omega = 2\pi$(rad/s)。若交流电 1s 变化了 f 次,则可得角频率与频率的关系式为:

$$\omega = \frac{2\pi}{T} = 2\pi f \tag{16-2}$$

周期、频率和角频率都是表示交流电变化快慢的物理量。三个物理量中只要知道其中一个,就可以通过式(16-1)和式(16-2)求出另外两个。通常把角频率频率、周期称为正弦交流电的三要素。

(二)正弦交流电的瞬时值、最大值和有效值

正弦交流电随时间按正弦规律变化,则把正弦交流电在任意时刻的数值称为瞬时值,正弦电动势、电压、电流的瞬时值分别用字母 e、u、i 表示。瞬时值有正、有负,也可能为零。正弦交流电压的瞬时值表达式为

$$u = U_m \sin(\omega t + \varphi) \tag{16-3}$$

最大的瞬时值称为最大值(或峰值、振幅)。正弦交流电动势、电压和电流的最大值分别用 E_m、U_m 和 I_m 来表示。虽然最大值有正、有负,但习惯上最大值都以绝对值表示。最大值(或峰值、振幅)是正弦交流电的三要素之二。

交流电是在不断变化的,瞬时值和最大值均不能反映交流电实际做功的效果。因此,在电工技术中,常用有效值来衡量做功能力的大小。如图 16-2 所示,让交流电和直流电分别通过阻值完全相同的电阻,如果在相同的时间内这两种电流产生的热量相等,就把此直流电的数值称为该交流电的有效值。换句话说,把热效应相

图 16-2 正弦交流电的有效值

等的直流电流(或电压、电动势)定义为交流电流(或电压、电动势)的有效值。交流电流、电压和电动势有效值的符号分别是 I、U 和 E。

可以证明,正弦交流电的有效值和最大值之间有以下关系:

$$I = \frac{I_m}{\sqrt{2}} \approx 0.707 I_m \tag{16-4}$$

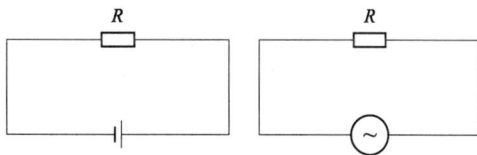

$$U = \frac{U_{\mathrm{m}}}{\sqrt{2}} \approx 0.707 U_{\mathrm{m}} \tag{16-5}$$

$$E = \frac{E_{\mathrm{m}}}{\sqrt{2}} \approx 0.707 E_{\mathrm{m}} \tag{16-6}$$

特别应指出的是,今后若无特殊说明,交流电的大小总是指有效值。各种交流电气设备上所标注的额定电压和额定电流的数值也都是有效值。通常,照明电路的电压是220V,指的是电压有效值为220V,电压最大值 $U_{\mathrm{m}} = \sqrt{2} \times 220 \approx 311\mathrm{V}$。

例16-1 已知某正弦交流电动势为 $e = 311\sin 314 t\mathrm{V}$,试求该电动势的最大值、角频率、频率和周期各为多少?

解: 将式 $e = 311\sin 314 t\mathrm{V}$ 与式 $e = E_{\mathrm{m}}\sin \omega t$ 比较可得

$$E_{\mathrm{m}} = 311\mathrm{V}, \omega = 314\mathrm{rad/s}$$

$$f = \frac{\omega}{2\pi} = \frac{314}{2 \times 3.14} = 50\mathrm{Hz}$$

$$T = \frac{1}{f} = 0.02\mathrm{s}$$

(三) 正弦交流电的相位、初相位和相位差

正弦量的变化进程常常用随时间变化的电角度(即相位)来反映。电压瞬时值表达式中的 $(\omega t + \varphi)$ 就是反映正弦交流电压在变化过程中任意时刻所对应的电角度,它随着时间而变化,通常把它称为相位角,也叫相位或相角。

$t = 0$ 时的相位角 φ 称为初相角,也叫初相位或初相。初相反映了正弦交流电计时起点的状态。在正弦量的解析式中,通常规定初相不得超过 $\pm 180°$。

在此规定下,初相为正角时,正弦量对应的初始数值一定为正值;初相为负角时,正弦量对应的初始数值一定为负值。在波形图上表示初相角时,横坐标常以弧度(rad)或度(°)为单位,取曲线由负值变为正值的零点(取离坐标原点最近的零点)与坐标原点间的角度为初相角,在坐标原点左侧的初相角为正值,在右侧的为负值。如图16-3所示,φ_1 为正、φ_2 为负。初相角(或初相位)是正弦交流电的要素之三。

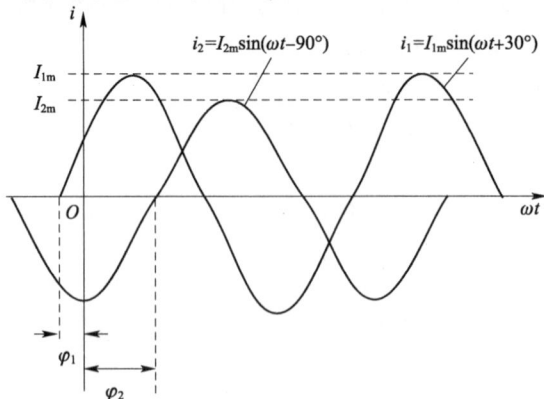

图16-3 同频率正弦量的相位及其关系

为了比较两个同频率正弦交流电在变化过程中的相位关系和先后顺序,引入相位差的概念。所谓相位差,就是两个同频率正弦交流电的相位之差,用字母 $\Delta\varphi$ 表示。设 i_1 的相位为 $(\omega t + \varphi)$、i_2 的相位为 $(\omega t + \varphi_1)$,则两者的相位差为

$$\Delta\varphi = (\omega t + \varphi_1) - (\omega t + \varphi_2) = \varphi_1 - \varphi_2 \tag{16-7}$$

上式表明,同频率正弦交流电的相位差,实质上就是它们的初相角之差,与时间无关。如果 $\Delta\varphi > 0$,如图 4-3 所示,i_1 比 i_2 先达到最大值,称 i_1 超前 i_2,或 i_2 滞后 i_1;若 $\Delta\varphi = 0$,即两者的初相角相等,称它们同相,如图 16-4a)所示;若 $\Delta\varphi = 180°$,即它们的初相相差 $180°$,则称它们的相位相反,简称反相,如图 16-4b)所示。

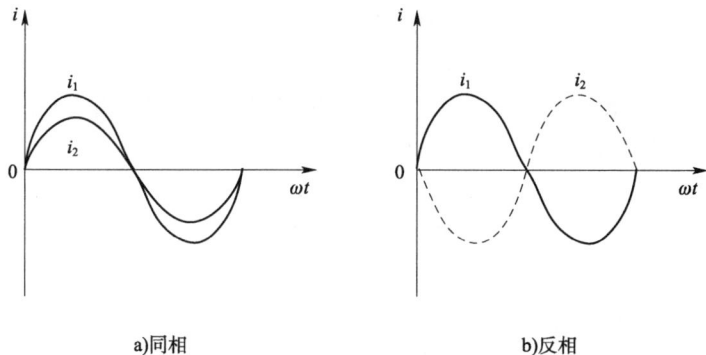

图 16-4 交流电的同相和反相

由式 $e = E_m \sin(\omega t + \varphi)$ 可以看出,当正弦交流电的最大值、角频率或频率周期和初相角这三个量确定时,正弦交流电才能确定,也就是说这三个量必不可少的要素,所以称它们为正弦交流电的三要素。

例 16-2 已知某正弦交流电动势为 $e = 14.1\sin(800\pi t + \dfrac{3\pi}{2})$ V,求该正弦交流电的三要素各是多少?

解:将式 $e = 14.1\sin(800\pi t + \dfrac{3\pi}{2})$ V 与式 $e = E_m \sin(\omega t + \varphi)$ 比较可得

$$E_m = 14.1V, \omega = 800\text{rad/s}$$

$$f = \frac{\omega}{2\pi} = 400\text{Hz}$$

$$T = \frac{1}{f} = 2.5\text{s}$$

$$\varphi = \frac{3\pi}{2} - 2\pi = -\frac{\pi}{2}$$

(四)正弦交流电的表示法

1. 解析式表示法

用三角函数式表示正弦交流电随时间变化的方法叫解析式表示法。正弦交流电的电流、电压、电动势可用如下解析式表示。

$$i = I_m \sin(\omega t + \varphi_i)$$
$$u = U_m \sin(\omega t + \varphi_u) \tag{16-8}$$
$$e = E_m \sin(\omega t + \varphi_e)$$

一般而言,ωt 和初相角 φ 的单位均应为弧度,但有时为了方便,初相角的单位也可以用度。

例如,已知某正弦交流电流的最大值是 2A,频率为 100Hz,设初相角为 60°,则该电流的瞬时表达式为:

$$i = I_{\mathrm{m}}\sin(\omega t + \varphi) = 2\sin(2\pi ft + 60°) = 2\sin(628t + 60°)\,\mathrm{A}$$

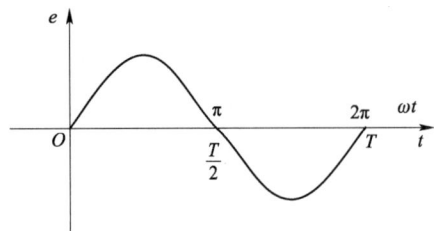

图 16-5　波形图表示法

2. 波形图表示法

根据解析式的计算数据,在平面直角坐标系中作出波形的方法叫波形图表示法。如图 16-5 所示,纵坐标表示交流电的瞬时值,横坐标表示电角度 ωt 或时间 t。

3. 相量图表示法

正弦量可以用最大值(幅值)相量或有效值相量表示,但通常用有效值相量表示。

1)最大值相量表示法

最大值相量表示法是用正弦量的最大值作为相量的模(大小),用初相角作为相量的幅角的表示方法。

例如,有三个正弦量分别为

$$e = 60\sin(\omega t + 60°)\,\mathrm{V}$$
$$u = 30\sin(\omega t + 30°)\,\mathrm{V}$$
$$i = 5\sin(\omega t - 30°)\,\mathrm{A}$$

则它们的最大值相量,如图 16-6 所示。

2)有效值相量表示法

有效值相量表示法是用正弦量的有效值作为相量的模(长度大小),用初相角作为相量的幅角的表示方法。

$$i = \sqrt{2}I\sin(\omega t + \psi) \Leftrightarrow \dot{I} = I\angle\psi$$

$$u = \sqrt{2}U\sin(\omega t + \psi) \Leftrightarrow \dot{U} = U\angle\psi \tag{16-9}$$

例如,$i = 100\sqrt{2}\sin(314t + 30°)\,\mathrm{A}$、$u = 311.1\sin(314t - 60°)\,\mathrm{V}$ 可分别表示为

$$\dot{I} = 100\angle 30°\,\mathrm{A}$$

$$\dot{U} = 220\angle -60°\,\mathrm{V}$$

将 $u = 220\sqrt{2}\sin(\omega t + 53°)\,\mathrm{V}$ 和 $i = 240\sqrt{2}\sin\omega t\,\mathrm{A}$,用有效值相量图可画作如图 16-7 所示。

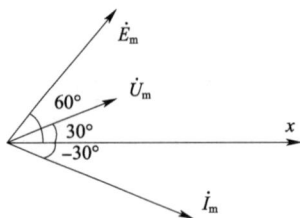

图 16-6　正弦量的幅值相量图

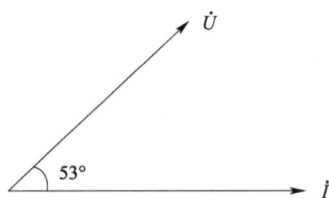

图 16-7　正弦量的有效值相量图

（五）交流电中的电阻、电容和电感的特性

在直流稳态电路中,电感元件可视为短路,电容元件可视为开路。但在交流电路中,由于电压、电流随时间变化,电感元件中的磁场不断变化,引起感生电动势。电容极板间的电压不断变化,引起电荷在与电容极板相连的导线中移动形成电流。因此,电阻 R、电感 L 和电容 C 对交流电路中的电压和电流都会产生影响。

1. 电阻的特性

只含有电阻元件的交流电路叫作纯电阻电路,比如生活中常见的含有白炽灯、电炉、电烙铁等的电路都属于纯电阻电路。设电压电流的参考方向相关联,纯电阻电路如图16-8a)所示。

1）电压和电流的瞬时值关系

电阻与电压、电流的瞬时值之间的关系服从欧姆定律。设加在电阻 R 上的正弦交流电压瞬时值为 $u = U_m \sin(\omega t)$,则通过该电阻的电流瞬时值为

$$i = \frac{u}{R} = \frac{U_m}{R}\sin(\omega t) = I_m \sin(\omega t) \tag{16-10}$$

式中,$I_m = \dfrac{U_m}{R}$是正弦交流电流的最大值。这说明,正弦交流电压和电流的最大值之间满足欧姆定律。

2）电压、电流的有效值关系

电压、电流的有效值关系又叫作大小关系。由于纯电阻电路中正弦交流电压和电流的最大值之间满足欧姆定律,因此把等式两边同时除以 $\sqrt{2}$,即得到有效值关系,即

$$I = \frac{U}{R} \quad 或 \quad U = IR \tag{16-11}$$

这说明,正弦交流电压和电流的有效值之间也满足欧姆定律。

3）相位关系

由表达式(16-10)可知,电阻两端电压 u 与通过它的电流 i 同相,其波形图和相量,如图16-8b)、c)所示。

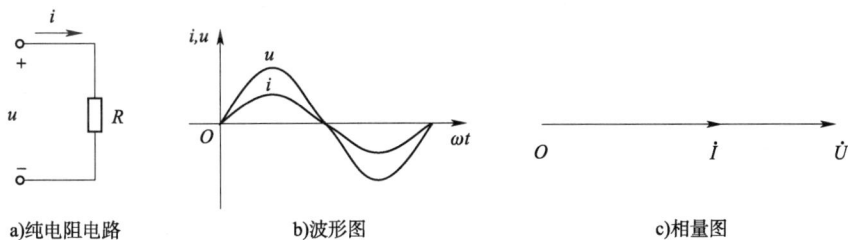

a)纯电阻电路   b)波形图   c)相量图

图 16-8 电阻元件的交流电路

4）纯电阻电路的功率

在任一瞬间,电阻中电流瞬时值与同一瞬间的电阻两端电压的瞬时值的乘积,称为电阻获得的瞬时功率。

$$p_R = ui$$
$$= U_m \sin\omega t \cdot I_m \sin\omega t$$
$$= U_m I_m \sin^2\omega t \qquad (16\text{-}12)$$
$$= UI(1 - \cos^2\omega t)$$

由式(16-12)可知,瞬时功率 p 的变化频率是电源频率的 2 倍。瞬时功率在任一瞬间的数值都是正值。这说明了电阻总是从电源取用功率,即总是消耗功率,是耗能元件。

由于瞬时功率时刻变动,不便计算,因而通常用电阻在交流电一个周期内消耗功率的平均值来表示功率的大小,叫作平均功率,也称为有功功率。用 P 表示,单位是 W。

$$P = \frac{1}{T}\int_0^T p\,\mathrm{d}t = \frac{1}{T}\int_0^T UI(1-\cos2\omega t)\,\mathrm{d}t = UI = RI^2 \qquad (16\text{-}13)$$

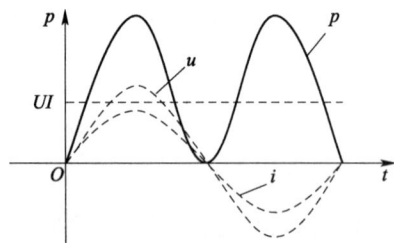

图 16-9　瞬时功率波形

电流电压用有效值表示时,其功率 P 的计算与直流电路相同(同一电阻接在 220V 交流电源上与接在 220V 直流电源上,所取用的功率是完全相同的)。

瞬时功率波形,如图 16-9 所示。

2. 电感的特性

只含有电感元件的交流电路叫作纯电感电路,如只含有理想线圈的电路。设电压电流的参考方向相关联,如图 16-10a)所示。

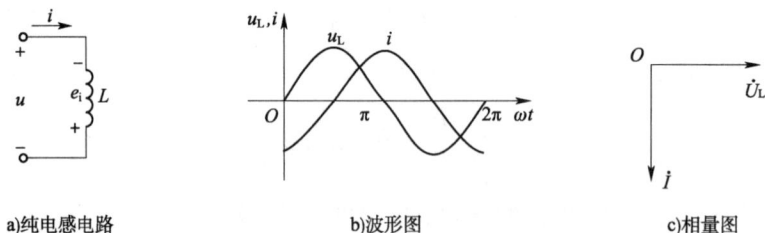

a)纯电感电路　　　　　　b)波形图　　　　　　c)相量图

图 16-10　电感元件的交流电路

1)电感电流与电压的瞬时值关系

当纯电感电路中有交变电流通过时,根据电磁感应定律,线圈 L 上将产生自感电动势,其表达式为:

$$e_L = -L\frac{\mathrm{d}i}{\mathrm{d}t} \qquad (16\text{-}14)$$

对于一个内阻很小的电源,其电动势 e 与端电压 u_L 总是大小相等,方向相反。即

$$u = -e_L = -\left(-L\frac{\mathrm{d}i}{\mathrm{d}t}\right) = L\frac{\mathrm{d}i}{\mathrm{d}t} \qquad (16\text{-}15)$$

设电感 L 中流过的电流为:

$$i = I_m \sin\omega t \qquad (16\text{-}16)$$

则

$$u = L\frac{\mathrm{d}i}{\mathrm{d}t} = \omega L I_m \cos\omega t = U_m \sin(\omega t + 90°) \qquad (16\text{-}17)$$

2）电感电流与电压的有效值关系

由式（16-17）可知，u、i 幅值的关系为

$$U_m = \omega L I_m \tag{16-18}$$

u、i 有效值的关系为

$$U = \omega L I = X_L I \tag{16-19}$$

式中：X_L——感抗，Ω，关系式为

$$X_L = \omega L = 2\pi f L \tag{16-20}$$

在直流电路中，$f = 0$、$X_L = 0$，电感可视为短路，感抗只有在交流电路中才有意义。

在交流电路中，X_L 与 f 成正比（$f\uparrow \rightarrow X_L\uparrow$），电感可视为开路，$L$ 对高频电流阻碍作用很大。

3）电感电流与电压的相位关系

由式（16-16）和式（16-17）可见，在相位上电感电压比电流超前 90°（$\pi/2$）或电感电流比电压滞后 90°。可画出 u、i 的波形图和相量图，如图 16-10b）、c）所示。

4）纯电感电路功率

纯电感电路的瞬时功率的大小是各瞬时电压与电流的乘积，即

$$\begin{aligned}
p_L &= ui \\
&= U_m \sin(\omega t + 90°) \cdot I_m \sin\omega t \\
&= U_m I_m \sin\omega t \cos\omega t \\
&= \frac{1}{2} U_m I_m \sin 2\omega t \\
&= UI \sin 2\omega t
\end{aligned} \tag{16-21}$$

由此可得，纯电感电路的平均功率（有功功率）为

$$P = \frac{1}{T}\int_0^T p\mathrm{d}t = \frac{1}{T}\int_0^T UI\sin 2\omega t\mathrm{d}t = 0 \tag{16-22}$$

这样，在同一个周期内，纯电感电路中没有能量的消耗，只有电能和磁能周期性的转换。因此，电感元件中是一个储能元件。

转换的功率可用无功功率衡量，瞬时功率不为零。瞬时功率最大值称无功功率。用 Q 表示，单位是乏（Var）或千乏（kVar），$1\mathrm{kVar} = 1000\mathrm{Var}$。

$$Q_L = UI = I^2 X_L = \frac{U_L^2}{X_L} \tag{16-23}$$

注意："无功"的含义是"交换"而不是"消耗"，它相对"有功"而言，不能理解为"无用"。事实上，无功功率在生产实际中占有很重要的地位。具有电感的变压器、电动机等设备都是靠电磁转换工作的。

3．电容的特性

1）纯电容电路电流与电压的关系

设电压电流的参考方向相关联，如图 16-11a）所示。纯电容电路电流与电压的关系为

$$i = C\frac{\mathrm{d}u}{\mathrm{d}t} \tag{16-24}$$

设电压为 u 为参考相量, 即

$$u = U_m \sin\omega t \quad (16\text{-}25)$$

则

$$i = C\frac{du}{dt} = \omega C U_m \cos\omega t = I_m \sin(\omega t + 90°) \quad (16\text{-}26)$$

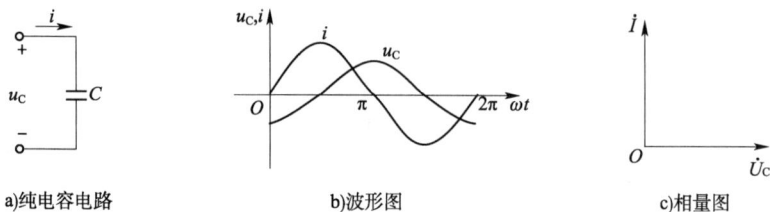

a) 纯电容电路　　　　　b) 波形图　　　　　c) 相量图

图 16-11　电容元件的交流电路

2) 电容电流与电压的有效值关系

由式 (16-26) 可知, u、i 幅值的关系为

$$I_m = \omega C U_m \quad \text{或} \quad U_m = \frac{1}{\omega C}I_m \quad (16\text{-}27)$$

u、i 有效值的关系为

$$U = \frac{1}{\omega C}I = X_C I \quad (16\text{-}28)$$

式中: X_C——容抗, Ω, 关系式为

$$X_C = \frac{1}{\omega C} = \frac{1}{2\pi f C} \quad (16\text{-}29)$$

式 (16-29) 表明, 同一电容 (C 为定值), 对不同频率的正弦电流表现出不同的容抗, 频率越高, 则容抗越小。因此, 电容对高频电流有较大的传导作用。

3) 电容电流与电压的相位关系

由式 (16-25) 和式 (16-26) 可见, 在相位上电容电流比电压超前 90°（或 $\pi/2$）或电感电压比电流滞后 90°, 可画出 u、i 的波形图和相量图, 如图 16-11b)、c) 所示。

4) 电容电路功率

纯电容电路瞬时功率的大小是各瞬时电压与电流的乘积, 即

$$\begin{aligned}
p_C &= ui \\
&= U_m \sin\omega t \cdot I_m \sin(\omega t + 90°) \\
&= U_m I_m \sin\omega t \cos\omega t \\
&= \frac{1}{2}U_m I_m \sin 2\omega t \\
&= UI\sin 2\omega t
\end{aligned} \quad (16\text{-}30)$$

由此可得, 纯电容电路的平均功率（有功功率）为

$$P = \frac{1}{T}\int_0^T p\, dt = \frac{1}{T}\int_0^T UI\sin 2\omega t\, dt = 0 \quad (16\text{-}31)$$

这样, 在同一个周期内, 纯电容电路中没有能量的消耗, 只是电容元件与电源之间不停地有能量交换（电容不停地充电和放电）。因此, 电容元件是一个储能元件。

而无功功率 Q_C 用来表示电容和电源交换能量的规模,数学式为

$$Q_C = UI = I^2 X_C = \frac{U_C^2}{X_C} \tag{16-32}$$

(六)RLC 串联电路

在含有线圈的交流电路中,挡线圈的电阻不能被忽视时,就构成了 RL 串联交流电路;当线圈与电容串联时,就构成了 RLC 串联交流电路。换句话说,RLC 串联电路就是电阻、电感和电容的串联电路,如图 16-12 所示。

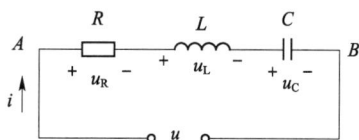

图 16-12 RLC 串联电路

1. RLC 串联电路的电压关系

以图 16-12 为例,设电路中电流为 $i = I_m \sin\omega t$,则根据 R、L、C 的基本特性可得各元件的两端瞬时电压分别为

$$u_R = RI_m \sin\omega t$$
$$u_L = X_L I_m \sin(\omega t + 90°)$$
$$u_C = X_C I_m \sin(\omega t - 90°) \tag{16-33}$$

根据基尔霍夫电压定律(KVL),在任一时刻总电压 u 的瞬时值为

$$u = u_R + u_L + u_C \tag{16-34}$$

作出相量图,如图 16-13 所示,图中 $\dot{U}_R$、$\dot{U}_L$ 和 $\dot{U}_C$ 分别表示电阻、电感和电容两端交流电压的有效值相量,$\dot{U}$ 表示总电压相量。

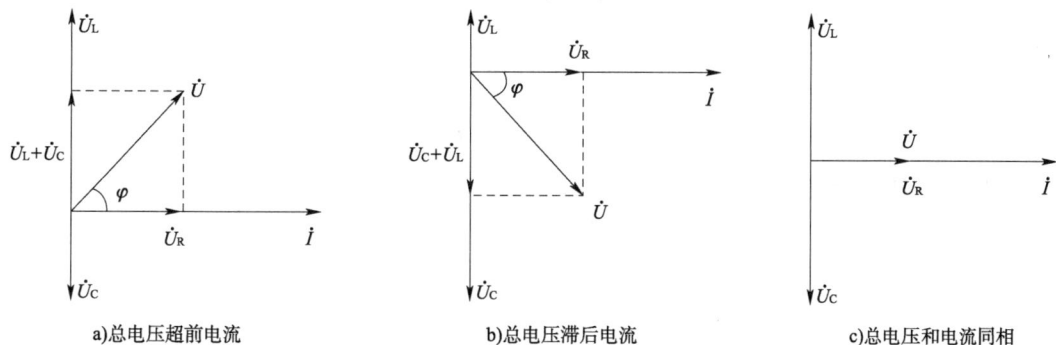

a)总电压超前电流　　　　b)总电压滞后电流　　　　c)总电压和电流同相

图 16-13 RLC 串联电路的电压电流相量图

由此得到各电压之间的大小关系(三角形关系)为

$$U = \sqrt{U_R^2 + (U_L - U_C)^2} \tag{16-35}$$

2. RLC 串联电路的阻抗

由于 $U_R = RI$、$U_L = X_L I$、$U_C = X_C I$,可得

$$U = \sqrt{U_R^2 + (U_L - U_C)^2} = I\sqrt{R^2 + (X_L - X_C)^2} \tag{16-36}$$

令

$$|Z| = \frac{U}{I} = \sqrt{R^2 + (X_L - X_C)^2} = \sqrt{R^2 + X^2} \tag{16-37}$$

上式称为阻抗三角形关系式,$|Z|$ 叫作 RLC 串联电路的阻抗,其中 $X = X_L - X_C$ 叫作电抗,阻抗和电抗的单位均是 Ω。阻抗三角形关系,如图 16-14 所示。

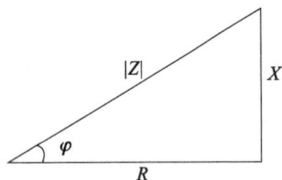

图 16-14　阻抗三角形关系

可以得出总电压与电流的相位差为

$$\varphi = \arctan \frac{U_L - U_C}{U_R} = \arctan \frac{X_L - X_C}{R} = \arctan \frac{X}{R} \quad (16\text{-}38)$$

式中：φ——阻抗角。

3. RLC 串联电路的性质

(1)感性电路：当 $X > 0$ 时，即 $X_L > X_C$，$\varphi > 0$，总电压比电流超前 φ，称电路呈感性。

(2)容性电路：当 $X < 0$ 时，即 $X_L < X_C$，$\varphi < 0$，总电压比电流滞后 φ，称电路呈容性。

(3)谐振电路：当 $X = 0$ 时，即 $X_L = X_C$，$\varphi = 0$，总电压和电流同相，称电路呈电阻性，电路状态称为谐振状态。

例 16-3　在 RLC 串联电路中，交流电源电压 $U = 220\text{V}$，频率 $f = 50\text{Hz}$，$R = 30\Omega$，$L = 445\text{mH}$，$C = 32\mu\text{F}$。试求：

(1)电路中的电流大小 I。

(2)各元件上的电压 U_R、U_L、U_C。

(3)总电压与电流的相位差 φ。

解：(1)
$$X_L = 2\pi f L \approx 140\Omega, \quad X_C = \frac{1}{2\pi f C} \approx 100\Omega$$

$$|Z| = \sqrt{R^2 + (X_L - X_C)^2} = 50\Omega$$

则
$$I = \frac{U}{|Z|} = 4.4\text{A}$$

(2)
$$U_R = RI = 132\text{V}, \quad U_L = X_L I = 616\text{V}, \quad U_C = X_C I = 440\text{V}$$

(3)
$$\varphi = \arctan \frac{X_L - X_C}{R} = \arctan \frac{40}{30} = 53.1^\circ$$

即总电压比电流超前 53.1°，电路呈感性。

注意：本例题中电感电压、电容电压都比电源电压大，在交流电路中各元件上的电压可以比总电压大，这是交流电路与直流电路特性不同之处。

4. 功率

电路两端的电压与电流的有效值的乘积，称为视在功率，用 S 表示，单位为伏安（V·A），数学式为

$$S = UI \quad (16\text{-}39)$$

视在功率表示了电源提供的总功率，反映了交流电源容量的大小。

电路的有功功率和无功功率分别为

$$P = U_R I = UI\cos\varphi = S\cos\varphi \quad (16\text{-}40)$$

$$Q = Q_L - Q_C = (U_L - U_C)I = UI\sin\varphi = S\sin\varphi \quad (16\text{-}41)$$

则三个功率之间有如下关系

$$S = \sqrt{P^2 + Q^2} \quad (16\text{-}42)$$

由上式也可以画出功率三角形关系图，如图 16-15 所示。

可见，电源提供的功率不能被负载完全吸收，只是有功功率被负载吸收，而无功功率是

负载和电源进行能量交换的功率。所以电源提供给负载的功率为视在功率 S，而真正被利用的功率为有功功率 P，这样就存在一个功率利用率的问题。

利用率用功率因数 λ 来表示，结合式（16-40）得

$$\lambda = \cos\varphi = \frac{P}{S} \qquad (16-43)$$

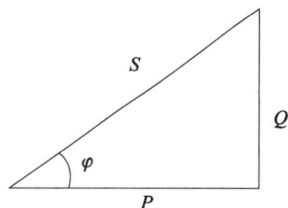

图 16-15　功率三角形

上式表明，当电源提供的视在功率一定时，功率因数越大，说明用电器有功功率越大，电源的功率利用率也就越高。

（七）提高功率因数的意义和方法

1. 提高功率因数的意义

（1）能提高设备的利用率。

（2）能降低输电线上电压降和能量损耗，改善供电质量。

（3）能减少电力设备的投资、降低生产成本。

2. 提高功率因数的方法

（1）提高自然功率因数。包括正确选用电动机的型号与容量；根据负荷选用相匹配的变压器；保证电动机的检修质量；避免电机或设备空载运行；调整生产班次，均衡用电负荷，提高用电负荷率；改善配电线路布局，避免曲折迂回等。

（2）人工补偿无功功率。主要方法是在负载附近装设一些能够提供无功功率的设备，使无功功率就地得到补偿，从而有效地提高功率因数。最常用的方法是采用电力电容补偿无功功率，即在电感性负载上并联电容。其电路图和相量图，如图 16-16 所示。

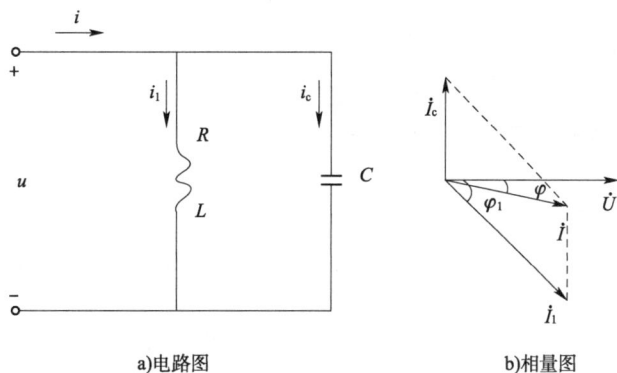

a)电路图　　　　　　　　　b)相量图

图 16-16　电容与电感性负载并联

并联电容以后，电感性负载的电流 $I_1 = \dfrac{U}{\sqrt{R^2 + X_L^2}}$ 和功率因数 $\cos\varphi_1 = \dfrac{R}{\sqrt{R^2 + X_L^2}}$ 均未变化，这是因为所加电压和负载参数没有改变。但电压 u 和线路电流 i 之间的相位差 φ 变小了，即 $\cos\varphi$ 变大了。这里所讲的提高功率因数，是指提高电源或电网的功率因数，而不是指提高某个电感性负载的功率因数。

在电感性负载上并联了电容以后，减少了电源与负载之间的能量互换。这时，电感性负载所需的无功功率，大部分或全部都是就地供给（由电容供给），就是说能量的互换现在主要

或完全发生在电感性负载与电容之间,因而使发动机容量得到充分利用。

其次,由图16-16b)可知,并联电容以后线路电流也减小了(电流相量相加),因而减小了功率损耗。

二、任务实施

1. 准备工作

(1)掌握理论知识。

(2)认真研读技术要求和注意事项。

(3)准备实训器材:电工实验台,万用表1只,功率表1只,白炽灯、日光灯、镇流器和启辉器各1个,电阻3只,电容器若干,开关3个,调压器1只,交流电流表(300mA)3只,插接卡导线20根,长导线2根。

2. 技术要求与注意事项

(1)本次实验电路电源电压是220V,禁止带电连接电路。

(2)每次使用万用表测量交流电压时,手不能碰到表笔的金属部分,万用表必须调到交流的电压挡。

(3)注意电路元件的连接方式,电压表要选择合适的量程。

(4)接通电源前必须检查电路,电路暂时不用或更换元件时需关断电源。

(5)如果实验电路接线正确,接通工作电源后日光灯不能正常点亮,可转动启辉器以使日光灯点亮。

(6)功率表按发电机接法测量。

(7)自耦调压器接通和断开电源前都应将副方滑动头退到零伏位置上。

(8)三表法:用交流电压表、交流电流表和功率表分别测出元件两端电压U、电流I和消耗的有功功率P,并且根据电源角频率ω,然后通过计算公式间接求得阻抗参数。这种测量方法称为三表法,它是测量交流阻抗参数的基本方法。

3. 操作步骤

1)白炽灯电路检测

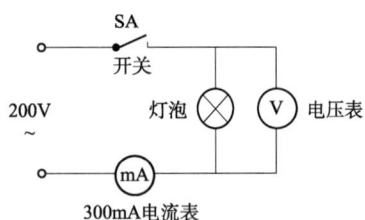

图16-17 白炽灯电路

(1)从实验器材中选取开关、白炽灯、电流表、电压表和导线。

(2)在实验台上按图16-17连接电路,并检查电路连接是否有误。

(3)接通电源,调节电源电压,观察实验现象数据,完成表16-1。

(4)实验结束,断开电源,回收实验器材。

白炽灯电路测量数据   表16-1

电源电压(V)	电压表读数(V)	电流表读数(mA)
220		
150		

2）日光灯电路检测

（1）从实验器材中选取开关、日光灯、电流表、启辉器、镇流器和导线。

（2）按图 16-18 所示连接实物电路，并检查电路连接是否有误。

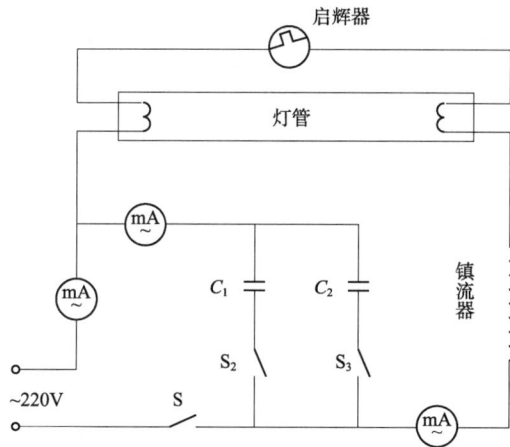

图 16-18 日光灯电路

（3）电路检查无误后接通电源，启亮日光灯。

（4）灯管启亮后，取下启辉器，观察灯管是否熄灭。

（5）取下启辉器后，关闭开关 S，再重新闭合开关 S，观察灯管能否被启亮。

（6）用一根导线将启辉器座的两簧片轻轻短路后，迅速断开，观察灯管能否被启亮。

（7）闭合开关 S，正常启亮日光灯，按表 16-2 中要求开闭开关 S_2 和 S_3，读取电流表读数（总电流 I、镇流器电流 I_L 和电容器电流 I_C），用万用表测量对应的电压值（总电压 U、灯管电压 $U_灯$ 和镇流器电压 U_L），并填入表 16-2 中，并计算相对应的日光灯功率、视在功率和功率因数。

（8）实验结束，断开电源，回收实验器材。

日光灯电路测量数据　　　　　　　　　　　　　　　　　　　　　　　　表 16-2

项目	I （mA）	I_L （mA）	I_C （mA）	U （V）	$U_灯$ （V）	U_L （V）	$S = UI$ （VA）	$P_灯 = U_灯 I_L$ （mW）	$\cos\varphi$
S_2、S_3 均断									
S_2 闭 S_3 断									
S_2 断 S_3 闭									
S_2、S_3 均闭									

3）三表法测量单相交流电参数

（1）从实验器材中选取调压器、功率表、电流表、万用表、电阻和导线。

（2）按照图 16-19 所示连接实物电路，并检查连接是否有误。

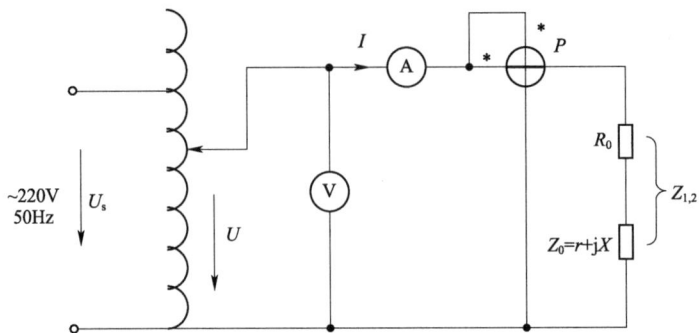

图 16-19 三表法测量电路

(3)电路检查无误后接通电源。

(4)按表 16-3 所示数据进行测量,并计算相关参数,完成表 16-3。其中,$Z_1 = 10\Omega + L$ (114mH),$Z_2 = 100\Omega + C(10\mu\text{F})$,可运用的公式有:$z = \dfrac{U}{I}$,$\cos\varphi = \dfrac{P}{UI}$,$r = \dfrac{P}{I^2} = z\cos\varphi$,

$X = \sqrt{z^2 - r^2} = z\sin\varphi$,$L = \dfrac{X_L}{\omega}$,$C = \dfrac{1}{X_C\omega}$。

三表法测量数据 表 16-3

Z	测 量 参 数			计 算 参 数					
	$I(\text{A})$	$U(\text{V})$	$P(\text{W})$	$z(\Omega)$	$\cos\varphi$	$r(\Omega)$	$x(\Omega)$	$L(\text{mH})$	$C(\mu\text{F})$
Z_1	0.3								
	0.6								
Z_2	0.3								
	0.6								
$Z_1 + Z_2$	0.3								
	0.6								
$Z_1 // Z_2$	0.3								
	0.6								

(5)将电容(24μF)并联在负载 Z_1 两端。

(6)先调节单相自耦调压器,使副方电压等于表 16-3 第二栏中测量出的电压值(负载为 Z_1 时对应 $I = 0.6\text{A}$ 的电压值),然后测出 I、P,计算 $\cos\varphi$,将实验数据填入表 16-4 中,并与不接电容前的负载功率因数相比较。

(7)实验结束,断开电源,回收实验器材。

并联电容测量数据 表 16-4

并联电容	测 量 参 数			计 算 参 数
	$I(\text{mA})$	$U(\text{V})$	$P(\text{W})$	$\cos\varphi$
10μF				
24μF				

三、技能考核标准

技能考核标准见表16-5。

技 能 考 核 标 准 表 16-5

序号	项 目	操 作 内 容	规定分	评 分 标 准	得分
1	白炽灯电路检测	按照白炽灯电路检测的步骤,判断电压表和电流表在电路中的连接方式,并测量白炽灯电路中的电压和电流值	20分	1.操作过程中,步骤是否正确,是否违反注意事项; 2.能否正确连接电路,并说出电压表和电流表在电路中的连接方式; 3.能否准确读取电压表和电流表数值; 4.测量完毕是否断开电路连接,收起实验器材	
2	日光灯电路检测	按照日光灯电路检测步骤,连接实验电路,验证启辉器的作用,测量在不同开关开闭时电路的电流和电压值,并计算功率和功率因数	35分	1.操作过程中,步骤是否正确,是否违反注意事项; 2.能否正确连接电路,并验证启辉器的作用; 3.能否准确读取万用和电流表数值,并正确计算功率和功率因数; 4.测量完毕是否断开电路连接,收起实验器材	
3	三表法测量单相交流电参数	按照三表法测量单相交流电参数的步骤,连接实验电路,测量电路中的电压和功率,并计算相关参数	45分	1.操作过程中,步骤是否正确,是否违反注意事项; 2.能否正确连接电路,以及正确使用功率表和调压器; 3.能否准确读取万用表、电流表和功率表数值,并正确计算相关参数; 4.测量完毕是否断开电路连接,收起实验器材	
	总分		100分		

四、思考与练习

(一) 填空题

(1) 正弦量的三要素是指_____、_____和_____。

(2) 平均功率又称为_____。

(3) 纯电阻正弦交流电路中,电压有效值与电流有效值之间的关系为_____;纯电感正弦交流电路中,电压与电流在相位上的关系为_____。

(4) 在纯电阻电路中,已知端电压 $u = 311\sin(314t + 30°)$ V,其中 $R = 1000\Omega$,那么电流 $i = $_____,电压与电流的相位差为_____,电阻上消耗的功率 $P = $_____。

(5) 感抗与频率成_____比,若线圈的电感为 0.6H,把线圈接在频率为 50Hz 的交流电路中,$X_L = $_____。

(6) 100pF 的电容器对频率是 106Hz 的高频电流和 50Hz 的工频电流的容抗分别是_____和_____。

(7) 在纯电容正弦交流电路中,有功功率 $P = $_____W。

(8) 在 RLC 串联电路中,已知电流为 5A,电阻为 30Ω,电感为 40Ω,容抗为 80Ω,那么电路的阻抗为_____,该电路为_____性电路。电路的有功功率为_____,无功功率为_____。

(9)已知两个正弦交流电流分别为 $i_1 = 10\sin(314t - 30°)$ A 和 $i_2 = 310\sin(314t + 90°)$ A,则 i_1 和 i_2 的相位差为_____,_____超前_____。

(10)流入节点的各支路电流_____的代数和恒等于零,是基尔霍夫_____定律得相量形式。

(11)在纯电容交流电路中,电压与电流的相位关系是电压_____电流90°,容抗 X_C = _____,单位是_____。

(12)在纯电容正弦交流电路中,已知 $I = 5A$,电压 $u = 10\sqrt{2}\sin(314t)$ V,容抗 X_c = _____,电容量 C = _____。

(二)单项选择题

(1)若电路中某元件两端的电压 $u = 36\sin\left(314t - \dfrac{\pi}{2}\right)$ V,电流 $i = 4\sin(314t)$ A,则该元件是(   )。

    A. 电阻   B. 电感   C. 电容   D. 以上均可

(2)正弦电流通过电阻元件时,下列关系式正确的是(   )。

    A. $I_m = U/R$ B. $I = U/R$ C. $i = U/R$ D. $I = U_m/R$

(3)已知一个电阻上的电压 $u = 10\sqrt{2}\sin\left(314t - \dfrac{\pi}{2}\right)$ V,测得电阻上消耗的功率为 20W,则这个电阻为(   )。

    A. 5Ω B. 10Ω C. 20Ω D. 40Ω

(4)将220V的交流电压加到电阻值为 22Ω 的电阻器两端,则电阻器两端(   )。

    A. 电压的有效值为220V,流过的电流的有效值为10A

    B. 电压的最大值为220V,流过的电流的最大值为10A

    C. 电压的最大值为220V,流过的电流的有效值为10A

    D. 电压的有效值为220V,流过的电流的最大值为10A

(5)下列说法正确的是(   )。

    A. 无功功率是无用的功率

    B. 无功功率是真正被利用的功率

    C. 无功功率是表示电感元件建立磁场能量的平均功率

    D. 无功功率是表示电感元件与外电路进行能量交换时的瞬时功率的最大值

(6)在正弦电路中,如选择感性负载两端的电压 u 与通过它的电流 i 的参考方向关联,则在相位上电压比电流(   )。

    A. 超前   B. 滞后   C. 同相   D. 无法确定

(7)在纯电容正弦交流电路中,电压有效值不变,增加电源频率时,电路中电流将(   )。

    A. 增大   B. 减小   C. 不变   D. 无法确定

(8)在纯电感电路中,已知电流的初相角为 $-60°$,则电压的初相角为(   )。

A. 30°　　　　　　　B. 60°　　　　　　　C. 90°　　　　　　　D. 120°

(9) 在纯电容交流电路中,当电流 $i = \sqrt{2}I\sin\left(314t + \dfrac{\pi}{2}\right)$A 时,电容上的电压为(　　)。

A. $u = \sqrt{2}I\omega C\sin\left(314t + \dfrac{\pi}{2}\right)$V　　　　　B. $u = \sqrt{2}I\dfrac{1}{\omega C}\sin\left(314t + \dfrac{\pi}{2}\right)$V

C. $u = \sqrt{2}I\omega C\sin(314t)$V　　　　　　D. $u = \sqrt{2}I\dfrac{1}{\omega C}\sin(314t)$V

(10) 在纯电感正弦交流电路中,当电流 $i = \sqrt{2}I\sin(314t)$A 时,则电压为(　　)。

A. $u = \sqrt{2}IL\sin\left(314t + \dfrac{\pi}{2}\right)$V　　　　B. $u = \sqrt{2}I\omega L\sin\left(314t + \dfrac{\pi}{2}\right)$V

C. $u = \sqrt{2}IL\sin\left(314t - \dfrac{\pi}{2}\right)$V　　　　D. $u = \sqrt{2}I\omega L\sin\left(314t - \dfrac{\pi}{2}\right)$V

(11) 加在容抗为 100Ω 的纯电容两端的电压 $u_c = 100\sin\left(\omega t - \dfrac{\pi}{3}\right)$V,则通过它的电流是(　　)。

A. $i_c = \sin\left(\omega t + \dfrac{\pi}{3}\right)$A　　　　　　B. $i_c = \sin\left(\omega t + \dfrac{\pi}{6}\right)$A

C. $i_c = \sqrt{2}\sin\left(\omega t + \dfrac{\pi}{3}\right)$A　　　　　D. $i_c = \sqrt{2}\sin\left(\omega t + \dfrac{\pi}{6}\right)$A

(12) 在理想电感元件的交流电路中,下列表达式正确的是(　　)。

A. $I = \dfrac{U}{\omega L}$　　　　B. $\dot{U}_m = \dot{I}_m X_L$　　　　C. $\dot{U} = \dot{I}\omega L$　　　　D. $U = IL$

(13) 在理想电容元件的交流电路中,下列表达式正确的是(　　)。

A. $I = \dfrac{U}{\omega C}$　　　　B. $\dot{U}_m = jX_c \dot{I}_m$　　　　C. $\dot{U} = -j\dot{I}\omega C$　　　　D. $I_m = \omega C U_m$

(14) 在 RLC 串联的正弦交流电路中,电路的性质取决于(　　)。

A. 电路外施电压的大小　　　　　　B. 电路连接形式

C. 电路各元件参数及电源频率　　　D. 无法确定

(三) 判断题

(1) 因为正弦量可以用相量来表示,所以说相量就是正弦量。　　　　　　　　　　(　　)

(2) 纯电感电路中,电压超前电流90°的相位。　　　　　　　　　　　　　　　　(　　)

(3) 通过电阻中的交流电流和电阻两端所加的电压同相,在电压一定时,电流和电阻值的大小成反比。　　　　　　　　　　　　　　　　　　　　　　　　　　　　　　(　　)

(4) 通过电感中的交流电流,在相位上滞后电感两端电压 $\pi/2$,在电压、电感一定的情况下,频率越高,电流越小。　　　　　　　　　　　　　　　　　　　　　　　　　(　　)

(5) 通过电容的电流,在相位上超前两极板之间所加电压的 $\pi/2$,在电压、电容量一定的情况下,频率越高,电流越大。　　　　　　　　　　　　　　　　　　　　　　　　(　　)

(6) 电压三角形、阻抗三角形和功率三角形都是相量图。　　　　　　　　　　　　(　　)

(7) 正弦交流电路的频率越高,阻抗越大;频率越底,阻抗越小。　　　　　　　　(　　)

(8) 人们平时所用的交流电压表、电流表所测出的数值是有效值。　　　　　　　　(　　)

(9) 通常把有效值称为正弦交流电的三要素之一。　　　　　　　　　　　　　　　(　　)

（10）频率不同的正弦量可以在同一相量图中画出。　　　　　（　　）

（四）简答与计算

（1）简述纯电阻、纯电感和纯电容正弦交流电路中电流与电压的相位关系。

（2）纯电阻正弦交流电路中，已知端电压 $u = 10\sqrt{2}\sin\left(314t - \dfrac{\pi}{6}\right)$V，电阻 $R = 10\Omega$，求电流 i、电压与电流相位差，电路消耗的功率和功率因数，并画出电流电压的相量图。

（3）纯电感电路中，已知端电压 $u = 10\sqrt{2}\sin\left(100t - \dfrac{\pi}{6}\right)$V，电感 $L = 0.5$H，求电流 i、电压与电流相位差，电路的有功功率、无功功率和功率因数，并画出电流电压的相量图。

（4）纯电容电路中，已知端电压 $u = 10\sqrt{2}\sin\left(1000t - \dfrac{\pi}{6}\right)$V，电容 $C = 10\mu$F，求电流 i、电压与电流相位差，电路的有功功率、无功功率和功率因数，并画出电流电压的相量图。

（5）在 RL 串联电路中，已知电阻 $R = 40\Omega$，电感 $L = 95.5$mH，外加频率为 $f = 50$Hz、$U = 200$V 的交流电压源，试求：电路中的电流 I；各元件电压 U_R、U_L；总电压与电流的相位差 φ。

（6）已知某发电机的额定电压为 220V，视在功率为 440kVA。

①用该发电机向额定工作电压为 220V、有功功率为 4.4kW、功率因数为 0.5 的用电器供电，最多能接多少个用电器？

②若把功率因数提高到 1 时，又能接多少个用电器？

任务 17　三相交流电认知

学习目标

❖ 知识目标

1. 能够说出三相交流电的定义、优点和应用；
2. 能够说出三相交流电产生的原理；
3. 能够说出触电的形式及用电安全常识。

❖ 能力目标

1. 能够实地辨别应用三相交流电的地方；
2. 能够在安全用电的基础上，对三相交流电的电压和波形进行检测。

建议课时

8 课时。

任务描述

在认识了单相正弦交流电之后，一定要了解的便是由三个单相交流电组合而成的三相交流电。生产生活中应用最多的也是三相交流电。本任务为认识三相交流电的相关概念、应用和用电安全等，并进行三相交流电路实地认知，电压和波形检测。

一、理论知识准备

(一)三相交流电的定义

由三相交流电源供电的电路称为三相交流电路。所谓三相交流电路是指由三个频率相同、最大值(或有效值)相等、在相位上互差120°的单相交流电动势组成的电路,这三个电动势称为三相对称电动势。

(二)三相交流电的优点及应用

(1)三相交流发电机比功率相同的单相交流发电机体积小、重量轻、成本低。在工农业生产中得到广泛应用,在汽车上迅速取代了直流发电机,如图17-1所示。

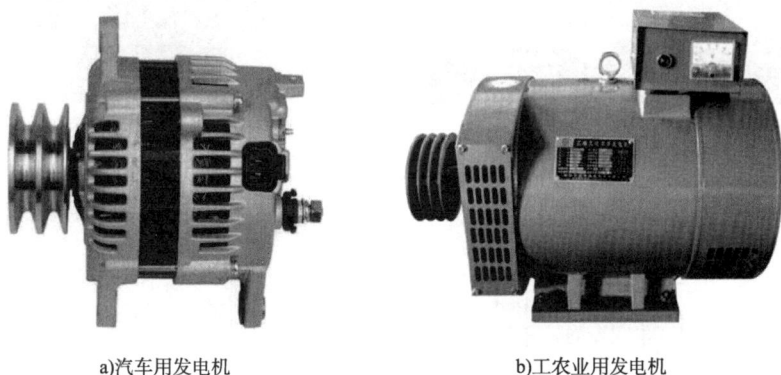

a)汽车用发电机　　　　　　　　b)工农业用发电机

图17-1　三相交流发电机

(2)电能输送。当输送功率相等、电压相同、输电距离一样,线路损耗也相同时,用三相制输电比单相制输电可大大节省输电线有色金属的消耗量,即输电成本较低。三相四线制电路中,各相既可以分别接入各种单相用电设备(如照明设备),也可以接入三相用电设备(如三相电动机),应用如图17-2所示。

从发电厂输出三相电之后,首先通过升压变压器将交流电升压到十几万伏后输送到很远的地方,然后通过降压变压器把高压降为低压供给民用(220V)或工业用(三相380V)。在输电铁塔上,常常能看到多根高压输电线,塔顶的两根细线不是输电用的,而是避雷线,也叫地线。避雷线下面就是输电线路,根数都是3的倍数即火线,它们连接到发电站的三相供电线路,也就是上面提到的交流发电机输出的三相电。

(3)目前获得广泛应用的三相异步电动机,是以三相交流电作为电源,它与单相电动机或其他电动机相比,具有结构简单、价格低廉、性能良好和使用维护方便等优点。三相异步电动机性能能够满足生产中大部分机械设备的拖动要求,是当前生产中的主要动力设备,如图17-3所示。

(三)三相交流电的产生和表示

1.三相交流电的产生

三相交流电的产生就是指三相交流电动势的产生。三相交流电动势由三相交流发电机产生,它是在单相交流发电机的基础上发展而来的。

图17-4a)是三相发电机的原理图,发电机的转动部分称为转子,在转子的励磁绕组中通以直流电,产生恒定的磁场。发电机固定部分称为定子,定子铁芯的内圆放置电枢绕组。三

个尺寸和匝数相同的绕组分别用 U_1U_2、V_1V_2 和 W_1W_2 表示,称为三相绕组 U 相、V 相和 W 相,U_1、V_1 和 W_1 称为绕组的首端,U_2、V_2 和 W_2 称为末端。三个绕组安装在定子铁芯槽内,三相绕组在空间位置上相差 120°。各相绕组的匝数和形状都相同,图 17-4b)所示为 U 相绕组的示意图。

图 17-2   高压输电

图 17-3   三相异步电动机

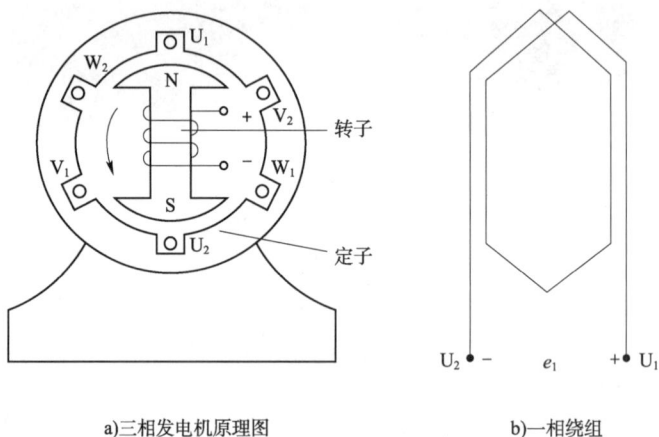

a)三相发电机原理图

b)一相绕组

图 17-4   三相对称电动势的产生

2. 三相交流电的表示

磁极放在转子上,一般均由直流电通过励磁绕组产生一个很强的恒定磁场。当转子由原动机拖动做匀速转动时,三相定子绕组即切割转子磁场而感应出三相对称交流电动势。

这三个电动势的三角函数表达式为

$$\begin{cases} e_U = E_m \sin\omega t \\ e_V = E_m \sin(\omega t - 120^\circ) \\ e_W = E_m \sin(\omega t - 240^\circ) = E_m \sin(\omega t + 120^\circ) \end{cases} \qquad (17\text{-}1)$$

其波形图如图 17-5a)所示,相量图如图 17-5b)所示。

从图 17-5a)中可以看出,三相交流电动势在任一瞬间其三个电动势的代数和为零。即

$$e_U + e_V + e_W = 0 \qquad (17\text{-}2)$$

在图 17-5b)中还可看出三相正弦交流电动势的相量和也等于零,即

$$\dot{E}_U + \dot{E}_V + \dot{E}_W = 0 \qquad (17\text{-}3)$$

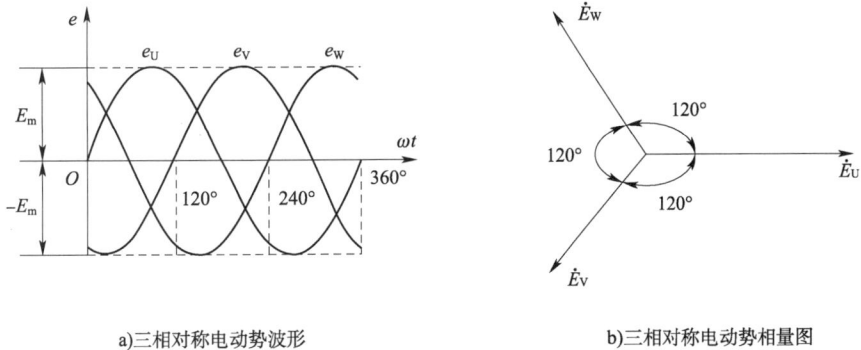

a)三相对称电动势波形　　　　　　　　　　　b)三相对称电动势相量图

图 17-5　三相交流电动势

它们称作三相对称电动势,规定每相电动势的正方向是从线圈的末端指向首端(或由低电位指向高电位)。

(四)安全用电

1.电流对人体的伤害

人体接触或接近带电体所引起的人体局部受伤或死亡的现象称为触电。根据人体受到伤害的程度不同,触电可分为电伤和电击两种。

电伤是指在电弧作用下或熔断丝熔断时飞溅的金属末对人体外部的伤害,如烧伤、金属灼伤等。

电击是指电流通过人体,使内部器官组织受到损伤,是最危险的触电事故。如受害者不能迅速摆脱带电体,则最后会造成死亡事故。

根据大量触电事故资料的分析和实验证明,电击所引起的伤害程度,由人体电阻的大小、通过人体的电流强度、电流通过人体的途径、作用于人体的电压及电流通过人体的时间长短等因素决定。

若电流流过大脑,会对大脑造成严重损伤;电流流过脊髓,会造成瘫痪;电流流过心脏,会引起心室颤动甚至心脏停止跳动。总之,以电流通过或接近心脏和脑部最为危险。通电时间越长,触电的伤害程度就越严重。

实践证明,常见的 $50 \sim 60 \mathrm{Hz}$ 工频电流的危险性最大,高频电流的危害性较小。人体通过工频电流 $1 \mathrm{mA}$ 时就会有麻木的感觉,$10 \mathrm{mA}$ 为摆脱电流,人体通过 $50 \mathrm{mA}$ 的工频电流时,中枢神经就会遭受损害,从而使心脏停止跳动而死亡。

人体电阻主要集中在皮肤,一般在 $40 \sim 80 \mathrm{k} \Omega$,皮肤干燥时电阻较大,而皮肤潮湿、有汗或皮肤破损时人体电阻可下降到几十至几百欧。根据触电危险电流和人体电阻,可计算出安全电压为 $36 \mathrm{V}$。但电气设备环境越潮湿,安全电压就越低,在特别潮湿的场所中,必须采用不高于 $12 \mathrm{V}$ 的电压。

2.触电形式

人体触电形式有单相触电、两相触电和接触触电等多种形式。

人体的某一部分与一相带电体及大地(或中性线)构成回路,当电流通过人体流过该回路时,即造成人体触电,这种触电称为单相触电,如图 17-6 所示。

a)电源中性点搭铁   b)电源中性点不搭铁

图 17-6　单相触电

人体某一部分介于同一电源两相带电体之间并构成回路所引起的触电,称为两相触电,这种触电最危险,如图 17-7 所示。

电气设备由于绝缘损坏造成搭铁故障时,如果人体两个部分(手和脚)同时接触设备外壳和地面时,人体两部分存在电位差,从而造成接触电压触电,如图 17-8 所示。

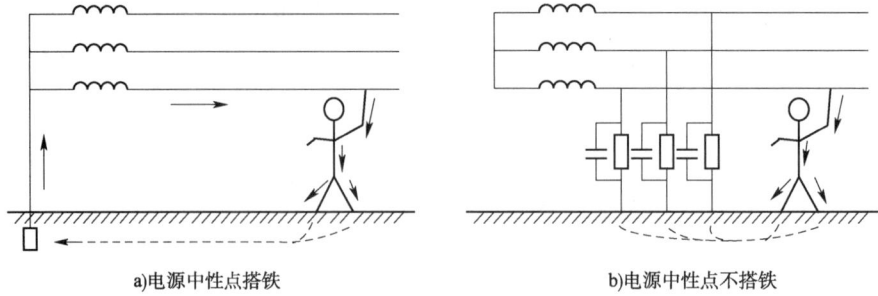

图 17-7　两相触电

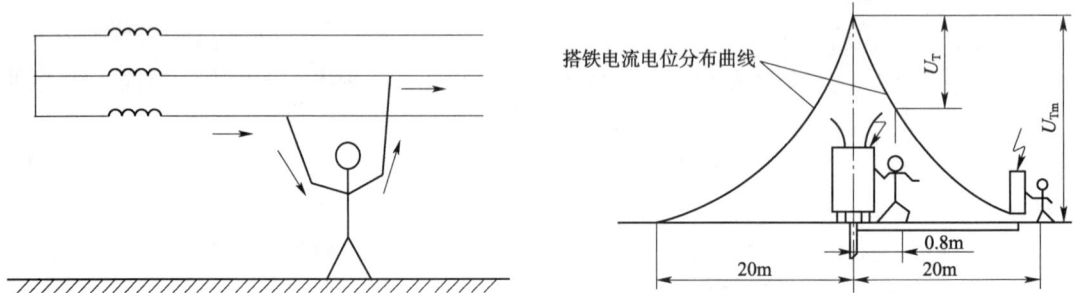

搭铁电流电位分布曲线

图 17-8　接触触电

3. 保护搭铁和保护接零

保护搭铁就是将电动机、变压器、金属外壳开关等电气设备的金属外壳用电阻很小的导线同搭铁极可靠地连接起来。保护搭铁适用于中性点不搭铁的低压系统中。如图 17-9 所示为电动机的保护搭铁电路。

保护接零就是将电气设备的金属外壳接到零线(或称中性线)上。保护接零适用于中性点搭铁的低压系统中。如图 17-10 所示为电动机的保护接零电路。

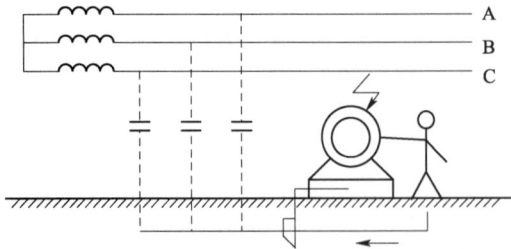

图 17-9　电动机保护搭铁

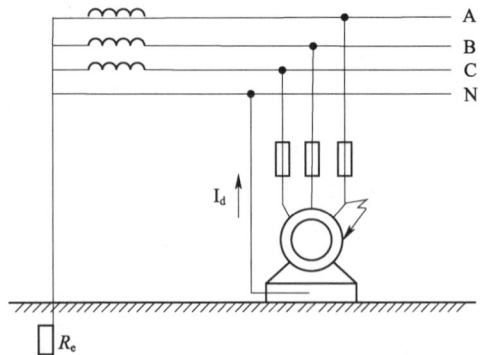

图 17-10　电动机保护接零

注意: 在同一电力网中,不允许一部分设备搭铁,而另一部分设备接中性线。若有人同时触到搭铁和接中性线的金属外壳,则将承受电源的相电压,非常危险。

4. 安全用电常识

(1)在任何情况下都不得用手来鉴定导体是否带电。

(2)更换熔断器时,应先切断电源,不得带电操作。

(3)拆开或断裂的暴露在外部的带电接头,必须及时用绝缘物包好并悬挂到人身不会碰到的高处,防止有人触及。

(4)工厂车间内一般只允许使用36V的照明灯;在特别潮湿的场所只允许使用12V以下的照明灯。

(5)遇有人触电时,应迅速切断电源;或尽快用干燥的绝缘物(如棍棒)打断电线或拨开触电者,切勿直接用手去拉触电者。当触电者脱离电源后,根据具体情况,耐心救治。

二、任务实施

1. 准备工作

(1)掌握理论知识。

(2)认真研读技术要求和注意事项。

(3)准备实训器材:电工实验台、数字万用表1只、变压器1个、开关1个、积木连线实训板1块、锂电池模块1块、示波表1只、三相交流发电机1只、插接卡导线若干、长导线2根。

2. 技术要求与注意事项

(1)本次实验电路电源电压是220V,禁止带电连接电路。

(2)每次使用万用表测量交流电压时,手不能碰到表笔的金属部分,万用表必须调到交流的电压挡。

(3)如果不知道被测电压的范围,可先用较大的量限试测出大致数值后,再转到相应量限测量。

(4)电压表测量交流电时,没有极性显示。

(5)接通电源前必须检查电路,电路暂时不用或更换元件时需关断电源。

3. 操作步骤

1)交流电路实地观察

(1)实地观察校外的高压输电线路,观看三相四线制输电线路。

(2)实地参观校内的配电所,请电工师傅介绍学校内的配电情况。

(3)实际观察校内的配电所接线,从高压三相四线制的输入线路,到低压单相电和三相电的输出线路。

2)交流电压测量

(1)按照图17-11所示,用导线将实验台上的开关、变压器与交流电源连接。

(2)打开数字万用表电源开关,将万用表挡位旋转至交流电压挡750V量程。

(3)打开电路中的电源开关。

(4)测1-2点之间的电压,记录读数,如图17-11所示电压值测得为220V。

(5)将万用表挡位旋转至交流电压挡20V量程,分别测量3-4、4-5、6-7各点之间的电压,并记录读数,如图 17-12 所示。

(6)完成表 17-1。测量完成,断开电路连接。

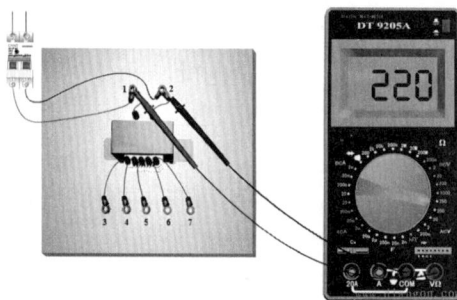

图 17-11　交流电压测量 1

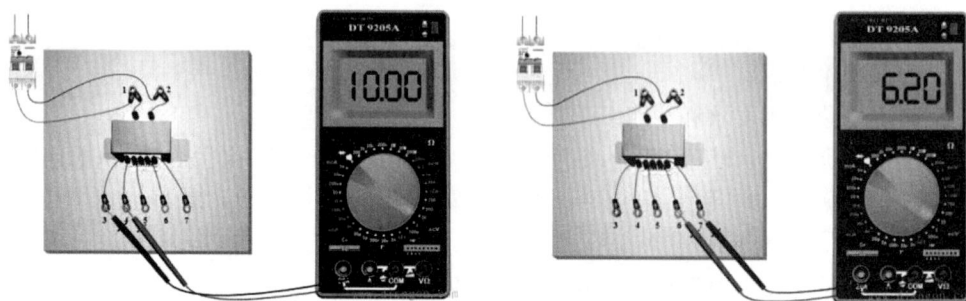

图 17-12　交流电压测量 2

交流电压测量数据　　　　　　　　　　　　　　　表 17-1

测量位置	1-2	3-4	4-5	6-7
测量电压(V)				

3)三相交流电波形检测

(1)从实训器材中选取积木连线实训板、锂电池模块、示波表、三相交流发电机和插接卡导线。

(2)按照图 17-13 所示连接电路并检查固定电压输出、可调电压输出、电压显示是否正常,检查传动有无卡死,固定螺钉有无松动。

(3)打开示波表电源,检查显示是否正常,练习示波表参数的调节。

(4)检查无误后接通电源,打开示波表电源,选择耦合方式为交流耦合,进入示波表参数选择模式调整适当参数。实验效果如图 17-14 所示。

(5)调节三相交流发电机电机转速调节电位器,观察波形。

(6)固定一个转速,调节示波表参量,记录此时波形的幅值、周期和频率,并在图 17-15 的网格中画出波形。

(7)完成检测,断开电路连接,回收实验器材。

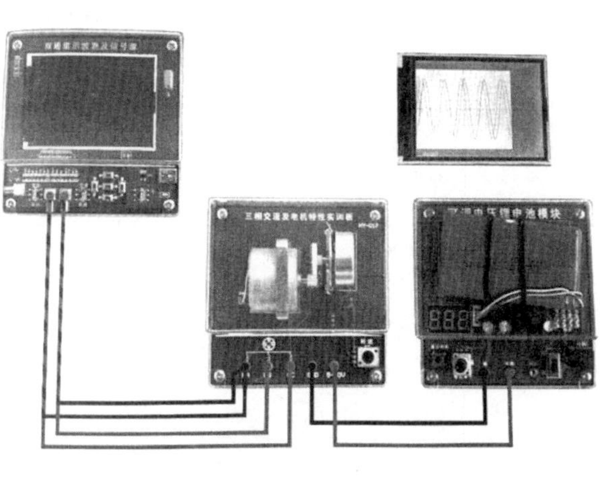

图 17-13 三相交流电波形检测接线图

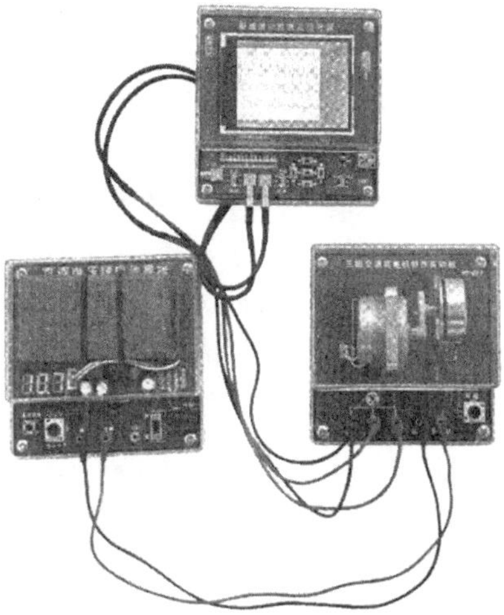

图 17-14 三相交流电波形检测效果图

幅值：_____ 周期：_____ 频率：_____

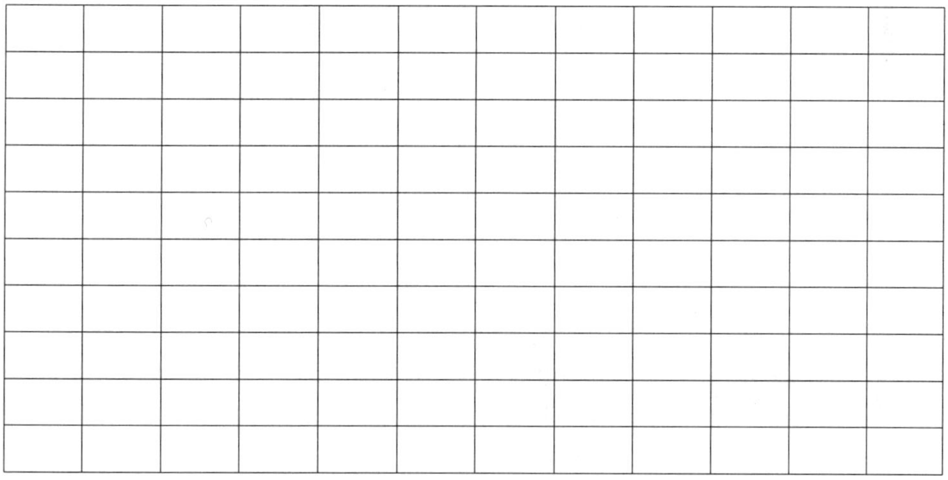

图 17-15 三相交流电波形图

三、技能考核标准

技能考核标准见表 17-2。

技 能 考 核 标 准   表 17-2

序号	项　　　目	操作内容	规定分	评分标准	得分
1	交 流 电 路实 地 观 察	1. 实地观察校外的高压输电线路，观看三相四线制输电线路； 2. 实地参观学校内的配电所，请电工师傅介绍学校内的配电情况； 3. 实际观察学校内的配电所接线，从高压三相四线制的输入线路，到低压单相电和三相电的输出线路	20分	1. 能否说出观察的线路的组成； 2. 能否大致说出校内的配电情况	

续上表

序号	项　目	操作内容	规定分	评分标准	得分
2	交流电压测量	按照交流电压测量步骤,使用数字万用表对交流电路中的不同位置进行电压测量	40分	1. 操作过程中,步骤是否正确,是否违反注意事项; 2. 能否正确连接电路和使用数字万用表; 3. 能否准确读取电压表数值; 4. 测量完毕是否断开电路连接,收起实验器材	
3	三相交流电波形检测	按照交流电波形的检测步骤,用电子积木搭建检测电路,调节发电机转速和示波表参量,记录三相交流电的波形图	40分	1. 操作过程中,步骤是否正确,是否违反注意事项; 2. 能否正确连接电路和使用示波表; 3. 能否准确读取波形的幅值、周期和频率,并画出波形; 4. 测量完毕是否断开电路连接,收起实验器材	
	总分		100分		

四、学习拓展

1. 交直流输电之争

关于电能的输送方式,采用直流输电还是交流输电,在历史上曾引起过很大的争论。美国发明家爱迪生、英国物理学家开尔文都极力主张采用直流输电,而美国发明家威斯汀豪斯和英国物理学家费朗蒂则主张采用交流输电。

在早期,工程师们主要致力于研究直流电,发电站的供电范围也很有限,而且主要用于照明,还未用于工业动力。

1882 年,爱迪生电气照明公司(创建于 1878 年)在伦敦建立了第一座发电站,安装了三台 110V"巨汉"号直流发电机,这是爱迪生于 1880 年研制的,这种发电机可以为 1500 个 16W 的白炽灯供电。

但是随着科学技术和工业生产发展的需要,社会对电力的需求也急剧增加。而供给用户使用的电压又不能太高,因此要输送一定的功率,就要加大电流($P = IU$)。而电流越大,输电线路发热就越厉害,损失的功率也就越多;而且电流大,损失在输电导线上的电压也大,使用户得到的电压降低,离发电站越远的用户,得到的电压也就越低。直流输电的弊端,限制了电力的应用,促使人们探讨用交流输电的问题。

爱迪生虽然是一个伟大的发明家,但是他没有受过正规教育,缺乏理论知识,难以解决交流电涉及的数学运算,这阻碍了他对交流电的理解,所以在交直流输电的争论中,成了保守势力的代表。在他的反对下,交流电遇到了很大的阻碍。

但是为了减少输电线路中电能的损失,只能提高电压。在发电站将电压升高,到用户地区再把电压降下来,这样就能在低损耗的情况下,达到远距离送电的目的。而要改变电压,只有采用交流输电才行。

1888 年,由费朗蒂设计的伦敦泰晤士河畔的大型交流电站开始输电。他用钢皮铜心电缆将 1 万 V 的交流电送往相距 10km 外的市区变电站,在这里降为 2500V,再分送到各街区的二级变压器,降为 100V 供用户照明。之后,俄国的多利沃-多布罗沃斯基又于 1889 年最先制出了功率为 100W 的三相交流发电机,并在德国、美国被推广应用。事实证明了高压交流输电的优越性,并在全世界范围内迅速推广。

20 世纪 50 年代后,电力需求日益增长,远距离大容量输电线路不断增加,电网扩大,交流输电受到同步运行稳定性的限制,在一定条件下的技术经济比较结果表明,采用直流输电更为合理,且比交流输电更好的经济效益和更优越的运行特性,因而直流输电重新被人们所重视。

2. 高压直流输电

稳定的直流电具有无感抗、容抗不起作用、无同步问题等优点,因此采用大功率远距离直流输电。高压直流输电的输电过程为直流,常用于解决海底电缆输电、非同步运行的交流系统之间的连接等方面问题。

在一个高压直流输电系统中,电能从三相交流电网的一点导出,在换流站转换成直流电通过架空线或电缆传送到接收点;直流电在另一侧换流站转化成交流电后,再进入接收方的交流电网。直流输电的额定功率通常大于 100MW,许多在 1000~3000MW。

高压直流输电用于远距离或超远距离输电,因为它相对传统的交流输电更经济。应用高压直流输电系统,电能等级和方向均能得到快速精确的控制,这种性能可提高它所连接的交流电网性能和效率,直流输电系统已经被普遍应用。

高压直流输电是将三相交流电通过换流站整流变成直流电,然后通过直流输电线路送往另一个换流站逆变成三相交流电的输电方式。它基本上由两个换流站和直流输电线组成,两个换流站与两端的交流系统相连接。

直流输电线造价低于交流输电线路,但换流站造价却比交流变电站高得多。一般认为架空线路超过 600~800km、电缆线路超过 40~60km 直流输电较交流输电经济。随着高电压大容量可控硅及控制保护技术的发展,换流设备造价逐渐降低,直流输电近年来发展较快。我国葛洲坝—上海 1100km、±500kV、输送容量 1200MW 的直流输电工程,已经建成并投入运行。

直流输电技术的主要优点是:不增加系统的短路容量,便于实现两大电力系统的非同期联网运行和不同频率的电力系统的联网;利用直流系统的功率调制能提高电力系统的阻尼,抑制低频振荡,提高并列运行的交流输电线的输电能力。它的主要缺点是:直流输电线路难于引出分支线路,绝大部分只用于端对端送电。

换流站的主要设备包括换流器、换流变压器、平波电抗器、交流滤波器、直流避雷器及控制保护设备等。换流器又称换流阀是换流站的关键设备,其功能是实现整流和逆变。目前,换流器多数采用晶闸管可控硅整流管组成三相桥式整流作为基本单元,称为换流桥。一般由两个或多个换流桥组成换流系统,实现交流变直流、直流变交流的功能。为了减少各次谐波进入交流系统在换流站交流母线上要装设滤波器。它由电抗线圈、电容和小电阻三种设备串联组成通过调谐的参数配合可滤掉多次谐波。一般在换流站的交流侧母线装有5、7、11、13次谐液滤波器组。

我国目前建成的高压直流输电工程均为两端直流输电系统。两端直流输电系统主要由整流站、逆变站和输电线路三部分组成。

高压直流输电与交流输电相比，具有诸多优点：

(1)高压直流输电具有明显的经济性。输送相同功率时，直流输电线路所用线材仅为交流输电的1/2~2/3，直流输电采用两线制，与采用三线制三相交流输电相比，在输电线路导线截面和电流密度相同的条件下，输送相同的电功率，输电线和绝缘材料可节省约1/3。另外，直流输电线路的杆塔结构也比同容量的三相交流输电线路的简单，线路走廊占地面积也大幅减少。

(2)在电缆输电线路中，高压直流输电线路不产生电容电流，而交流输电线路存在电容电流，引起损耗。在一些特殊场合，如输电线路经过海峡时，必须采用电缆。由于电缆芯线与大地之间构成同轴电容，在交流高压输电线路中，空载电容电流极为可观。而在直流输电线路中，由于电压波动很小，基本上没有电容电流加在电缆上。

(3)采用直流输电时，线路两端交流系统不需同步运行，而交流输电必须同步运行了。采用远距离交流输电时，交流输电系统两端电流的相位存在显著差异；并网的各子系统交流电的频率虽然规定为50Hz，但实际上常产生波动。这两种因素导致交流系统不同步，需要用复杂而庞大的补偿系统和综合性很强的技术加以调整，否则就可能在设备中形成强大的环流而损坏设备，或造成不同步运行而引起停电事故。采用直流输电线路将两个交流系统互连时，其两端的交流电网可以按各自的频率和相位运行，不需进行同步调整。

(4)高压直流输电控制方便、速度快，发生故障的损失比交流输电的小。两个交流系统若用交流线路互连，则当一侧系统发生短路时，另一侧要向故障侧输送短路电流。因此，将使两侧系统原有断路器切断短路电流的能力受到威胁，需要更换断路器。若用直流输电将两个交流系统互连，由于采用可控硅装置，电路功率能迅速、方使地进行调节，直流输电线路向发生短路的交流系统输送的短路电流不大，故障侧交流系统的短路电流与没有互连时几乎一样。因此不必更换两侧原有开关及载流设备。

(5)在高压直流输电工程中，各极是独立调节和工作的，彼此没有影响。所以，当一极发生故障时，只需停运故障极，另一极仍可输送至少50%的电能。但在交流输电线路中，任一相发生永久性故障，必须全线停电。

高压直流输电也有其缺点：

(1)直流换流站比交流变电站的设备多、结构复杂、造价高、损耗大、运行费用高。

(2)谐波较大。

(3)直流输电工程在单极大地回路方式下运行时，入地电流会对附近的地下金属体造成定腐蚀，窜入交流变压器的直流电流会使变压器噪声增加。

(4)若要实现多端输电，技术比较复杂。

由此可见，高压直流输电具有线路输电能力强、损耗小、两侧交流系统不需同步运行、发生故障时对电网造成的损失小等优点，特别适合用于长距离点对点大功率输电。而采用交流输电系统便于向多端输电。交流与直流输电配合,将是现代电力传输系统的发展趋势。

五、思考与练习

(一)填空题

(1)三相交流电路是指由三个_____相同、_____相等、在相位上互差_____的单相交流电动势组成的电路,这三个电动势称为三相对称电动势。

(2)发电机的转动部分称为_____,固定部分称为_____。

(3)根据触电危险电流和人体电阻,可计算出安全电压为_____。

(4)触电可分为_____和_____两种。

(5)人体触电形式有_____、_____和_____等多种形式。

(6)三相正弦交流电动势的相量和等于_____。

(7)三相四线制供电系统可输出两种电压供用户选择,即_____电压和_____电压。

(二)单项选择题

(1)下列( )项不是三相交流电的应用实例。

    A.汽车发电机　　　B.高压输电　　　　C.三相异步电动机　　　D.直流电动机

(2)根据触电危险电流和人体电阻,可计算出通常人体安全电压为( )。

    A.12V　　　　　　B.36V　　　　　　　C.220V　　　　　　　　D.380V

(3)关于三相交流电,下列说法正确的是( )。

    A.电压表测量交流电时,没有极性显示

    B.在同一电力网中,允许一部分设备搭铁,而另一部分设备接中线

    C.采用交流输电曾受美国发明家爱迪生大力支持

    D.三相交流电源是由频率、有效值、相位都相同的三个单个交流电源按一定方式组合起来的

(三)判断题

(1)在发电机转子的励磁绕组中通以直流电,产生恒定的磁场。　　　　　( )

(2)三相交流电动势在任一瞬间其三个电动势的代数和为零。　　　　　( )

(3)实践证明,常见的50~60Hz工频电流的危险性较小,高频电流的危害性较最大。( )

(4)三相交流发电机比功率相同的单相交流发电机体积小、重量轻、成本低。　( )

(5)当输送功率相等、电压相同、输电距离一样,线路损耗也相同时,用三相制输电比单相制输电的成本要高。　　　　　　　　　　　　　　　　　　　( )

(6)在同一电力网中,不允许一部分设备搭铁,而另一部分设备接中性线。　( )

(7)三相异步电动机,是以三相交流电作为电源,它与单相电动机或其他电动机相比,具有结构简单、价格低廉性能良好和使用维护方便等优点。　　　　　　　　( )

(8)三个尺寸和匝相同的绕组分别用 U_1U_2、V_1V_2 和 W_1W_2 表示,称为三相绕组 U 相、V 相和 W 相。　　　　　　　　　　　　　　　　　　　　　( )

(四)简答题

(1)请列举三相交流电的优点及应用。

(2)触电形式有哪些?

(3)安全用电常识有哪些?

任务18　三相电的连接方式及检测

学习目标

❖ **知识目标**

1.能够说出三相负载连接的方式;

2.能够说出三相负载星形连接和三角形连接的概念及其相关特点;

3.能够分析简单的三相电路并进行计算三相电功率。

❖ **能力目标**

1.能够根据电路图进行三相电路负载的连接;

2.能够利用数字万用表的交流电压挡测量相电压和线电压。

建议课时

12课时。

任务描述

在上一任务中,我们了解了三相交流电的概念、产生和使用等基本知识,对三相交流电有了初步的认识。而要能更深入地理解三相交流电在新能源汽车上的运用,就要认识三相交流电路的连接方式、掌握电路参数之间的关系。本任务为认识三相交流电的电路连接方式,并进行相关的电路连接及电压、电流和功率的检测。

一、理论知识准备

(一)三相电源的连接

三相交流发电机实际有三个绕组、六个接线端,目前采用的方式是将这三相交流电按照一定的方式,连接成一个整体向外送电。连接的方法通常为星形和三角形。

1.三相电源的星形连接(Y连接)

1)星形连接

将电源的三相绕组末端 U_2、V_2 和 W_2 连在一起,首端 U_1、V_1 和 W_1 分别与负载相连,这种方式就叫作星形连接,如图18-1所示。

2)中性点、中性线、相线和地线

三相绕组末端相连的一点称中性点,一般用"N"表示,从中性点引出的线叫中性线。由于三相电源对称时刻,中性线中没有电流通过,它直接或间接的接到大地,跟大地相连电压也接近零,所以把接大地的中性点称为零点,而把搭铁的中性线称为零线。

从首端 U_1、V_1 和 W_1 引出的三根导线称相线(或端线)。由于它与大地之间有一定的电位差,一般通称火线。火线与零线共同组成供电回路。在低压电网中用三相四线制输送电力,其中有三根相线一根中性线(零线)。根据国标 GB 4728.11—2008,第一、第二、第三相线及中性线的文字符号分别是 L_1、L_2、L_3 和 N。有时为了方便,不画出发电机绕组的接线方式,只画出四根导线,如图 18-2 所示。

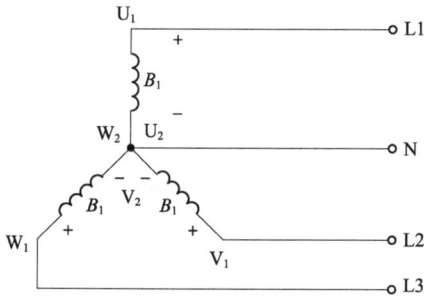

图 18-1 三相电源的星形联结(有中性线)

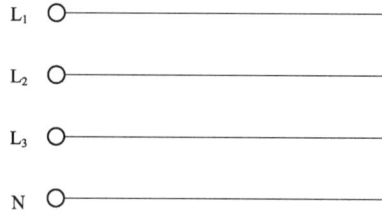

图 18-2 三相四线制

地线是把设备或用电器的外壳可靠地连接大地的线路,是防止触电事故的良好方案。

为了保证用电安全,在用户使用区改为用三相五线制供电,这第五根线就是地线,它的一端是在用户区附近用金属导体深埋于地下;另一端与各用户的地线接点相连起保护的作用。

3)输电方式

由三根火线和一根零线所组成的输电方式称三相四线制(通常在低压配电系统中采用)。只由三根火线所组成的输电方式称三相三线制(在高压输电时采用较多)。

4)三相电源星形联结时的电压关系

(1)相电压 U_P。每个绕组的相线与中性线之间的电压,叫作相电压,其有效值分别用 U_U、U_V 和 U_W 表示。

(2)线电压 U_L。各绕组相线与相线之间的电压,叫作线电压,其有效值分别用 U_{UV}、U_{VW} 和 U_{WU} 表示。

(3)相电压与线电压参考方向的规定。相电压的正方向是由首端指向中点 N,例如电压 U_U 是由首端 L 指向中点 N;线电压的方向是由一个相线首端指向另一个相线的首端,如电压 U_{UV} 是由首端 U 指向首端 V,书写时不能颠倒,否则相位相差 180°。

(4)线电压 U_L 与相电压 U_P 的关系。相电源星形连接时的电压相量图,如图 18-3 所示。三个相电压大小相等,在空间各相差 120°。

故两端线 U 和 V 之间的线电压是两个相应的相电压之差,即

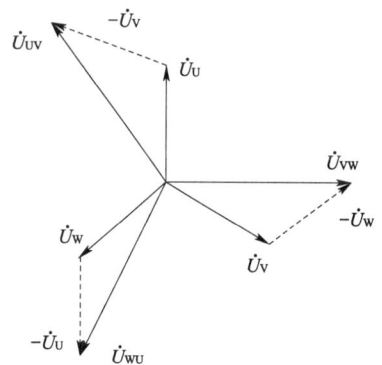

图 18-3 电源星形连接时的电压相量图

$$\dot{U}_{UV} = \dot{U}_U - \dot{U}_V$$

$$\dot{U}_{VW} = \dot{U}_V - \dot{U}_W \tag{18-1}$$

$$\dot{U}_{WU} = \dot{U}_W - \dot{U}_U$$

线电压大小利用几何关系可求得

$$U_{UV} = 2U_U\cos30° = \sqrt{3}U_U \tag{18-2}$$

同理可得

$$U_{VW} = \sqrt{3}U_V$$
$$U_{WU} = \sqrt{3}U_W \tag{18-3}$$

结论:三相电路中线电压的大小是相电压的$\sqrt{3}$倍,其公式为

$$U_L = \sqrt{3}U_P \tag{18-4}$$

生活中常说的电源电压为220V,即是指相电压;常说的电源电压为380V,即是指线电压。由此可见,三相四线制的供电方式可以给负载提供两种电压,即线电压380V和相电压220V,因而在实际中获得了广泛的应用。

2. 三相电源的三角形连接(△连接)

1)三角形连接

如图18-4所示,将电源一相绕组的末端与另一相绕组的首端依次相连(接成一个三角形),再从首端U₁、V₁、W₁分别引出端线,这种连接方式就叫三角形连接,如图18-4a)所示。相量图如图18-4b)所示。

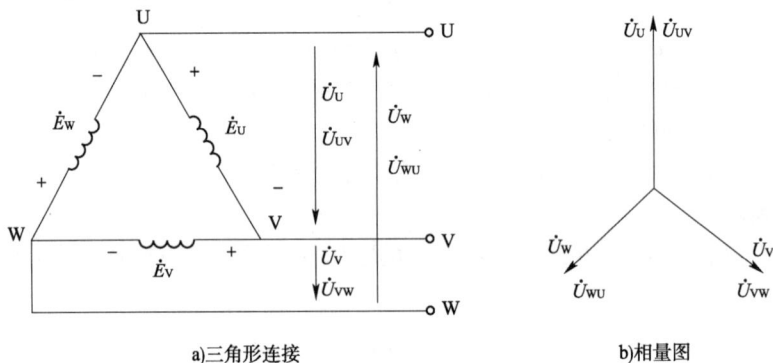

a)三角形连接　　　　b)相量图

图18-4　三相电源的三角形连接

2)三相电源三角形连接时的电压关系

由图18-4可见

$$\dot{U}_{UV} = \dot{U}_U$$
$$\dot{U}_{VW} = \dot{U}_V \tag{18-5}$$
$$\dot{U}_{WU} = \dot{U}_W$$

所以,三相电源三角形连接时,电路中线电压的大小与相电压的大小相等,即

$$U_L = U_P \tag{18-6}$$

由图18-4b)相量图可以看出,三个线电压之和为零,即

$$\dot{U}_{UV} + \dot{U}_{VW} + \dot{U}_{WU} = 0 \tag{18-7}$$

同理可得,在电源的三相绕组内部三个电动势的相量和也为零,即

$$\dot{E}_{UV} + \dot{E}_{VW} + \dot{E}_{WU} = 0 \tag{18-8}$$

因此,当电源的三相绕组采用三角形连接时在绕组内部是不会产生环路电流(环流)的。在生产实际中,发电机绕组很少接成三角形,通常接成星形。

(二)三相负载的连接

1.三相负载

使用交流电的电气设备种类很多,其中有些设备是需要三相电源才能工作的,如三相交流电动机、三相整流器等,这些都是三相负载。还有一些电气设备只需要单相电源,如照明用的白炽灯、电烙铁等,它们一端可以接在三相电源的任意一根相线上,而另一端接在中性线上。许多像这样只要单相电源的设备,也往往按照一定的方式接在三相电源上,所以对电源来说,这些设备的总体可以看成是三相负载。因此,三相负载可以是单个的需要三相电源才能工作的电气设备,也可以是单相负载的组合。

在三相负载中,如果每相负载的电阻均相等,电抗也相等(且均为容抗或均为感抗),则称为三相对称负载。如果各相负载不同,就是不对称的三相负载,如三相照明电路中的负载。负载也和电源一样可以采用两种不同的连接方法,即星形连接和三角形连接。

2.三相负载的星形连接

1)相关概念及一般关系

如图18-5所示为三相负载星形连接三相四线制电路,它的接线原则与电源的星形连接相似,即将每相负载末端连成一点 N′(中性点 N′),首端 U、V、W 分别接到电源线上。这样的连接方式就称为星形连接。

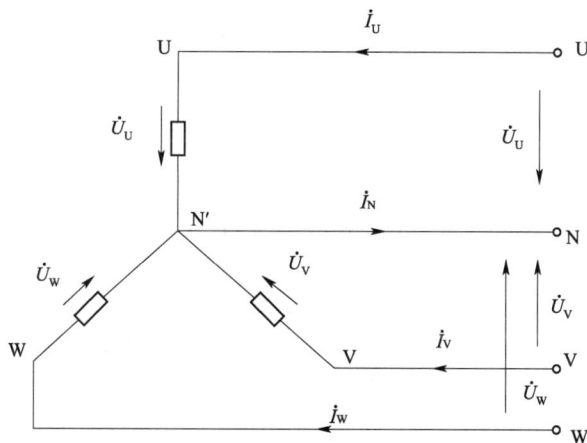

图 18-5 三相负载星形连接(三相四线制)

负载相电压,即每相负载两端的电压,用 U_P 表示;负载线电压,即相线与相线之间的电压,在忽略输电线上的电压降时,负载线电压实质上等于电源线电压,用 U_L 表示;相电流,即流过各相负载的电流,用 I_P 表示;线电流,即流过相线的电流,用 I_L 表示;中性线电流,即流过中性线的电流,用 I_N 表示。

假设三相电源是对称的,不管负载是否对称(相等),电路中的线电压 U_L 和负载相电压 U_{YP} 的关系为

$$U_L = \sqrt{3}U_{YP} \tag{18-9}$$

负载的相电流 I_{YP} 等于线电流 I_{YL}，即

$$I_{YL} = I_{YP} \tag{18-10}$$

由图 18-5 可知，流过中线电流为

$$\dot{I}_N = \dot{I}_U + \dot{I}_V + \dot{I}_W \tag{18-11}$$

2）三相对称负载

若三相负载对称，各相负载完全相同，相电流和线电流也一定对称，即各相电流（或各线电流）振幅相等、频率相同、相位彼此相差 120°。则在三相对称电压的作用下，流过三相对称负载中每相负载的电流应相等，即

$$I_{YL} = I_U = I_V = I_W = \frac{U_{YP}}{|Z_P|} \tag{18-12}$$

流过中性线的电流为

$$\dot{I}_N = \dot{I}_U + \dot{I}_V + \dot{I}_W = 0 \tag{18-13}$$

此时，中性线可以去掉，形成三相三线制电路。而如果三相负载不对称，断开中性线后将会使有的负载端电压升高，有的负载端电压降低，因而负载不能在额定电压下正常工作，甚至可能引起用电设备的损坏。

为了确保负载正常工作，对于星形连接的不对称负载（如照明电路）必须接中性线，而且不能把熔断器和其他开关安装在中性线上。故凡有照明、单相电动机、电扇、各种家用电器的场合，也就是说一般低压用电场所，大多采用三相四线制。如图 18-6 所示是相负载星形连接三相四线制电路，它能提供 220V 和 380V 两种电压。

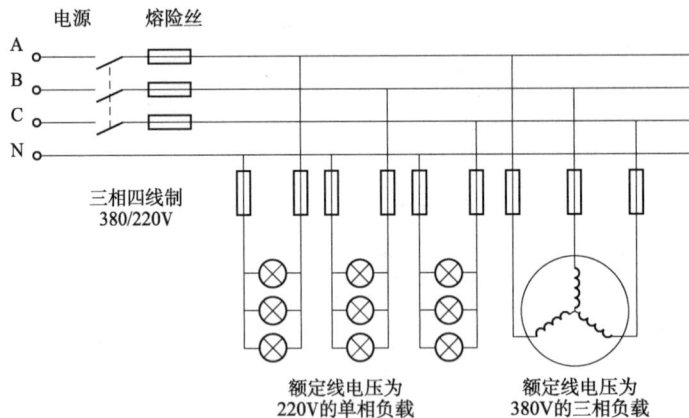

图 18-6 三相负载星形连接三相四线制电路

三相四线制常用线色表示相线、中性线，黄、绿、红为相线，蓝或黑为中性线。用字母表示为 A、B、C 和 N。但是现在国家提倡在原来四根线上再加地线（作用是当设备漏电时把电导入大地，防止人体触电），线色为黄绿双色线，用字母 PE 表示。

例 18-1　在负载做星形连接的对称三相电路中，已知每相负载均为 $|Z| = 20\,\Omega$，设线电压 $U_L = 380V$。试求：各相电流（也就是线电流）。

解： 在对称星形负载中，相电压

$$U_{YP} = \frac{U_L}{\sqrt{3}} \approx 220V$$

相电流(即线电流)为

$$I_{YP} = \frac{U_{YP}}{|Z|} = \frac{220}{20} = 11A$$

3.三相负载的三角形连接

如果负载的额定电压等于三相电源的线电压,则必须把负载接于两根相线之间。把这样的负载分为三组,分别接于相线 U 与 V、V 与 W、W 与 U 之间,就构成了负载的三角形连接,如图 18-7 所示。

由于三相电源的线电压是对称的,而每相负载直接接于相线之间,因而各相负载所受的电压(也称负载相电压)总是对称的。

显然不管负载是否对称(相等),电路中负载相电压 $U_{\Delta P}$ 都等于线电压 U_L,即

$$U_{\Delta P} = U_L \qquad (18\text{-}14)$$

当三相负载对称时,即各相负载完全相同,相电流和线电流也一定对称。负载的相电流为

图 18-7　三相负载的三角形连接

$$I_{\Delta P} = \frac{U_{\Delta P}}{|Z|} \qquad (18\text{-}15)$$

线电流 $I_{\Delta L}$ 等于相电流 $I_{\Delta P}$ 的 $\sqrt{3}$ 倍,即

$$I_{\Delta L} = \sqrt{3} I_{\Delta P} \qquad (18\text{-}16)$$

例 18-2　在某对称三相电路中,负载做三角形连接,已知每相负载均为 $|Z| = 50\,\Omega$,设线电压 $U_L = 380V$。试求各相电流和线电流。

解:在三角形负载中,相电压等于线电压,即 $U_{\Delta P} = U_L$,则相电流

$$I_{\Delta P} = \frac{U_{\Delta P}}{|Z|} = \frac{380}{50} = 7.6A$$

线电流

$$I_{\Delta L} = \sqrt{3} I_{\Delta P} \approx 13.2A$$

(三)三相电路的功率

在三相交流电源中,三相负载消耗的总功率为各相负载消耗的功率之和,即

$$\begin{aligned} P &= P_U + P_V + P_W \\ &= U_U I_U \cos\varphi_U + U_V I_V \cos\varphi_V + U_W I_W \cos\varphi_W \end{aligned} \qquad (18\text{-}17)$$

式中:　　U_U、U_V、U_W——各相负载的相电压;

　　　　I_U、I_V、I_W——各相负载的相电流;

$\cos\varphi_U$、$\cos\varphi_V$、$\cos\varphi_W$——各相负载的功率因数。

在对称三相电路中,各相负载的相电压、相电流的有效值相等,功率因数也相等,因而式

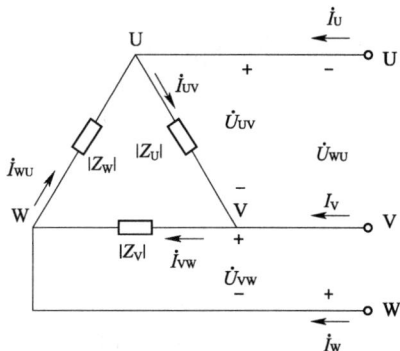

（18-17）可变为

$$P = 3P_P = 3U_P I_P \cos\varphi \tag{18-18}$$

当对称负载做星形连接时，有功功率为

$$P_Y = 3U_{YP} I_{YP} \cos\varphi$$

$$= 3 \frac{U_{YL}}{\sqrt{3}} I_{YL} \cos\varphi \tag{18-19}$$

$$= \sqrt{3} U_{YL} I_{YL} \cos\varphi$$

当对称负载做三角形连接时，有功功率为

$$P_\Delta = 3U_{\Delta P} I_{\Delta P} \cos\varphi$$

$$= 3 \frac{U_{\Delta L}}{\sqrt{3}} I_{\Delta L} \cos\varphi \tag{18-20}$$

$$= \sqrt{3} U_{\Delta L} I_{\Delta L} \cos\varphi$$

综上，三相对称负载不论是连成星形还是连成三角形，其总有功功率均为

$$P = \sqrt{3} U_L I_L \cos\varphi \tag{18-21}$$

各式中 φ 均为负载相电压与相电流之间的相位差，而不是线电压与线电流间的相位差。

同理，可得出三相对称负载的无功功率和视在功率的计算公式为

$$Q = \sqrt{3} U_L I_L \sin\varphi \tag{18-22}$$

$$S = \sqrt{3} U_L I_L \tag{18-23}$$

例 18-3　对称三相电阻炉做三角形连接，每相电阻为 38Ω，接于线电压为 380V 的对称三相电源上。试求：负载相电流 I_P、线电流 I_L 和视在功率 S。

解：由于三角形连接时 $U_L = U_P$

所以

$$I_P = \frac{U_P}{R_P} = \frac{380}{38} = 10A$$

$$I_L = \sqrt{3} I_P = \sqrt{3} \times 10 \approx 17.32A$$

$$S = \sqrt{3} U_L I_L = \sqrt{3} \times 380 \times 17.32 = 1140W$$

（四）汽车交流发电机原理

汽车用交流发电机的基本原理是电磁感应，当产生磁场的转子旋转时，使穿过定子绕组的磁通量发生变化，则在定子的绕组内就会产生交流电动势。如图 18-8 所示为交流发电机工作原理图。

当磁场绕组接通直流电源时即被激励，转子的爪极被磁化为 N 极和 S 极。其磁力线由 N 极出发，穿过转子与定子之间很小的气隙进入定子铁芯，最后又通过气隙回到相邻的 S 极。当转子旋转时，由于定子绕组与磁力线有相对的切割运动，所以在三相绕组中产生频率相同、幅值相等、相位相差 120° 的正弦电动势 e_A、e_B、e_C。

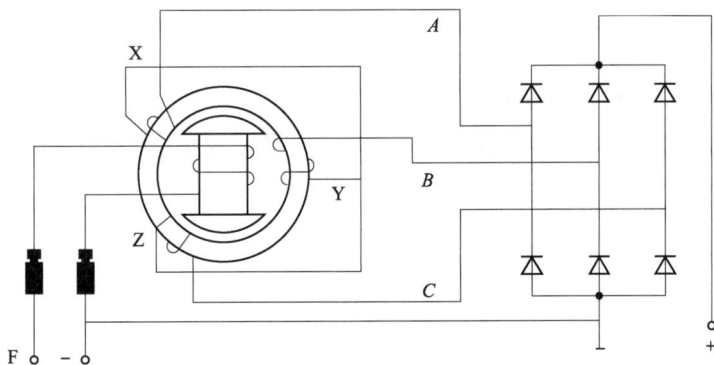

图18-8 交流发电机工作原理

三相绕组所产生的感应电动势可用下列方程式表示

$$e_A = E_m \sin\omega t = \sqrt{2}E_\Phi \sin\omega t \qquad (18\text{-}24)$$

$$e_B = E_m \sin(\omega t - 120°) = \sqrt{2}E_\Phi \sin(\omega t - 120°) \qquad (18\text{-}25)$$

$$e_C = E_m \sin(\omega t - 240°) = \sqrt{2}E_\Phi \sin(\omega t - 240°) \qquad (18\text{-}26)$$

式中:E_m——相电动势的最大值;

E_Φ——相电动势的有效值;

ω——电角速度($\omega = 2\pi f$)。

发电机每相绕组所产生的电动势的有效值(V)为

$$E_\Phi = 4.44KfN\Phi \qquad (18\text{-}27)$$

式中:K——定子绕组系数,一般小于1;

f——感应电动势的频率,Hz,$f = \dfrac{pn}{60}$(p 为磁极对数,n 为转速,r/min);

N——每相绕组的匝数;

Φ——磁极的磁通,Wb。

上式表明,使用中的交流发电机,其交变电动势的有效值取决于转速和转子的磁通量,这一性质将直接决定交流发电机的输出电压值。

二、任务实施

1. 准备工作

(1)掌握理论知识。

(2)认真研读技术要求和注意事项。

(3)准备实训器材:电工实验台、万用表1只、开关3个、交流电流表(2.5A)1只、白炽灯或灯板若干、功率表3只、插接卡导线20根、长导线2根。

2. 技术要求与注意事项

(1)本次实验电路电源电压是220V,禁止带电连接电路。

(2)每次使用万用表测量交流电压时,手不能碰到表笔的金属部分,万用表必须调到交流的电压挡。

(3)注意电路元件的连接方式,电压表要选择合适的量程。

（4）接通电源前必须检查电路，电路暂时不用或更换元件时需关断电源。

3. 操作步骤

1）对称负载星形连接时的电压电流检测

（1）按图18-9所示电路选取需要的实验器材，并连接电路，让负载（白炽灯）做星形连接。

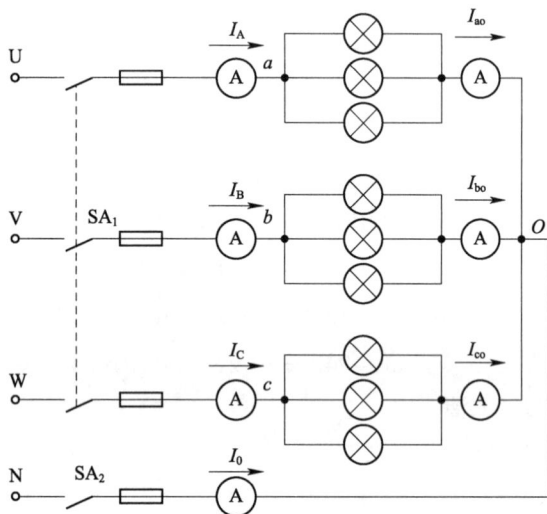

图18-9　对称负载的星形连接实验电路

（2）电路检测无误后，闭合开关SA_1和SA_2。

（3）当白炽灯全部点亮且发光正常时，测量该电路中的线电压、相电压、线电流、相电流及中性线电流。

（4）断开SA_2，电路变为无中性线，重复测量上述各电量，并将所有测量数据填入表18-1中。

（5）检测完成，断开电路，回收实验器材。

负载星形连接电路检测数据　　　　　　　　　　　　　表18-1

项　　目	线电压（V）			相电压（V）			线电流（A）			相电流（A）		
	U_{ab}	U_{bc}	U_{ca}	U_{ao}	U_{bo}	U_{co}	I_A	I_B	I_C	I_{ao}	I_{bo}	I_{co}
有中性线												
无中性线												

2）对称负载三角形连接时的电压电流检测

（1）按图18-10所示电路选取需要的实验器材，并连接电路，让负载（白炽灯）做星形连接。

（2）电路检测无误后，闭合开关SA。

（3）当白炽灯全部点亮且发光正常时，测量该电路中的线电压、相电压、线电流和相电流，并将所有测量数据填入表18-2中。

（4）检测完成，断开电路，回收实验器材。

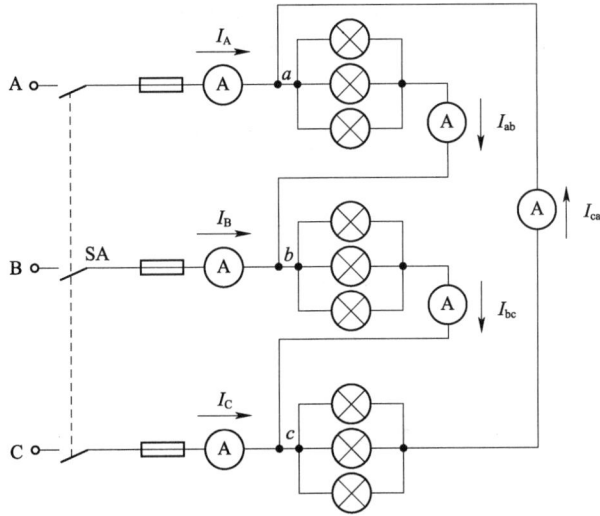

图 18-10 对称负载的三角形连接实验电路

负载三角形连接电路检测数据　　　　　　　　　　　　　表 18-2

项　　目	线电压（V）			相电压（V）			线电流（A）			相电流（A）		
	U_{AB}	U_{BC}	U_{CA}	U_{ab}	U_{bc}	U_{ca}	I_A	I_B	I_C	I_{ab}	I_{bc}	I_{ca}
测量数据												

3）不对称负载星形连接时的电压电流检测

（1）按图 18-11 所示电路选取需要的实验器材，并连接电路，让负载（白炽灯）做星形连接。

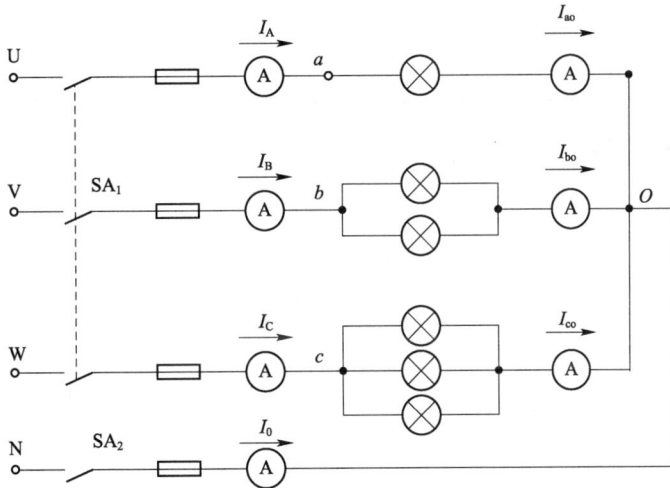

图 18-11 不对称负载的星形连接实验电路

（2）电路检测无误后，闭合开关 SA_1 和 SA_2。

（3）当白炽灯全部点亮且发光正常时，测量该电路中的线电压、相电压、线电流、相电流及中性线电流。

（4）断开 SA_2，电路变为无中性线，重复测量上述各电量，并将所有测量数据填入表 18-3 中。

不对称负载星形连接电路检测数据　表 18-3

项　　目	线电压(V)			相电压(V)			线电流(A)			相电流(A)		
	U_{ab}	U_{bc}	U_{ca}	U_{ao}	U_{bo}	U_{co}	I_A	I_B	I_C	I_{ao}	I_{bo}	I_{co}
有中性线												
无中性线												

4）负载星形连接时的功率检测（三瓦计法）

（1）电路依然为图 18-11 所示电路，在负载与中性线之间分别连接功率表，连接示意图如图 18-12 所示。

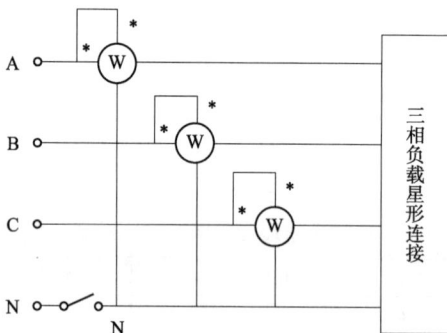

图 18-12　三瓦计法功率检测示意图

（2）分别读取功率表的数值，记为 P_A、P_B 和 P_C，并计算总功率 $P_{总}$，填入表 18-4 中。

（3）检测完成，断开电路，回收实验器材。

三瓦计法功率检测数据　表 18-4

项　　目	$P_A(W)$	$P_B(W)$	$P_C(W)$	$P_{总}(W)$
星形四线制				

三、技能考核标准

技能考核标准见表 18-5。

技 能 考 核 标 准　表 18-5

序号	项　　目	操作内容	规定分	评分标准	得分
1	对称负载星形连接时的电压电流检测	按照对称负载星形连接时的电压电流的检测步骤，连接星形检测电路，测量电路中的线电压、相电压、线电流、相电流及中性线电流	30分	1.操作过程中，步骤是否正确，是否违反注意事项； 2.能否正确连接电路； 3.能否准确读取电压表和电流表数值； 4.测量完毕是否断开电路连接，收起实验器材	
2	对称负载三角形连接时的电压电流检测	按照对称负载三角形连接时的电压电流的检测步骤，连接三角形检测电路，测量电路中的线电压、相电压、线电流、相电流及中性线电流	30分		

续上表

序号	项　目	操 作 内 容	规定分	评 分 标 准	得分
3	不对称负载星形连接时的电压电流检测	按照不对称负载星形连接时的电压电流的检测步骤,连接星形检测电路,测量电路中的线电压、相电压、线电流、相电流及中性线电流	25分	1.操作过程中,步骤是否正确,是否违反注意事项; 2.能否正确连接电路; 3.能否准确读取电压表和电流表数值; 4.测量完毕是否断开电源	
4	三瓦计法功率检测	按照三瓦计法功率检测的步骤,在实验(3)不对称负载星形连接时的电压电流检测的电路中连接功率表,读取功率值,并计算总功率	15分	1.操作过程中,步骤是否正确,是否违反注意事项; 2.能否正确连接功率表; 3.能否准确读取功率表数值,并正确计算总功率; 4.测量完毕是否断开电路连接,收起实验器材	
		总分	100分		

四、思考与练习

(一)填空题

(1)三相对称电压就是三个频率_____、幅值_____、相位相差的三相交流电压。

(2)三相电源相线与中性线之间的电压称为_____,相线与相线之间的电压称为_____。

(3)有中线的三相供电方式称为_____。

(4)在三相四线制的照明电路中,相电压是_____V(220/380),线电压是_____V(220/380),线电压相位比相电压_____。

(5)三相四线制电源中,线电流与相电流_____。

(6)三相对称负载三角形电路中,线电压与相电压_____,线电流大小为相电流大小的_____倍。

(7)在三相对称负载三角形连接的电路中,线电压为220V,每相电阻均为110Ω,则相电流 $I_P = $ _____,线电流 $I_L = $ _____。

(8)在对称三相电路中,已知电源线电压有效值为380V,若负载做星形连接,负载相电压为_____;若负载作三角形连接,负载相电压为_____。

(9)对称三相电路的有功功率 $P = \sqrt{3}\, U_L I_L \cos\varphi$,其中 φ 角为_____与_____的夹角。

(10)对称三相负载做星形接,接在380V的三相四线制电源上,此时负载端的相电压等于_____倍的线电压;相电流等于_____倍的线电流;中线电流等于_____。

(11)有一对称三相负载呈星形连接,每相阻抗均为22Ω,功率因数为0.8,又测出负载中的电流为 10A,那么三相电路的有功功率为_____,无功功率为_____,视在功率为_____。

(12)不对称星形负载的三相电路,必须采用_____供电,中线不许安装_____和_____。

(13)在电源不变的情况下,对称三相负载分别接成三角形和星形时,有 $I_{\triangle 相}$ = _____ $I_{Y相}$,$I_{\triangle 线}$ = _____ $I_{Y线}$,$P_{\triangle}$ = _____ P_Y。

(14)在电源电压一定的情况下,对于相同功率的负载,功率因数越低,电流越_____,供电线路上的电压降和功率损耗也越_____。

(二)单项选择题

(1)若要求三相负载中各相电压均为电源相电压,则负载应接成(　　)。

　　A. 星形有中线　　B. 星形无中线　　C. 三角形连接　　D. 以上均可

(2)若要求三相负载中各相电压均为电源线电压,则负载应接成(　　)。

　　A. 星形有中线　　B. 星形无中线　　C. 三角形连接　　D. 以上均可

(3)对称三相交流电路,三相负载为三角形连接,当电源线电压不变时,三相负载换为星形连接,三相负载的相电流应(　　)。

　　A. 减小　　　　B. 不变　　　　C. 增大　　　　D. 无法确定

(4)对称三相交流电路,三相负载为星形连接,当电源电压不变而负载换为三角形连接时,三相负载的相电流应(　　)。

　　A. 减小　　　　B. 不变　　　　C. 增大　　　　D. 无法确定

(5)三相四线制供电线路,已知做星形连接的三相负载中 U 相为纯电阻,V 相为纯电感,W 相为纯电容,通过三相负载的电流均为 10A,则中线电流为(　　)。

　　A. 30A　　　　B. 10A　　　　C. 7.32A　　　　D. 0

(6)有"220V 100W"和"220V 25W"白炽灯两盏,串联后接入 220V 交流电源,其亮度情况是(　　)。

　　A. 100W 灯泡最亮　　　　　　B. 25W 灯泡最亮

　　C. 两只灯泡一样亮　　　　　　D. 以上情况都可能出现

(7)已知对称三相电源的相电压 $u_A = 10\sin(\omega t + 60°)$V,相序为 A-B-C,则当电源星形连接时线电压 u_{AB} 为(　　)。

　　A. $17.32\sin(\omega t + 90°)$ V　　　　B. $10\sin(\omega t + 90°)$ V

　　C. $17.32\sin(\omega t - 30°)$ V　　　　D. $17.32\sin(\omega t + 150°)$ V

(8)对称正序三相电压源星形连接,若相电压 $u_A = 100\sin(\omega t - 60°)$V,则线电压 u_{AB} 为(　　)。

　　A. $100\sqrt{3}\sin(\omega t - 30°)$ V　　　　B. $100\sqrt{3}\sin(\omega t - 60°)$ V

　　C. $100\sqrt{3}\sin(\omega t - 150°)$ V　　　　D. $100\sqrt{3}\sin(\omega t - 150°)$ V

(9)在正序对称三相相电压中,$u_A = U\sqrt{2}\sin(\omega t - 90°)$,则接成星形时,其线电压 u_{AB} 为(　　)。

　　A. $U\sqrt{6}\sin(\omega t - 60°)$　　　　B. $U\sqrt{6}\sin(\omega t + 30°)$

C. $U\sqrt{2}\sin(\omega t - 30°)$ D. $U\sqrt{2}\sin(\omega t + 60°)$

(10)对称正序三相电压源星形连接,若相电压 $u_A = 100\sin(\omega t - 60°)$ V,则线电压 u_{BC} 为（　　）。

     A. $100\sqrt{3}\sin(\omega t - 150°)$ V   B. $100\sqrt{3}\sin(\omega t + 90°)$ V

     C. $100\sin(\omega t + 90°)$ V   D. $100\sin(\omega t - 150°)$ V

(11)已知三相电源线电压 $U_L = 380$ V,三角形连接对称负载 $Z = (6 + j8)\,\Omega$,则线电流 I_L 为（　　）。

     A. $38\sqrt{3}$ A   B. $22\sqrt{3}$ A   C. 38 A   D. 22 A

(12)对称三相交流电路中,三相负载为星形连接,当电源电压不变,而负载变为三角形连接时,对称三相负载所吸收的功率（　　）。

     A. 增大   B. 减小

     C. 不变   D. 无法确定

(13)三相对称负载做星形连接时（　　）。

     A. $I_l = I_p$,$U_l = \sqrt{3}U_p$ B. $I_l = \sqrt{3}I_p$,$U_l = U_p$

     C. 不一定   D. 都不正确

(三)判断题

(1)中线的作用就是使不对称星形接线负载的端电压保持对称。   （　　）

(2)负载做星形连接时相电流等于线电流。   （　　）

(3)中线不许断开,因此不能安装熔断丝和开关,并且中线截面比火线粗。   （　　）

(4)三相负载做三角形连接时,总有 $I_L = \sqrt{3}I_P$。   （　　）

(5)当负载做星形连接时,必须有中线。   （　　）

(6)当三相负载越接近对称时,中线电流就越小。   （　　）

(7)当负载做三角形连接时,线电流为相电流的 $\sqrt{3}$ 倍。   （　　）

(8)三相电路的有功功率,在任何情况下都可以用二瓦计法进行测量。   （　　）

(9)三相对称电路是指三相负载对称的电路。   （　　）

(10)一个三相四线制供电线路中,若相电压为 220V,则电路线电压为 311V。   （　　）

(11)三相对称负载的相电流是指负载上的电流。   （　　）

(12)一台三相电动机,每个绕组的额定电压是 220V,现三相电源的线电压是 380V,则这台电动机的绕组应连成三角形。   （　　）

(13)三相对称负载三角形连接时,每相负载的电压等于电源线电压。   （　　）

(14)在对称负载的三相交流电路中,中性线上的电流为零。   （　　）

(四)简答与计算

(1)中性线的作用是什么?为什么实际用电中中性线不能安装熔断丝和开关?

(2)三相负载在什么情况下应接成星形?在什么情况下应接成三角形?在什么情况下应接成有中性线的星形?

(3)在下图所示电路中,发电机每相电压为 220V,每盏白炽灯的额定电压都是 220V,指出本图连接中的错误,并说明错误的原因。

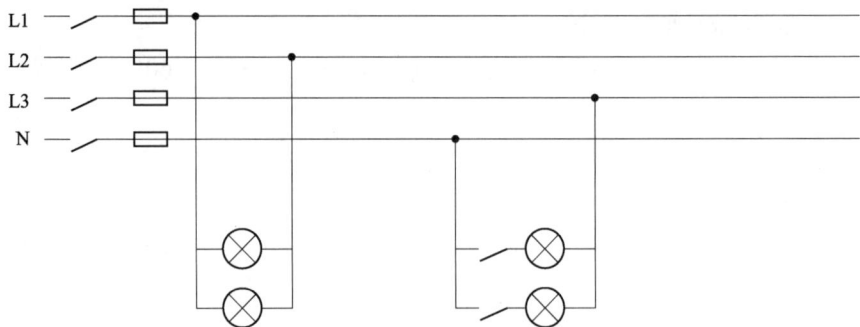

(4) 对称三相电路如下图所示，已知：$\dot{I}_A = 5 \angle 30°$ (A)，$\dot{U}_{AB} = 380 \angle 90°$ (V)。试求：相电压 $\dot{U}_b$；每相阻抗 Z；功率因数；三相总有功功率 P。

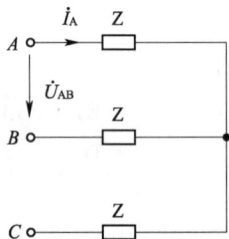

(5) 在线电压为 220V 的对称三相电路中，每相接 220V/60W 的灯泡 20 盏。电灯应接成星形还是三角形？画出连接电路图并求各相电流和各线电流。

(6) 一个三相电炉，每相电阻为 22Ω，接到线电压为 380V 的对称三相电源上，求相电压、相电流和线电流；当电炉接成三角形时，求相电压、相电流和线电流。

(7) 对称三相负载做三角形连接，其各相电阻 $R = 8Ω$，感抗 $X_L = 6Ω$，将它们接到线电压为 380V 的对称电源上，求相电流、线电流及负载的总有功功率。

参 考 文 献

[1] 白华,米春亭. 现代电力电子学中的瞬态分析[M]. 关晓菡,译. 北京:机械工业出版社,2014.

[2] 任成尧. 汽车电工与电子基础[M]. 北京:人民交通出版社,2010.

[3] 艾莫迪. 汽车电力电子装置与电机驱动器手册[M]. 孙力,等译. 北京:机械工业出版社,2013.

[4] 王兆安,黄俊. 电力电子技术[M]. 北京:机械工业出版社,2000.

[5] 康龙云. 新能源汽车与电力电子技术[M]. 北京:机械工业出版社,2010.

[6] 秦曾煌,姜三勇. 电工学(上册)[M]. 北京:高等教育出版社,2010.

[7] 安鹏,崔博文. 逆变电路故障检测与诊断研究进展[J]. 电气传动自动化,2014.

[8] 王翔等. 电阻、电感与电容元件串联交流电路的分析[J]. 应用技术,2014.

[9] 付白学. 汽车电子控制技术[M]. 北京:机械工业出版社,2010.

[10] 杨世春. 汽车电工电子基础[M]. 重庆:西南师范大学出版社,2008.